이승만과 제1공화국

이승만과 제1공화국 — 해방에서 4월혁명까지

초판 7쇄 발행 2025년 2월 28일
초판 1쇄 발행 2007년 8월 13일

지은이 서중석
기획 역사문제연구소
펴낸이 정순구
편집 조원식, 조수정, 정윤경
마케팅 황주영
디자인 이석운

출력 블루엔
용지 한서지업사
인쇄 한영문화사
제본 한영제책사

펴낸곳 (주) 역사비평사
등록 제300-2007-139호 (2007. 9. 20)
주소 10497 경기도 고양시 덕양구 화중로 100(비젼타워21) 506호
전화 02-741-6123~5
팩스 02-741-6126
홈페이지 www.yukbi.com
이메일 yukbi88@naver.com

ⓒ 서중석, 역사문제연구소 2007

ISBN 978-89-7696-321-5 04910
      978-89-7696-320-8 (세트)

이 도서의 국립중앙도서관 출판시도서목록(CIP)은 e-CIP 홈페이지(http://www.nl.go.kr/cip.php)에서 이용하실 수 있습니다.(CIP 제어번호 : CIP2007002290)

책값은 표지 뒷면에 표시되어 있습니다.
잘못 만들어진 책은 구입하신 서점에서 바꾸어 드립니다.

이승만과 제1공화국
— 해방에서 4월혁명까지

서중석 지음 | 역사문제연구소 기획

20世紀
韓國史
SERIES

역사비평사

■ 발간사

'20세기 한국사'를 펴내며

　'20세기 한국사' 시리즈는 지난 한 세기 동안 한국사회가 겪었던 다양한 경험을 독자들에게 정확하게 전달하는 데 일차적인 목적을 둔 역사 교양서이다. 이 시리즈는 식민지, 해방과 분단, 전쟁, 독재와 경제성장, 민주화로 요약되는 20세기 한국사의 큰 흐름을 시기별, 주제별로 나누어 해당 분야에 탁월한 연구성과를 남긴 전문 연구자들이 집필했다.

　시리즈 각권은 필자 자신의 관점을 내세우기보다는 학계의 연구성과를 바탕으로 역사적 사실을 대중의 눈높이에 맞춰 서술하는 데 중점을 두었다. 역사적 사실을 객관적이고 공정하게 기술하여 가장 믿을 만한 역사책을 만들기 위해 노력했고, 역사적 사실을 해석하고 평가하는 일은 독자의 몫으로 남겨두었다. 이 시리즈가 왜곡된 역사적 사실을 바로잡아 있는 그대로 전달함으로써, 독자 스스로 20세기 한국사를 해석하고, 이를 통해 건강한 역사의식을 가진 시민사회를 만들어가는 데 조금이나마 이바지하기를 기대한다.

역사문제연구소가 역사 교양서 '20세기 한국사' 시리즈를 발간할 수 있었던 것은 전적으로 김남흥 선생의 후원 덕분이다. 본인이 원치 않아 아쉽게도 선생에 대한 소개를 할 수 없지만, "우리 후손들에게 과거의 역사가 사실대로 알려지기를 바라는 나의 평소 소망을 담은 책"을 써달라는 선생의 간곡한 부탁만은 발간사를 빌려 밝혀둔다. 이 시리즈 발간을 통해 선생의 뜻 깊은 소망이 이루어지길 기원한다.

더불어 시리즈 발간 작업을 총괄해온 역사문제연구소 연구원 배경식, 은정태 선생과 시리즈 간행을 흔쾌히 허락해주신 역사비평사 김백일 사장께도 깊은 사의를 표한다. 끝으로 '20세기 한국사' 시리즈 출간에 애써주셨던 고 방기중 소장께 고마움과 그리운 마음을 전한다.

역사문제연구소 소장
정태헌

◤ 책머리에

이승만 시대를 다시 조명하며

|1|

　현대사를 연구하는 역사학도들은 새로운 사실을 발견하는 즐거움을 자주 갖는다. 현대사에 관한 기존 언론계나 정치계의 주장, 기성 학계의 글이 잘못 알고 썼거나 틀린 것이 많아 그다지 깊이 있는 연구를 하지 않아도 그것의 허구성이나 오류를 찾아내기가 쉽기 때문이다. 조금만 주의해서 자료를 검증했어도 그런 잘못은 발생하지 않았을 것이다.

　현대사 연구자들은 '역사 이후의 역사 현상' 때문에도 바쁘게 살아야 한다. 박정희는 집권기에는 그다지 환영을 받지 못했다. 1963년에 치러진 대통령 선거에서 겨우 15만 표 차로 당선되어, 낙선한 윤보선은 자신을 정신적 대통령이라고 주장했다. 1971년 선거에서는 중앙정보부를 중심으로 총력전을 폈고 심하게 흑색선전을 했는데도, 특정 지역의 극심한 몰표가 아니었더라면 정권을 '빼앗길' 뻔했다. 박정희는 더 이상 선거에 매달리지 않았고, 쿠데타를 일으켜 자유민주주의를 뒤집어엎고 체육관에서 유신 대통령이 되었다.

이처럼 특정 지역을 제외하고는 지지를 받지 못했는데, 1990년대 후반부터는 박정희 신드롬이라는 것이 생겨나는 등 박정희를 찬미하는 소리가 이 땅을 뒤덮는 듯했다. 더욱 풍자적인 것은 박정희는 독재의 화신인데 민주주의가 확대될수록 그런 현상이 커졌다는 것이다. 이 기막힌 아이러니를 어떻게 설명할 것인가? 현대사 연구자들이 바빠질 수밖에 없게 되었다.

박정희 문제보다 현대사 연구자들을 더욱 바쁘게 만드는 것이 이승만 문제다. 우리는 해방 50주년을 반세기 간의 잘잘못을 반성하고 통찰해서 정화(淨化)된 맑은 마음으로 밝은 미래를 설계하는 계기로 삼았어야 했다. 그러나 1995년 새해 벽두부터 일부 언론은 '이승만 살리기' 운동을 벌였다. (분단) 정부 수립 50주년을 맞이해서도 일부 언론은 이승만과 박정희를 치켜세우는 작업을 대대적으로 벌였다. 세계사에서 냉전이 사라졌다는데 이들 언론은 냉전 이데올로기 부활에 앞장섰고, 이로써 무언가 숨통이 트일 것 같았던 남북관계도 다시 꽁꽁 얼어붙었다.

흥미 있는 것은 이들 언론은 1950년대에 야당 편에 서서 이승만 정권을 쉬지 않고 비난했던 장본인이라는 점이다. 박정희도 쿠데타를 일으킨 이후 이승만 정권을 혹독하게 매도했다. 1980년대 이전에 이승만 정권을 좋게 쓴 글은 찾아보기가 쉽지 않다. 그런데 어째서 해방 50년, (분단) 정부 수립 50년에 이승만을 살리려고 안간힘을 썼을까?

반세기 가까이 이 땅을 좌지우지하며 기득권을 움켜쥐었던 극우세력을 등에 짊어진 일부 언론은 1980년대 이후 민주화운동이 치열하게 전개되는 것과 병행해서 소장학자들이 중심이 되어 현대사를 파헤치는 것에 몹시 긴장했던 것 같다.

필자는 일부 언론의 '이승만 살리기'를 보면서 바빠지지 않을 수 없었다. 필자는 이승만·한민당으로 대표되는 극우반공세력, 공산당으로 대표되는 극좌혁명세력, 김규식·여운형으로 대표되는 중도합작세력이 일제강점기와 해방 3년 동안 어떻게 활동했는가를 연구한 『한국현대민족운동연구』(1991)를 출판한 이후 조봉암과 4월혁명에 관한 자료를 모으고 있었다.

그런데 일부 언론의 '이승만 살리기'가 하나의 계기가 되어 필자는 이승만 정권에 초점을 맞춘 논문과 저서를 부지런히 준비했다. 이미 역사문제연구소에서 해방 50주년을 기념해 펴낸 『한국정치의 지배이데올로기와 대항이데올로기』(1994)에 장문의 논문 「민주당·민주당 정부의 정치이념」을 실은 바 있지만, 『역사비평』(1995년 여름호)에 비교적 장문의 「이승만과 북진통일」을 게재했고, 이어서 이승만의 일민주의와 자유당 창당에 관한 여러 논문을 잇달아 발표했다. 그리고 조봉암 연구의 앞부분을 떼어내어 『한국현대민족운동연구 2 ― 1948~1950 민주주의·민족주의 그리고 반공주의』(1996)를 출판했다. 1999년에는 『조봉암과 1950년대』(상·하)를 출판했는데, 이 책의 상권은 1950년대의 정치를, 하권은 이승만 정권의 주민집단학살 문제를 주로 고찰했다.

필자보다 조금 늦었다고 볼 수 있지만, 한 연구소에서도 이승만 연구를 꽤 방대하게 해냈다. 이 연구소는 규모가 큰 이승만기금이 큰 역할을 했다. 이 연구소는 최근까지 다섯 차례 정도의 학술회의를 가졌고, 그때마다 두꺼운 연구서적을 냈다. 이들 저서에는 실증적인 연구도 있어서 학문적인 입장이 다르더라도 이승만 정권 연구에 도움이 되었다. 그렇지만 다수는 이승만기금의 성격에 충실한 글이 아닌가 하는 생각이 들게 했다. 그러다 보니까 1990년에 나온 『한국현대정치론』 1(한배호 편)의 문제의식을 넘어서지 못하고 있다. 어쨌든 '이승만 살리기'는 이승만 연구라는 긍정적 결과도 낳은 셈이다.

그런데 2006년 봄 일부 언론은 한 책에 상상을 초월한 관심을 보여주었다. 꽤 오래전부터 예고 기사를 싣고 나서, 수일간에 걸쳐, 그것도 1, 2, 3, 4면 등 앞부분에다가, 또 사설까지 써가며 그 책을 소개하고 칭찬했다. 물론 지금까지 해온 방식 그대로 그 책에서도 구미에 맞는 것만 골라 써놓았고, 6권으로 된 상대방 책도 공격하기에 유리하다고 생각한 일부만 골라 비난했다.

한국근현대사를 통틀어 하나의 책이 이렇게 엄청난 규모로 소개되고 찬양된 적은 없었다. 다른 나라에서도 있을 수 없는 일이었다. 정말 대단한 책이어서 서평 난에 소개하기가 아까우면 더 비중 있게 다루면 되는 것이다.

그렇지만 2006년 봄에 보여준 일부 언론의 기사는, 이럴 수가 있을까, 도대체 어떻게 이런 일이 가능할까라는 생각을 거듭 갖게 했다. 그들은 자신이 무슨 짓을 하고 있는가를 모르고 있었다. 그들은 해방 직후의 좌우익처럼, 1980~90년대의 일부 운동권처럼 이데올로기 과잉 상태였고, 현대사 연구자들이 생각했던 것보다도 현대사 또는 과거사 문제에 대해 심각한 정신적 공황 상태에 빠져 있다는 것을 보여주었다.

|2|

 이승만 정권에 대한 관심이 수십 년 동안 있어왔고, 근래에 들어와서는 일부 언론과 이승만기금 때문이겠지만 이승만 연구 붐이 일어나는 것이 아닌가 하는 느낌을 줄 정도인데, 정작 이승만 집권 시기(1948~1960)에 대한 정치사는 나오지 않고 있다. 개설적인 정치사가 나오지 않는 이유는 뻔하다. 조봉암·진보당 연구는 풍성하지만 자유당과 민주당에 대한 실증적인 연구가 빈약하고, 정부통령 선거나 국회의원 선거에 대한 연구다운 연구도 찾아보기 힘들다. 이승만 정권 하면 연상되는 것이 발췌개헌이고 사사오입개헌인데, 그에 대한 연구도 드문 편이다.
 비용이 많이 먹히는 규모가 큰 학술회의가 자주 개최되는 등 이승만 연구가 붐인 것 같은데, 왜 그럴까? 기본적으로 위에서 언급한 선거나 개헌에 대한 연구가 일부 언론의 '이승만 살리기'나 이승만기금 성격에 부응하기 어려운 점 때문이겠지만, 이상하게도 국회 속기록, 신문, 잡지, 회고록 등을 샅샅이 뒤져보면서 논문을 쓰는 풍토가 자리 잡지 못하고 있는 것이 더 문제라고 필자는 생각한다.
 이승만 정권 연구가 쉽지 않은 데에는 이승만의 퍼스낼리티가 하도

독특해서 분석하기 어려운 면이 있다는 점도 주요하게 작용한다. 이승만의 편집증은 참으로 이해하기 힘들다. 필자는 이승만과 비슷한 심리구조나 정신 상태를 다른 나라 사람한테서 찾아볼 수 있을까 하고, 심리학이나 정신의학 분야의 책을 뒤진 적이 있었다. 그렇지만 끝내 프로이트나 다른 심리학자의 어떤 저서에서도 찾아내지 못했다. 에리히 프롬 등이 히틀러 등에 대해 쓴 글도 별 도움이 되지 못했다.

이승만의 편집증 가운데 절대권력에 대한, '합리성'이 과도하게 배제된 집착은 그의 권력 붕괴를 초래했다. 그는 부통령이나 국무총리를 제도적 장식품 이상으로 생각하지 않았고, 장관도 자신의 '분부'를 받드는 존재로 생각해 1952년 8·5정부통령 선거를 파행적으로 치렀고, 이기붕을 부통령으로 당선시키려 했으며, 친일파 맹종자들로 국무위원과 자유당 간부를 삼았다.

1956년 5·15정부통령 선거는 민심이 이승만과 자유당한테서 얼마나 멀리 떨어져 있는가를 보여주었다. 그래서 자유당은 정부통령 선거만은 피해야겠다고 생각했고, 이승만 권력을 약화시키지 않도록 대통령이 강력한 권한을 갖는 형식적인 내각제로 바꾸는 것만이 이승만과 자유당의 장기집권을 가능케 한다고 확신했다. 그러나 이승만은 5·15선거에서 상처 입은 자존심을 1960년 선거에서 압도적인 득표로 상쇄하고자 했고, 언제 죽을지 모르는 85세가 다 되어가는 노인인데도 자신의 절대권력에 형식적으로라도 훼손이 될 수 있는 자유당의 내각제 구상을 완강히 거부했다.

이승만 집권기의 선거와 정당, 이승만 권력을 이해하고 분석하는 데는 이와 같은 이승만의 편집증을 파악하는 것이 중요하다. 하지만 '이승만 살리기'라는 목적을 가지고 있을 때에는 그것이 쉽지 않을 것이다. 또 여러 자료를 면밀히 분석하지 않으면 이승만은 정당 또는 선거에서 초연하려고 했다고 주장하기 쉽다.

정치사 연구가 답보 상태인 것은 '담화'로 대표되는 이승만의 언술에 대한 분석이 어렵기 때문인 점도 있다. 이승만의 담화는 문장이 맞지 않고, 한 문장의 앞과 뒤가 상치되는 경우가 적지 않으며, 구어 투인 데다 꼬여 있다는 인상을 준다.

이승만 담화는 그의 우민관(愚民觀)을 잘 보여준다. 그는 국민을 기만이나 협박의 대상으로 생각했다. 부산정치파동을 일으켜 발췌개헌을 하고는 8·5정부통령 선거에 입후보하지 않겠다거나, 사사오입개헌을 하고는 5·15정부통령 선거에 입후보하지 않겠다는 담화는 우민정치의 표본감이다. 그렇지만 두 선거와 관련된 담화들이 치밀히 분석되었느냐 하면 그렇지 않은 것이 학계의 실정이다.

이승만을 상징하는 대표적인 정책이 반공과 반일(방일이라고도 했음)인데, 반공·반일에 대한 담화를 상세히 분석한 연구도 아직 본 바가 없다. 이승만의 반공 담화는 치졸한 것들이 대부분이다. 예컨대 1960년 제2차 마산항쟁에 대해 이승만은 배후에 공산당이 개입했다는 혐의가 있다고 으름장을 놓고는 "(여순사건에서) 조그마한 아이들이 수류탄을 가지고 저의 부모에게까지 던지는 불상사는 공산당이 아니고는 있을 수 없는 것"이라고 지적했다. 이승만이 아니고는 있을 수 없는 주장인데, 이승만의 반공 담화에서 공산당은 방화·살인을 저지르는 범죄자로 묘사되는 일이 부지기수다. 반공의 논리만 그런 것이 아니었다. 반일의 논리도 비슷했다. 이승만과 이승만 정부는 일본의 새로운 군국주의자들이 공산국의 독재군대와 합작하고 있다는 식으로 주장하고는 학생, 주민을 동원해 반일운동을 대대적으로 전개했다.

이승만에 대한 관점이나 연구에서 의견 대립이 가장 잘 생기는 부분이 이승만의 "모른다"라는 말을 어떻게 받아들여야 하느냐는 문제다. 이승만은 1952년 부산정치파동이나 1958년 24파동(국가보안법파동) 등 주요 이슈에서 "나는 모른다", "그렇지 않다"라고 말해 미국 관리와 장성들을 당황케 한 일이 한두 번이 아니었다.

이승만은 생장 과정 때문인지 권모술수가 생리적으로 작용하기 때문인지 자신의 잘못을 절대로 인정하려고 하지 않는 버릇을 갖고 있다. 그는 1960년 4월 26일 사임 담화에서도 "3·15정부통령 선거에 많은 부정이 있다 하니"라고 표현해, 3·15부정선거를 자신은 모르는 것처럼 말하고 있다. 4년 전의 5·15정부통령 선거에서 이기붕이 380만여 표, 장면이 401만여 표였던 것이, 3·15선거에서는 각각 833만여 표, 184만여 표로 발표되었는데, 더군다나 4년 동안 민심은 더욱더 악화되었는데, 삼척동자도 다 아는 일을 이승만처럼 머리 좋은 사람이 "많은 부정이 있다 하니"라고 말할 수 있을까?

그런데 모른다고 한 것은 이승만·이기붕뿐이 아니었다. 최인규를 제외하고 국무위원 자유당 간부들이 한결같았다. 1958년 5·2총선거 이후 치러진 재선거가 어떤 선거였는지 당시 크게 보도되었고, 3·15부정선거의 실태가 1960년 3월 3일경부터 하루도 빠지지 않고 크게 보도되었으며, 더구나 3월 15일을 전후해서는 대대적으로 보도되었는데 "나는 몰랐다"라고 잡아뗐다. 1980년대까지 권력을 쥔 자들은 대개 이런 심장을 가진 사람들이었다. 그래서 각종 회고록은 신빙성이 약하다. 여당 관계자만 그런 것이 아니고 야당인사들도 그렇다. 필자는 조병옥의 『나의 회고록』이 얼마나 오류가 많은지를 한 논문에서 분석한 바 있다.(「현대사 사료의 문제」, 1997)

이 저서는 정치사를 중심으로 본 이승만 집권기 개설서이다. 이 개설서에서는 선거와 굵직굵직한 사건들을 일반 독자가 이해하기 쉽게 기술하는 것에 중점을 두었다. 이 글은 왜 이승만 정권이 쉽게 무너졌는가를 해명하는 '과정'이기도 하다. 그렇지만 조금 더 지면이 있었더라면 하는 아쉬움이 있었다. 더 큰 아쉬움은 다른 필자가 한국전쟁을 집필하게 되어 있어 주민집단학살 등 전쟁으로 인한 고통을 다룰 수 없었다는 점이다. 또한 이 정권이 무너지기까지 이승만과 이기붕, 이기붕 집을 들락거렸던 자유당 간부들과 국무위원들의 퍼스낼리티와 동태에 대해서는 소략하게밖에 살펴보지 못했다. 필자는 언젠가 이승만·자유당 정권 말기의 서글픈 군상들의 모습을 거울에 비추어보듯 그려보려고 한다. 그것은 1980년대까지 존속했던 집권세력의 자화상이 될 것이다.

1950년대 정치는 어두운 면만 있었던 것이 아니다. 조봉암 등이 새로운 바람을 불어넣으려고 활기 있게 움직였고, 유권자들 또한 수동적이지만은 않았다. 특히 이 시기는 사회적으로 대단히 큰 변화가 있었다. 일제강점기든 군정기든 이승만·박정희 집권기든, 지배자들의 의도나 행태와 상관없이 한국사회는 역동적으로 변화하고 있었고, 그렇게 자신의 역사를 만들어갔다.

차례

발간사 : 〈20세기 한국사〉를 펴내며 · · · · · · · · · · · 4
책머리에 : 이승만 시대를 다시 조명하며 · · · · · · · · · · · 6

01 출범하자 시련 맞은 이승만 정부

남북협상과 5·10선거 · 22
대한민국 정부 만들기 · 29
소장파 전성시대의 반민법과 농지개혁법 · · · · · · · · · · 36
핏빛으로 변한 평화의 섬 — 제주 4·3항쟁과 여순사건 · · · 43
국가보안법 시대의 개막 · 49
일민주의와 '두령국가' · 54

02 이승만 정권의 6월공세와 5·30선거

1949년 6월 첫 공세 — 6·6반민특위 습격 · · · · · · · · · · · · · · 60
조작 여부로 논란 많은 국회프락치 사건 · · · · · · · · · · · · · 67
통일운동의 거목 김구 쓰러지다 · 72
감옥소는 '빨갱이'로 초만원 · 80
최초의 선거 바람 5·30선거 · 86

03 개헌 또 개헌, 영구집권을 향하여

명의를 도용한 최초의 여당, 자유당 · · · · · · · · · · · · · · · · 94
포성 속의 대권 싸움, 부산정치파동 · · · · · · · · · · · · · · · 103
유권자가 모르는 부통령 당선자 · · · · · · · · · · · · · · · · · · 112
족청계를 제거하라! · 119
이승만 후기체제의 구축 — 5·20총선과 사사오입개헌 · · · 122
이승만 권력 강화의 비결 — 북진통일운동과 반일운동 · · · · 132
스페셜 테마 : '한강 기적' 일군 한글세대 대량 탄생 · · · · · · · 140

04 1956년 5·15정부통령 선거

새 야당 탄생 — 민주당과 진보당추진위 · · · · · · · · · · · · · · · · · 150
"못살겠다 갈아보자!" · 156
투표에 이기고 개표에 지고 · 162
상처 입은 대통령 · 169
'장면 부통령 죽이기' · 174
조봉암, 형장의 이슬로 사라지다 · 180
자유당, 5·2총선에 총력 돌입하다 · · · · · · · · · · · · · · · · · · · 188
1960년 정부통령 선거를 향해 · 192
여성들 경제 제1선에 나서다 · 197
스페셜 테마 : 성 모럴의 변화와 '자유부인' · · · · · · · · · · · 202

05 아! 4월혁명, 백색독재 무너뜨리다

최인규, 부정선거를 기획하다 · 210
학생들 시위에 나서다 — 2·28학생시위에서 3·15마산시민항쟁으로 · · · · · 219
제2차 마산항쟁으로 돌이킬 수 없는 사태 맞아 · · · · · · · · · 227
'피의 화요일' 4·19 · 238
대학교수 시위로 학생·시민항쟁 다시 불붙어 · · · · · · · · · · 246
'승리의 화요일' — 드디어 이승만 정권 무너지다 · · · · · · · · · 255

06 글을 맺으며_
왜 이승만 권력은 쉽게 무너졌나
— 10·26 직전 박정희와의 비교

"이미 저의 마음은 거리로 나가 있습니다" · · · · · · · · · · · · 266
이승만 권력과 박정희 권력의 유사성과 상이점 · · · · · · · · · · 275
이승만 정권은 왜 쉽게 무너졌나 · · · · · · · · · · · · · · · · · 284

부록 주요 사건 일지 · 300
참고문헌 · 302
이 책에 쓰인 사진의 출처 · 305
찾아보기 · 306

01

1948년 5·10선거는 예정대로 치러졌다. 역사상 최초로 치르는 보통선거이고 새 정부를 구성하는 선거이기 때문에, 아무리 단정세력이라고 하더라도 이승만과 한민당은 되도록 폭넓게 선거가 치러지도록 노력해야 했다. 5월 31일 제헌국회가 열렸다. 73세의 최고령으로 임시의장이 된 이승만의 사회로 의장·부의장 선거가 있었다. 의장에는 압도적인 득표로 이승만이 선출되었으나, 부의장은 재선거를 거쳐 독촉의 신익희와 한민당의 김동원이 선출되었다. 제헌국회는 빠른 속도로 헌법을 심의했다.

출범하자 시련 맞은 이승만정부

먼저 국호를 정해야 했다. 헌법기초위원회에서는 고려공화국으로 하자는 의견이 꽤 나왔고 조선공화국을 주장한 의원도 있었으나, 대한민국이 다수였고 본회의에서도 대한민국으로 확정했다. 8월 15일 중앙청 광장에서는 태극기와 유엔기가 펄럭이는 가운데 대한민국 정부의 탄생을 세계만방에 알리는 선포식이 거행되었다. 이승만 대통령과 도쿄에서 달려온 극동연합군사령관 맥아더 원수를 비롯해 내외 귀빈이 이날을 뜻 깊게 경축했다. 정부 수립 공포를 전후하여 미군정으로부터의 행정 이양도 바쁘게 진행되었다.

남북협상과 5·10선거

통일하면 살고 분열하면 죽는다는 것은 고금古今의 철칙이니, 자기의 생명을 연장하기 위하여 남북의 분열을 연장시키는 것은 전 민족을 사갱死坑(죽음의 굴)에 넣는 극악극흉의 위험일 것이다.

분단 정부의 수립을 코앞에 두고 김구는 1948년 2월 10일 음력 설날에 이렇게 3천만 동포한테 울며 호소했다. 그는 또 이 글에서 다음과 같이 지적했다.

마음속의 38선이 무너지고야 땅 위의 38선도 철폐될 수 있다.

1948년을 맞이하면서 한국인은 착잡하기 그지없었다. 역사상 처음으로 남과 북에 따로따로 정부가 세워지는 것이 아닌가 하는 두려움이 커지고 있어서였다.

1945년 12월 모스크바에서 미·영·소 외무장관이 결정한 바에 따라 임시정부 수립의 임무를 맡은 미소공동위원회는 두 차례에 걸쳐 회의를 열었으나 끝내 합의를 보지 못하고 결렬되고 말았다. 반탁투쟁을 벌인 정당·사회단체에 대해 미국과 소련이 상이한 태도를 보인 것도 주요 요인이었지만, 미·소 냉전이 점차 격화되고 있었기 때문이다.

미국은 소련이 반대했지만 한국 문제를 국제연합(유엔)에서 다룰 것을 제안했다. 한국 문제의 유엔 이관은 실질적으로 남과 북에 두 정부가 선다는 것을 의미했다. 1947년 11월 14일 유엔총회는 유엔임시위원단 감시하에 총선거를 통해 중앙정부를 수립할 것을 권고하고, 또한 가급적 조속히, 가능하다면 정부 수립 후 90일 이내에 미·소 점령군이 한국으로부터 완전 철수할 것을 권고한 결의안을 통과시켰다. 그러자 며칠 후 북은 인민회의를 열어 임시헌법제정위원회를 조직할 것을 결의했고, 소련은 유엔임시위원단이 북한 지역에 들어오는 것을 거부했다. 장군 멍군이었다.

1948년 1월 유엔임시위원단이 서울에 오자 남한의 정치세력은 두 갈래로 나뉘었다. 이승만과 한국민주당(한민당)은 제1차 미소공동위원회가 결렬될 때부터 벌여오던 단독 정부 수립에 박차를 가했다. 김구·한국독립당(한독당)과 김규식·민족자주연맹은 남북지도자회담에 의한 통일국가수립 협상, 곧 남북협상을 제의했다.

김구가 김규식과 노선을 같이하게 된 것은 통일운동세력한테는 큰 힘이 되었다. 그때까지 김규식이 좌우합작에 의한 통일국가 건설운동을 폈다면, 김구는 대한민국임시정부 추대운동을 벌이면서 반탁운동을 주도했다.

2월 26일 유엔소총회는 남한에 선거를 실시하라고 권고하는 미국 결의안을 찬성 31, 반대 2, 기권 11로 통과시켰다. 기권표가 많은 것이 눈에 띈다. 오스트레일리아와 캐나다 대표는 분단 정부 수립을 공식화하는 미국 결의안을 강력히 반대하면서 부표를 던졌다.(소련권은 불참했다.) 하지 주한미군사령관은 5월 9일 선거를 실시할 것을 발표했는데, 그날이 일요일이어서 기독교인이 반발하자 5월 10일로 변경했다.

1948년 5월 10일 선거는 자유민주주의를 구현할 수 있는 보통선거라는 점에서 각별히 의의가 있었다. 한국은 수천 년 동안 전제군주의 통치를 받았고, 일제는 백인국가의 식민지 지배보다 훨씬 억압적이었다는 점에서 해방이 가져온 자유와 5·10선거는 소중했다. 영국·독일 등 일부 국가는 제1차 세계대전 종전을 전후해 보통선거를 실시했지만, 프랑스·이탈리아·일본 등도 제2차 세계대전 종전 이후에야 보통선거를 실시했던바, 한국의 보통선거 실시는 그다지 늦은 것이 아니었다는 점에서도 5·10선거는 자랑스러워할 만했다.

일부 정치학자가 보통선거 실시가 미국에 의해서 이식된 것이라고 주장하는 것은 그만큼 자신의 역사에 어둡다는 반증에 다름 아니다. 이미 독립운동자들은 1910년대에 공화제를 선호했고, 상해의 대한민국임시정부는 세워질 때부터 보통선거를 지향했다. 그 점은 다른 독립운동단체도 마찬가지였다. 이 때문에 해방이 되었을 때 극우에서 극좌까지 모든 정당·사회단체는 보통선거 실시를 당연시했다.

　이처럼 5·10선거는 중요한 역사적 의미가 있었고 자랑스러운 것이었는데도 불구하고, 좌익은 물론 김구·김규식 등 민족주의자들도 5·10선거를 거부했다. 그뿐만 아니라 일반 서민들도 5·10선거를 달가워하지 않았다.

　그것을 단적으로 보여주는 것이 당시의 여론조사다. 한국여론협회에서는 4월 12일 서울에서 통행인 1,262명을 상대로 여론조사를 했다. 그랬더니 선거인 등록을 한 사람이 934명, 등록하지 않은 사람이 328명이었다. 그리고 934명 가운데서도 91%인 850명은 등록을 강요당했다고 답변했다. 1,262명 중 자발적으로 등록한 사람은 그야말로 극소수였다.

　왜 이 같은 현상이 발생했을까? 해답은 지극히 간단하다. 5·10선거가 분단 정부를 수립하는 역할을 맡았기 때문이었다. 모두가 흔쾌히 자랑스러워해야 하는데도 그렇지 못했던 선거, 이 때문에 5·10선거에는 어두운 그림자가 드리워져 있었다.

　한국인이 그토록 분단을 반대한 것은 장기간에 걸쳐 단일국가, 그것도 중앙집권적인 국가 생활을 영위해왔기 때문에 한반도에는 오직 하나의 국가만이 있을 수 있다는 생각이 너무나 당연시된 것이 기본 요인이었다. 남의 경공업과 농업, 북의 중공업과 지하자원이 결합되어야 우리 경제가 살 수 있다는 판단도 작용했다.

　그러나 그것만이 아니었다. 1948년에 남북협상을 간절히 바란 데에는 어떻게 해서든 동족상잔의 전쟁을 막아야 한다는 염원이 크게 자리 잡고 있었다. 김구·김규식·홍명희 등의 7요인공동성명은 극좌와 극우가 미·소전쟁에 기대서 북벌과 남정南征을 꾀한다고 지적했고, 문화인 108인 성명에서는 국토 양단은 필연적으로 내쟁內爭 같은 국제전쟁, 외전外戰 같은 동족전쟁을 초래한다고 토로했다. 이 시기 분단만은 막아야 한다는 주장에 빠짐없이 들어가 있는 것이 바로 외세를 업은 동족상잔의 전쟁에 대한 두려움이었다.

남북협상은 1948년 3월 25일 북이 평양방송으로 남북조선제정당사회단체대표자연석회의(연석회의)를 제의하면서 진전되었다. 김구·김규식으로서는 북에 이용당하지 않으면서도 민중의 염원에 부응해 통일의 중요한 디딤돌을 쌓아올리는 것이 필요했다. 북은 4월 19일 연석회의를 열었지만, 김구가 그날에야 경교장을 떠나고 김규식은 별도의 제안을 하면서 21일 출발한 것도 이 때문이었다.

일반 사람들뿐만 아니라 남북회담에 대해 써놓은 글에서조차 연석회의와 남북협상을 혼동하는 경우가 많다. 그렇지만 양자는 여러 면에서 분명히 다르다. 19일에서 23일까지 열린 대규모 연석회의는 40개 이상의 정당·사회단체 대표들이 참석해 남의 단선단정과 미제의 식민지화 야욕을 격렬히 비난했다. 북의 입장을 반영한 것이었다. 이 회의에 김구는 한 번 나가 인사말만 했고, 김규식은 칭병하고 아예 가지 않았다.

김규식 등이 주장해 4월 26일부터 가진 남북협상은 김구·김규식·김일성·김두봉의 4인 요인회담이 중심이었다. 여러 형식의 회의 끝에 30일 공동성명서를 발표했다.

공동성명서는 1항에서 미·소 양군의 즉시 철군을 요구했고, 2항에서는 북이 외군이 철수해도 내전이 일어나지 않을 것임을 다짐했다. 통일

정부 수립의 방안은 3항에 쓰여 있는데, 먼저 전조선정치회의를 소집해 임시정부를 수립하고, 이 정부는 보통선거에 의해 입법기관 선거를 실시한다고 명시했다. 그리하여 헌법을 제정해 통일정부를 수립한다는 것이었다.! 남과 북이 전쟁이 아닌 평화적 방법으로 통일하려고 할 경우 이 3항은 귀중한 참고가 될 것이다. 4항에서는 남의 단선단정을 반대한다고 했는데, 김구 등은 북에서 북의 단선단정도 반대한다는 것을 이미 표명한 바 있었다.

남북회담은 해방 후 처음 있었던 남과 북의 지도자회의였다. 반세기에 걸쳐 한국인은 분단이 외세에 의해 강요된 것이라고 줄곧 강조했는데, 만약 이 회의가 없었더라면 한국인은 분단을 막기 위해 무엇을 했다고 주장할 수가 있었을까. 남북정상회담이 2000년 새 밀레니엄을 맞을 때에야 비로소 열렸다는 점도 생각해볼 필요가 있다.

1948년 5·10선거는 예정대로 치러졌다. 선거법과 관련해 논란이 컸던 부분은 선거권·피선거권에 관한 문제였다. 극우세력은 남조선과도입법의원에서 보통선거법을 제정할 때와 마찬가지로 선거권자의 연령을 23세로 높이려 했으나 21세로 결정되었다.(1960년 4월혁명 후 20세로 낮추어졌다.) 일정한 지위 이상의 친일 행위자는 피선거권이 제한되었다. 제헌국회는 명칭 그대로 헌법과 기본적인 법률을 제정하는 것이 임무여서 임기는 2년이었다.

역사상 최초로 치르는 보통선거이고 새 정부를 구성하는 선거이기 때문에, 아무리 단정세력이라고 하더라도 이승만과 한민당은 되도록 폭넓게 선거가 치러지도록 노력해야 했다. 그렇지만 이들은 5·10선거에 참

최초의 선거 5·10선거

5·10총선거는 1919년 상해 임시정부가 수립될 때부터 독립운동단체들이 지향해온 보통선거를 실현한 최초의 선거로, 프랑스·이탈리아·일본도 2차 대전 종전 이후에야 보통선거를 실시했다는 것에서 알 수 있듯이 자랑스러워할 만한 것이었다. 그러나 분단 정부가 수립되는 선거여서 좌익은 물론 김구, 김규식 등 민족주의자들이 선거를 거부하고, 서민들의 자발적인 선거 참여가 매우 낮았다는 점에서 아쉬움이 있다.

여한 일부 중도파 인사들을 회색분자 또는 공산주의 주구로 몰아세웠다. 이런 극우세력의 편파성·독식성獨食性은 생리현상처럼 1980년대까지 계속된다.

  김구·김규식 등의 민족주의자들도 불참한 만큼 선거는 한민당과 독립촉성국민회(독촉) 등과 같은 이승만 지지세력의 독천장처럼 보였다. 그러나 소선거구제로 선출될 200석 가운데 제주도에서 4·3봉기로 2석이 유고가 생겨 198명을 선출한 선거 결과는 너무나 뜻밖이었다. 나는 새도 떨어뜨린다고 할 정도로 미군정하에서 세도가 당당했던 한민당은 겨우 29석밖에 안 되었고, 독촉도 55석에 지나지 않았다. 반면에 무소속 당선자가 85명이나 되었다.

  5·10선거는 그런대로 민중의 의사가 반영되었다. 대체로 한민당은 민중이 미워하는 한민당으로 나오면 떨어질까봐 무소속으로 나온 사람, 독촉 일부를 포함해 70석 내외를 확보했고, 이승만 지지세력도 60~70석 정도였다. 그런가 하면 김구·김규식과 성향을 같이하는 무소속구락부 소속 의원도 60~70명 정도가 되어 3파가 정족세를 보였다.

대한민국 정부 만들기

  5월 31일 제헌국회가 열렸다. 전체 좌석 300석 가운데 북측 좌석으로 배치된 100석은 텅 비어 있었다. 73세의 최고령으로 임시의장이 된 이승만의 사회로 의장·부의장 선거가 있었다. 의장에는 압도적인 득표로 이승만이 선출되었으나, 부의장은 재선거를 거쳐 독촉의 신익희와 한민당의 김동원이 선출되었다.

제헌국회는 빠른 속도로 헌법을 심의했다. 먼저 국호를 정해야 했다. 헌법기초위원회에서는 고려공화국으로 하자는 의견이 꽤 나왔고 조선공화국을 주장한 의원도 있었으나, 대한민국이 다수였고 본회의에서도 대한민국으로 확정했다.

헌법을 제정하는 데 제일 큰 파란은 정부 형태를 둘러싸고 발생했다. 대다수 국회의원은 내각책임제를 선호했다. 그래서 초안도 그와 같았는데, 이승만이 대통령중심제가 아니면 대통령을 맡지 않겠다고 한민당을 위협해 하룻밤 사이에 대통령중심제로 바뀌었다. 권력 장악을 둘러싸고 한민당과 이승만 사이에 점차 갈등이 쌓이고 있었다. 갑자기 대통령중심제로 바꾸다 보니까 제헌국회 헌법은 국무원이 의결권을 갖고 의원이 장관을 겸하는 등 내각책임제적 요소가 강했다. 형식상으로 말한다면 대통령은 국무회의 의장에 지나지 않았다.(부의장은 국무총리가 맡았다.) 국회는 단원제로 결정되었다.

헌법조항 중 아마도 경제 부문이 오늘날 일반인들이 상상하는 것과 가장 차이가 많을 것이다. 헌법 전문에는 "모든 영역에서 각인의 기회를 균등히 한다"라고 쓰여 있다. 그리고 84조에는 국민의 기본 수요를 충족시킬 수 있는 균형 있는 경제발전을 제시했고, 85조에는 지하자원 등의 국유화를 명시했으며, 87조에는 운수·통신·금융·전기 및 공공성을 가진 기업은 국영 또는 공영이라고 명시했다. 당시 한 경제관료는 이러

제헌의회 개원식 광경
1948년 5월 31일에 열린 제헌의회 개원식을 축하하기 위해 어린 학생들이 계단에 앉아서 기다리고 있다. 제헌 국회는 대한민국을 국호로 정하고, 정치체제로는 대다수 국회의원이 내각책임제를 선호했음에도 불구하고 논란 끝에 이승만의 주장으로 대통령중심제를 채택했다. 7월 17일에는 제헌헌법을 공포하고, 7월 20일에는 대통령에 이승만, 부통령에 이시영을 선출했다.

한 경제 조항을 통제경제로 표현했지만, 사회주의적 요소가 다분히 들어있었다.

이승만과 한민당계가 다수인 국회에서 어떻게 이러한 헌법이 그것도 별다른 논쟁도 없이 통과되었는가에 대해 의아해할 수도 있지만, 그것은 당대의 상황을 잘 모르기 때문이다. 일제강점하에서 독립운동세력은 억압 없는 자유와 수탈 없는 평등을 갈구했고, 해방 직후는 가위 혁명적 시대였다. 재헌국회에도 이러한 분위기가 엄연히 살아 있었다.

이 헌법에서 눈여겨 볼 만한 것은 미군정의 법령을 이어받는다는 조항(제100조), 그리고 재직 공무원은 그 직무를 계속 수행할 수 있다고 규정해(제103조) 친일 공무원들이 계속 공직에서 일할 수 있게 보장한 조항이다. 친일공무원들의 기득권은 공무원법에서 다시 확인되었다.

1948년 7월 12일 헌법이 통과되었고, 17일에 공포되었다. 이 헌법은 자유민주주의 헌법으로 손색이 없었다. 하지만 제헌절만 되면 권력자의 야욕으로 우리 헌법이 누더기가 되었다고 개탄하는 글들이 지면을 가득 메웠다. 박정희·전두환의 쿠데타에 의해 두 차례나 헌법은 효력이 정지되었고, 유신체제처럼 자유민주주의 헌정을 정면으로 유린하는 헌법도 나왔다.

제헌 국회의원과는 달리 임기가 4년인 대통령은 일각에서 서재필 옹립론도 나왔지만, 7월 20일 이승만이 압도적 다수표로 선출되었다. 문제는 부통령 선거였다. 대통령에 선출되자 이승만은 엉뚱하게도 북녘에 연금되어 있는 조만식을 천거했다. 한민당과 독촉은 이시영을 지지했다. 무소속구락부는 새 국가가 위용을 갖추려면 김구가 선출되어야 한다고 주장했다. 1차 표결에서는 이시영 113표, 김구 65표, 조만식 10표로 어느 누구도 3분의 2를 넘지 못해 재선거 끝에 이시영이 선출되었다. 김구는 다음 날 그가 단독 정부에 참여할 것이라는 악성 소문으로 모욕을 받았다고 말했다. 그는 이 정부가 대한민국임시정부 계승과 무관하다고 강조했다.

정부통령은 7월 21일부터 집무에 들어갔다. 대통령의 첫 번째 중요 임무는 국무총리를 지명하는 일이었다. 한민당은 김성수를 강력히 밀었고, 무소속구락부는 조소앙을 대통령에게 적극 권유했다. 그런데 이승만은 뜻밖에도 월남한 이윤영을 지명했다. 부통령이든 국무총리든 힘 있는 사람이 되어서는 안 된다는 집념 때문이었다. 국무총리 이윤영 승인안은 가 59표, 부 132표, 기권 2표라는 압도적 표차로 부결되었다.

그러자 이승만은 이범석을 지명했다. 무소속구락부는 군인 출신이 초대 총리가 되는 것이 불길하다고 반대했지만, 한민당은 정부 수립 공포일이 얼마 안 남았다는 점과 자신들 다수가 입각할 수 있으리라는 기대로 이범석을 지지하여, 승인되었다.

이제 남은 중요한 자리는 국무위원이었다. 이승만은 한민당의 기대에 어긋나게 자신의 추종세력을 다수 임명했다. 정통 한민당원으로는 김도연이 재무장관에 임명된 정도였다. 정부 형태, 국무총리 지명에서 벌어진 이승만과 한민당의 갈등은 이제 크게 증폭되었다.

초대 내각은 거국내각이 되어야 한다는 기대에 어긋난 조각이었지만, 저명한 공산주의자였던 조봉암이 농림장관에 기용된 것은 세인을 놀라게 했다. 당시 농림부는 농민과 농업이 큰 비중을 차지하고 있다는 점에서도 중요했지만, 농지개혁의 책임자 역할을 맡을 것이라는 점에서 주목을 받았다. 조봉암이 요직에 등용된 것은 그가 무소속구락부의 리더라는 점이 작용했지만, 이승만의 한민당 견제 정략이기도 했다.

대법원장에 이인 법무장관의 추천으로 김병로가 임명된 것은 매우 잘된 일이었다. 그는 줄곧 민족운동에 몸담았고, 꼬장꼬장하고 청렴한 인물이었다. 국회의장단도 이승만이 대통령이 되었기 때문에 바뀌었다. 신익희가 의장으로 선출되었고, 다른 한 명의 부의장에는 무소속구락부에서 지지한 김약수가 한민당의 김준연을 누르고 당선되었다. 제헌국회 전반기를 장식하게 되는 소장파 전성시대의 막이 오를 징조였다.

8월 15일 중앙청 광장에서는 태극기와 유엔기가 펄럭이는 가운데 대한민국 정부의 탄생을 세계만방에 알리는 선포식이 거행되었다. 이승만 대통령과 도쿄에서 달려온 극동연합군사령관 맥아더 원수를 비롯해 내외 귀빈이 이날을 뜻 깊게 경축했다.

정부 수립 공포를 전후하여 미군정으로부터의 행정 이양도 바쁘게 진행되었다. 문제는 군과 경찰에서 발생했다. 미군은 경제 원조를 무기로 하여 양자 모두에 대한 통제권을 행사하고자 했다. 결국 경찰은 내무부 산하로 들어왔으나, 군에 대한 지휘권만은 철수할 때까지 미군이 갖기로 합의했다.

정부 수립 선포식

1948년 8월 15일 태극기와 유엔기가 휘날리는 가운데 중앙청 광장에서 정부 수립 선포식이 거행되었다. 정부 수립 공포를 전후하여 미군정은 행정권을 대한민국 장부에 이양했다. 그러나 군에 대한 작전통제권만은 미군이 철수할 때까지 갖기로 했다. 남한의 정부 수립에 이어 북한도 9월 9일 조선민주주의 인민공화국 수립을 선포했다.

소장파 전성시대의 반민법과 농지개혁법

정부가 수립되자 친일파 청산과 토지개혁을 중심으로 해방의 역사적 과업을 늦게나마 완수하려는 탈식민 현상타파 요구와, 식민체제를 상당 부분 답습한 미군정을 이어받아 반공체제를 강화하려는 현상유지 요구의 충돌은 불가피했다. 또한 이 시기에는 좌우의 갈등이 항쟁, 반란, 전쟁의 형태로 나타났다.

국가의 기본법인 헌법 제정을 완료한 제헌국회는 다음으로 중요한 과제는 친일파 청산이라고 생각했다. 그래야만 민족의 정기가 바로 세워질 수 있다는 이유 때문이었다. 친일파 청산을 위한 국회의 활동은 쾌속으로 진행되었다.

국무총리를 승인한 지 3일 후인 1948년 8월 5일 친일파를 처리하기 위한 특별법기초위원회가 국회에 설치되었다. 그리고 정부 수립 공포 다음 날인 8월 16일 반민족행위처벌법안(반민법안)이 상정되었고, 9월 1일에 통과되었다.

이승만은 1945년 10월 귀국하면서부터 친일파 재산가들로부터 정치자금을 받았고, 친일경찰을 옹호하는 등 친일파와 긴밀한 관계를 맺고 있었다. 그는 친일파 처단은 민심을 혼란에 빠뜨린다고 주장하기도 했고, 친일파 문제는 우리 정부가 수립된 이후에 해결하자는 논리로 친일파 처리를 반대했다. 이처럼 이 대통령과 미국이 친일파 청산에 호감을 갖지 않았는데도 반민법이 신속히 처리된 것은 제헌국회의 활동 공간이 넓었기 때문이다. 한국은 오랫동안 독립국가를 영위했기 때문에 제2차 세계대전 이후 탄생되는 신생국가와는 차원이 다르지만, 새로 국가가 만들어지고 있어서 제헌국회의 권한은 클 수밖에 없었다. 국회는 정부 통령 선출권도 가지고 있었지만, 무엇보다 새 국가가 필요로 하는 각종 입법권을 행사할 수 있었다. 대통령이나 행정부는 눈치를 보지 않을 수 없었다.

제헌국회가 강력한 추진력을 가질 수 있었던 데에는 무소속구락부 후신으로 소장파라고 불린 젊은 의원들의 활약이 큰 역할을 했다. 1948년 11, 12월경부터 다음 해 국회프락치 사건으로 핵심 인물들이 일망타진되는 1949년 6월경까지를 소장파 전성시대라고 부르는데, 단정세력이 지배하던 시대에 이러한 '사태'가 가능했던 것은 이승만과 한민당이 이 시기에 반목을 거듭한 것도 한 요인이었다. 훨씬 더 중요한 것은 해방이 몰고 온 민족혁명적 열기가 유권자를 의식하지 않을 수 없는 국회에 뜨겁게 불어왔기 때문이다. 한민당계 의원의 상당수가 친일파 청산 활동에 가담한 것도 이 때문이었다. 이 시기에는 특히 반민법 문제가 그랬지만, 이승만을 여러 차례 궁지에 몰아넣어, '노독재자'가 분을 삭이지 못해 부르르 떠는 일도 드물지 않았다. 이 대통령과 제헌국회는 힘겨루기를 계속했다.

그런데 친일파들은 반민법을 방관하지 않았다. 국회 본회의장에는 해방정국에서 익히 들었던 '행동위원' 명의로 "대통령은 민족의 신성神聖이다. 절대 순응하라", "민족 처단을 주장하는 놈은 공산당의 주구이다" 등등의 협박 삐라가 살포되었다. 이들 삐라에는 친일파의 반공 논리가 잘 드러나 있다. 친일파들은 해방 직후부터 반공을 위해, 또 민족 분열을 막기 위해 친일파 청산을 해서는 안 된다고 주장했다. 그러나 민족 분열은 친일파 때문에 생겼고, 친일파 반공주의는 민주주의, 자유, 인권과 대립되는 억압 일변도의 극우반공주의였다. 또 극우는 김구·김규식 세력을 용공불온세력으로 몰아가고 있었다.

반민법이 통과되어 정부에 이송되었을 때 국무회의는 이 법안을 공포하지 않으려고 했지만, 그럴 경우 시급히 처리되어야 할 양곡관리법안 등이 보이콧당할 것 같아 9월 22일 공포했다. 다음 날인 23일 역대 극우정권을 특징짓는 반공구국궐기대회가 악질 친일파 주동으로 열렸다. 시민들이 강제 동원된 이 대회는 정부가 적극 지원했다.

민심을 등에 업은 국회는 대통령을 배경으로 한 반민법 반대운동에도 불구하고 친일파를 청산하기 위한 작업에 들어갔다. 반민족행위특별조사위원회(반민특위, 위원장 김상덕)가 발족하고, 특별재판부(재판관장 김병로), 특별검찰부(검찰관장 권승렬)가 구성되었다.

반민특위는 1949년 1월 8일부터 활동을 개시해 박흥식·이종형·최린·최남선·이광수·김연수 등을 구속했다. 이승만의 분노는 악질 친일파의 대명사 격인 노덕술 수도경찰청 수사과장과 최연 등이 체포되자 폭발했다. 이종형과 함께 반공구국궐기대회를 열었던 노덕술은 반민특위를 와해시키기 위해 테러리스트 백민태를 고용해 국회 내 반민법 관련 핵심 인물들을 암살하고자 했다.

이 대통령은 반민특위 간부들을 불러 항의하고, 2월에는 반민특위 내의 특별경찰대(특경대) 폐지를 요구하는 강경 담화를 발표하면서 반민법 개정안을 국회에 제출했다. 이승만은 기술을 가진 사람을 잡아가서는 안 된다고 역설했다. 그렇지만 친일경찰은 고문기술에 탁월했을 뿐이고, 부패부정에 익숙해 있었다. 국회는 대통령의 담화 취소를 요구하는 동의안을 통과시키고, 정부 개정안도 즉각 부결했다. 국회의 일방적 승리 같지만, 그에 대한 반격이 없을 리 없었다.(이 부분은 다음 장에서 다루겠다.)

친일파 청산 말고 민족적 과제가 한 가지 더 있었다. 토지개혁이 그것이다. 해방정국에서 친일파 청산과 토지개혁은 흔히 양대 과제로 꼽혔다. 한국에서는 소작제가 장기간 존속했지만, 특히 일제강점기의 식민지 지주제는 가혹했다. 소작료가 그 이전보다 높았고, 시기와 지역에 따라 약간 차이가 있지만 소작권(경작권)도 그 이전에 비해 현저히 제약받았다. 한국인의 대다수는 농민이었고, 농민의 대다수는 소작농이거나 자작 겸 소작농이었다. 소작농은 북부 지방보다 남부 지방이 훨씬 많았다.

농민들은 해방의 기쁨을 소작료 대폭 인하에서 맛볼 수 있었다. 해방 직후 인민위원회가 3·7제(수확물의 70%를 소작농이 차지하는 것)를 들고 나왔을 때 농민들은 쌍수를 들고 환영했다. 미군정도 농민의 마음을 알고 3·1제(수확물의 3분의 2를 소작농이 차지하는 것)를 실시했다. 그렇지만 참된 해방은 농민들을 소작농으로부터 해방시킬 때 이루어질 수 있었다. 그것은 동양에서 오랫동안 꿈꾸어왔던 '경자유전耕者有田의 법칙'이 실현되는 것이기도 했다.

북은 1946년 3월 무상몰수·무상분배라는 급진적 방법으로 토지개혁을 완료했다. 미군정은 1948년 3월에야 일본인 소유의 토지(귀속농지)에 한

해서 분배에 착수했는데, 1년 생산량의 20%씩 현물로써 15년간 상환토록 했다.

5·10선거가 치러질 때 입후보자들은 농민들의 표를 얻기 위해 너 나 할 것 없이 토지개혁을 실시하겠다고 공약했다. 정부가 수립되었을 때 토지개혁은 누구도 막을 수 없는 대세였다. 이승만 대통령도 미국도 지지했으며, 지주계급을 대변했던 한민당도 보상률만 문제 삼았다. 토지개혁을 담당한 조봉암 농림장관은 헌법안을 심의할 때 이미 반드시 토지를 지주한테서 박탈해 농민에게 나눠줘야 한다고 역설한 바 있었다. 그는 장관으로서 전국을 순회하면서 각지에서 공청회를 열었다.

1948년 11월에 만들어진 농림부의 토지개혁법 시안은 약간 다듬어져 1949년 1월 국무회의에 상정되었다. 농민들은 20%씩 6년간 120%를 부담하고, 지주한테는 3년 거치 후 150%를 보상한다는 방안이었다.

이승만은 농림부 안을 달가워하지 않았다. 그리하여 이 법안은 기획처로 보내졌던바, 기획처에서는 지주보상액과 농민상환액을 똑같이 200%로 하고 10년 연부로 내게 하는 안을 만들었다. 한민당과 사이가 나빴던 조봉암은 장관관사수리비 문제 등으로 말썽이 생겼고 끝내는 대통령한테 사직 권고를 받아 1949년 2월에 중도하차했다.

농지개혁(토지개혁이 국회심의 과정에서 명칭이 바뀌었음)은 국회에서 뜨겁게 논란이 되었다. 여러 안이 제기되었으나, 농민상환액 125%, 지주보상액 150%로 통과시켜 정부로 보냈다. 상환액과 보상액의 차액은 농림부 안이든 국회에서 통과된 농지개혁법이든 일제가 남긴 방대한 귀속재산(해방 직후에는 적산敵産으로 불렸음) 판매대금, 일본인 토지 분배로부터 들어오게 되어 있는 상환액에서 메운다는 것이 한 가지 방안이었다. 또 농민들한테서는 현물로 받고, 지주에게는 거치기간을 두고 지가증권으로 지불하게 하여 차액을 보전할 수 있었다. 지가증권은 산업자본으로 전용할 수 있었지만, 극심한 인플레로 휴지조각이 될 수 있었다.

정부는 국회의 농지개혁법에 불만을 품고 되돌려보내려 했다가 국회가 폐회 중이라 소멸했다고 통고했다. 그러자 국회는 정부의 소멸 통고는 위법적 조치이므로 법률로써 확정된 것으로 결의하여 정부에 환송한다는 제안을 가결했다. 1949년 6월이었다. 소장파 전성시대의 마지막 작품이었다.

정부는 확정된 농지개혁법을 실시하지 않았다가 국회프락치 사건으로 국회가 위축된 1950년 1월에 상환액과 보상액을 똑같이 150%로 정한 개정법률안을 제출해 통과시켰다. 그리고 그해 3월 25일에 시행령이 공포되었다.

지금까지 학계에서는 농지가 언제 분배되었는지에 대해 견해가 분분한데, 5월경 토지분배예정통고서를 발부해 전쟁이 발발하기 이전에 대부분 분배되었고 일부가 전쟁 이후로 늦추어졌다고 보는 것이 맞을 것이다. 그런데 대개는 농지개혁법 시행 이전에 토지 분배가 상당 부분 이루어졌다는 대단히 중요한 사실을 모르고 있다. 농림부 자료에 의하면 1949년 6월 현재 분배 대상 면적은 일본인 토지 23만 정보, 한국인 토지 60만 정보로 모두 합해서 83만 정보밖에 안 된다. 1945년 말의 소작지 총면적이 147만 정보이므로, 이미 64만 정보 정도가 '분배' 된 것으로, 1949년 6월 한국인 토지 분배 대상 면적 60만 정보보다 더 많다.

왜 이런 놀라운 현상이 발생했을까? 지주들이 토지개혁이 실시될 것이 분명해지자 소작지를 방매했기 때문이다. 토지 방매는 특히 1948년 말부터 49년 초에 집중적으로 이루어졌다. 실제 정부에 의해 분배된 토지는 자료에 따라서 차이가 있지만 귀속농지 22만여 정보를 포함해 약 55만 정보로서, 따지고 보면 한국인 소유의 농지 분배는 얼마 안 된다.

역사에 가정은 없다지만, 만약에 이승만 정부가 농지개혁법 시행을 한두 달 더 미적미적하다가 6월 25일 전쟁을 맞았더라면 어떻게 되었을까? 김일성이 북의 농민들로부터 강고한 지지를 받은 것은 토지개혁이 중요 기반이었다. 1950년 전쟁이 나자 인민군이 내려온 지역에서는 인민위원회 등이 만들어지고 토지개혁이 실시되었다. 그러나 이미 농지개혁이 시행되어 북의 토지개혁이 미친 영향은 미미했다.

토지 방매와 농지개혁으로 수천 년간 존재했던 지주계급은 영원히 한국사에서 소멸했다. 극소수 지주는 지가증권을 산업자본으로 전환시켰지만, 대부분의 지주는 인플레로 몰락했다. 지주계급이 소멸했다는 것은 지주계급을 대변하는 정당이 터전을 잃었다는 것을 의미한다. 지주의 몰락과 전쟁으로 농촌은 크게 변모했고, 이농민이 급증하면서 도시화가 급속히 촉진되었다.

이런 여러 변화는 산업화로 나아갈 큰 길을 열어놓았다. 끝내 토지개혁을 하지 못한 필리핀이나 남미는 1950년대까지 한국보다 잘 살았으나 그 이후 산업화가 지지부진했으며, 제2차 세계대전 후 토지개혁을 한 일본·한국·대만은 급속히 경제발전을 이루어냈다.

이 땅에서 지주계급은 소멸했지만, 그렇다고 일부 보수적 연구자들의 주장처럼 농촌이 좋아진 것은 결코 아니었다. 1950년대든 60년대든, 농촌은 권력으로부터 이용만 당했고 버림받은 존재였다.

전쟁이 나자 이 대통령은 농민에게 전쟁 비용을 전가했다. 농민은 분배 농지 상환도 문제였지만 특히 농지세보다 고율현물세인 임시수득세로 1950년대 내내 허덕였다. 정부는 전가의 보도처럼 저곡가정책을 휘둘렀고, 미국은 공법$^{Public\ Law}$ 480호에 의거해 자국 잉여농산물을 국내에 대량으로 풀어놓았다.

핏빛으로 변한 평화의 섬
— 제주4·3항쟁과 여순사건

앞에서 한국인은 분단을 반대했고, 분단 정부가 들어서면 동족상잔의 참혹한 전쟁이 일어날 것을 두려워했다고 기술했지만, 그런 우려는 정부가 수립되자마자 제주도 및 여수·순천 지역에서 주민집단학살의 형태로 나타났다. 이 시기 대규모 주민집단학살은 전쟁기 집단학살의 서곡이었는데, 이런 학살은 이승만 정부의 도덕성을 적나라하게 보여주었다.

5·10선거가 진행 중이던 1948년 4월 3일 새벽 2시를 전후해 한라산 오름마다 봉화가 타올랐다. 남조선노동당(남로당) 제주도당 무장봉기의 신호탄이었다. 약 350명의 무장대는 제주도 내 24개 경찰지서 중 12개를

일제히 공격하고 우익청년단을 습격했다.

남로당 제주도당은 군·경의 초토화작전에 의해 엄청나게 큰 인명피해가 날 것이라는 점을 상상하지 못했겠지만, 고립된 지역인 제주도에서 무장봉기를 일으킨 것은 무모한 일이었다. 제주도당의 봉기는 중앙당의 지시에 의한 것이 아니었다. 제주도당은 봉기를 일으키기 전에 중앙당에 보고조차 하지 않고 독자적으로 결정해버렸다.

그런데 이 봉기는 제주도민의 호응을 받았다. 제주도민의 호응이 없었다면 무장봉기는 규모도 크지 않았고 무기도 빈약했으므로 대개 다른 지역에서 일어난 사건처럼 조기에 진압되고 말았을 것이다. 무장봉기는 점차 제주도민의 항쟁과 결합되어 대규모 집단학살이 자행된 이후에도 상당 기간 계속되었다.

제주도민의 항쟁이 오랜 기간 지속된 데에는 단선단정 반대가 지니고 있는 호소력을 간과해서는 안 될 것이다. 무장대는 봉기를 일으키면서 도민들에게 "매국 단선단정을 결사적으로 반대하고 조국의 통일독립과 완전한 민족해방을 위하여" 무기를 들고 궐기했다고 호소했다. 앞에서 언급한 대로 당시에는 어떻게 해서든지 분단을 막아야 한다는 절박한 생각이 널리 퍼져 있었고, 그래서 김구·김규식의 북행을 열렬히 성원했다.

평화의 섬 제주도는 1947년 3·1시위로 6명이 사망한 것에 항의해 제주도청 등의 공무원까지 가세한 3월 10일 관·민총파업에 대해 미군정이 과도하게 대응하기 시작하면서 험악해졌다. 육지 경찰과 서북청년회(서청)이 들어오면서 대량 검거가 일어나고, 강압조치와 횡포, 강탈 등이 잇따랐다. 특히 서청은 주민들한테 악명이 높았다. 미군정의 이인 검찰총장은 1948년 6월에 "고름이 제대로 든 것을 좌익 계열에서 바늘로 터친 것이 제주도 사태의 진상"이라고 지적했다.

제주도민은 수백 년간 육지로부터 수탈당했고 괴로움을 겪었다. 그것이 3월 10일 관·민총파업 이후 훨씬 혹독했다. 제주도에는 과거에도 큰 민란이 여러 차례 있었지만, 4·3무장봉기는 바로 항쟁으로 전환될 수 있었다. 시쳇말에 팔은 안으로 굽는다 했는데, 적지 않은 제주도민이 심정적으로 무장대에 기울어 있었다.

주민집단학살은 주로 1948년 11월부터 다음 해 2월 사이에 발생했다. 1948년 10월 17일 9연대장 송요찬은 제주 해안에서 5km 이상 떨어진 지역에 통행금지를 명령했고, 다음 날 해안이 봉쇄됐다. 그다음 날 여수 주둔 14연대 병력 일부의 제주도 증파 명령이 떨어졌다.

11월 13일 애월면의 한 마을에서 남녀노소 25명이, 다른 한 마을에서 50~60명이 학살되었다. 초토화작전이 시작된 것이다. 11월 17일 이 대통령이 법적 근거가 불확실한 계엄령을 선포하면서 대학살이 본격적으로 자행되었다.

집단학살은 갓 태어난 어린아이부터 노인네까지 남녀를 가리지 않고 자행되었다. 곳곳에서 마을이 불탔고, 한 마을이 완전히 없어지는 경우도 생겨났다. 2000년에 국무총리를 위원장으로 하여 출범한 제주4·3사건 진상규명 및 희생자명예회복위원회(4·3사건위원회)에 신고된 것만 보더라도, 100명 이상이 희생된 마을이 무려 45곳이고, 제주읍 노형, 조천면 북촌, 표선면 가시마을은 4백여 명 이상이 희생되었다. 무차별적으로 총을 쏘고 찔러 죽이고 불태워 죽이고 바다에 수장했다. 산에 올라갔다고 하여 아내나 부모·형제·자식들을 대신 죽이는 대살代殺도 자주 일어났다. 인간의 잔인성은 끝이 보이지 않는 것 같았다.

주민집단학살이 여러 달 동안 계속된 것은 고립된 섬이라는 점도 작용했다. 10월에 해안만 봉쇄된 것이 아니었다. 제주 지역 언론사 편집국장 등 언론인들이 총살되고 체포되었다. 그와 함께 언론이 통제되었다. 여순사건은 세계 곳곳에 뉴스를 타고 알려졌는데, 제주도에서의 학살은 육지 사람들조차 알기가 어려웠다.

미군은 작전통제권을 장악하고 있었고, 한국군 장비는 미군이 지급했으며, 현지에 미군 고문이 있었다. 그런데도 학살이 일어나고 있는 것을 보고만 받고 제지하지 않았다. 이 대통령은 서청 대원들을 경찰이나 경비대 복장으로 갈아 입혀 토벌에 나서게 했고, 서청 총회에서 격려 연설을 했다. 이인이 언급했던 사태의 진상이나 민심 회유는 안중에 들어오지 않았다.

선무공작은 중산간마을들이 이미 초토화되고 무장대도 거의 궤멸 상태에 빠진 1949년 3월에 가서야 시행되었다. 제주도지구전투사령부 사령관 유재흥 대령은 하산하면 과거의 죄를 묻지 않겠다고 약속했다. 그러나 그가 5월 제주도를 떠난 후 1,600여 명이 총살당하거나 형무소로 보내졌다.

제주도에서는 얼마나 많은 사람이 희생당했을까? 4·3사건위원회에는 사망자 10,715명, 행방불명자 3,171명, 후유장애자 142명 등 모두 14,028명이 신고되었다. 이 중 여자는 21.3%인 2,985명이다. 10세 이하는 814명, 11~20세는 3,026명이고, 51~60세는 899명, 61세 이상은 860명이다. 가해자별로 보면, 군·경토벌대에 의한 희생이 78.1%인 10,955명, 무장대에 의한 희생이 12.6%인 1,764명, 나머지는 기타로 분류되었다. 여기에 미신고자, 신고가 불가능한 자들을 합쳐 4·3사건위원회에서 낸 『제주4·3사건 진상보고서』는 전체 희생자를 2만 5천 명에서 3만 명으로 추산했다. 당시 제주도민의 약 10분의 1이 희생된 것이다.

한편 여수에서는, 제주도 사태에 대한 강경 일변도의 진압작전으로 여수 주둔 14연대 일부 병력의 출동 명령이 하달된 지 불과 몇 시간 만인 1948년 10월 19일 밤 8시경 지창수 상사 등 하사관이 중심이 되어 제주도 출병을 거부하고 반란을 일으켰다. 반란군은 읍내로 진격해 새벽에 여수를 점령했다. 남로당 군 프락치로 반란이 일어나자 가담한 김지회·홍순석 중위는 군대를 이끌고 20일 3시경 순천을 점령했다. 반란군과 좌익은 광양·승주·구례·보성·곡성 등을 일시적으로 장악했고, 여수·순천 등지에는 순식간에 인민위원회가 세워졌다. 여순사건이 발생한 것이다.

군은 미군의 지원을 받으며 진압에 나서 23일 순천을 탈환했다. 24일에는 여수로 진격했으나 실패했다. 26일 대규모 진압작전이 전개되었고, 다음 날 오전에는 장갑차가 시내로 돌입했다. 이틀 동안 진압군에 의해 여수 중심가는 불바다가 되었다. 반란군은 백운산과 지리산에서 빨치산 활동에 들어갔다.

여순사건에서도 좌익과 군·경에 의해 학살이 자행되었다. 반란군이나 좌익에 의해 여수에서는 군 21명, 경찰 72명과 일부 우익인사들이 학살당했고, 순천·보성 등지에서도 좌익한테 많은 경찰이 살해되었다.

이 대통령은 여순사건 진압 직후인 11월 5일 "남녀 아동까지도 일일이 조사해서 불순분자는 다 제거"하라는 담화를 발표했는데, 진압 후 정부 조치는 매우 가혹했다. 여수와 순천에서는 각각 수천 명을 학교 건물 등에 모이게 하고 심사를 했던바, 가담자 또는 협력자로 지목이 되면 그 옆의 즉결처분장에서 총살되거나 타살되었다. 특히 여수에서 5연대 장교 김종원은 즉결참수로 악명이 높았다. 여수 만성리굴 부근에서는 1949년 1월 13일 종산국민학교에서 끌려온 125명이 '처형'되기도 했다. 자료에 따라 차이가 있지만, 군법회의에 회부되어 처형된 사람들도 적지 않았다. 미군 G-2보고서에는 11월 29일까지 1,700명이 재판을 받아 866명이 사형선고를 받은 것으로 나와 있다.

제주4·3사건과 여순사건은 비슷한 점이 많다. 14연대의 반란자들은 상부의 지시 없이 무모하게 '거사'를 했다. 여순사건의 여파로 남로당 전남도당은 크게 파괴되었다. 많은 주민들이 인민위원회를 지지했는데, (친일)경찰에 대한 반감이 한 요인이었다. 여수·순천 등지에서 과도한 진압작전으로 피해가 컸고, 사후처리도 가혹했다. 어느 경우든 힘없는 서민들이 피해를 입었고 고통을 겪었다.

여수 14연대만 반란을 일으킨 것이 아니었다. 대구 6연대에서도 1948년 11월 초부터 1949년 1월 말까지 세 차례에 걸쳐 반란이 일어났다. 1949년에는 8연대 1대대장 표무원 소령과 2대대장 강태무 소령이 병력을 이끌고 월북한 사건이 발생했다.

여수 14연대 반란사건으로 대대적인 군 숙청작업이 일어났다. 이미 제주 11연대장 박진경 대령이 살해되었을 때 조사는 진행되었지만, 여순사건은 군 내부 프락치 색출에 박차를 가하게 했다. 1949년 2월에서 11월 사이에 영관급 6명, 위관급 67명, 하사관 176명 등 352명이 고등군법회의에 회부된 것은 숙군 작업이 얼마나 크게 전개되었는가를 말해준다. 1948, 49년에 파면된 장교는 각각 18명, 224명이고, 불명예 제대한 사병은 각각 1,693명, 2,440명이었다. 육사 2기인 박정희도 남로당 군 프락치였으나 프락치 관계 정보를 제공해 살아남았다.

국가보안법 시대의 개막

여순사건은 국가보안법 개정의 계기가 되었다는 점에서도 기억해둘 만하다. 나아가 국가보안법이 극우세력에 의해 얼마나 악용될 수 있는가는 단적으로 여순사건에 대한 정부의 태도에서 읽을 수 있다.

여순사건이 발생하자 윤치영 내무장관은 국회에서 여순사건 반란자들이 제1호 사형선고자로 국회의원 여러분과 정부 요인, 금융·산업 각 방면의 인사 약 8만 명을 명단에 올려놓았다고 보고했다. 터무니없는 보고로, 보고라기보다 일종의 협박이었다. 그는 또 경기도 강화에 3천 명의 반란군이 침입했다고 설명했는데, 너무나 엉터리여서 그랬는지 다음 날 국회에서는 약 40명이라고 줄여 보고했다.(그것도 거짓말이었다.) 그는 공산당취체법을 신속히 제정하고 (위급시) 경찰이 영장 없이 체포할 수 있도록 해달라고 요청했다.

여순사건 발생 이틀 후인 1948년 10월 21일 이범석 국무총리는 14연대장 오동기 소령이 좌익과 결탁한 것을 포착해 관련자를 검거하던 중 14연대의 1개 대대가 반란을 일으켰다고 발표했다. 아직 반란의 진상을 알기 어려운 시점이었는데, 전 연대장과 관련된 자들이 반란을 일으킨 것처럼 발표한 것이다.

다음 날 김태선 수도경찰청장은 한 술 더 떠 최능진·오동기 등이 공산당과 결탁해 정부를 전복하고 자기들이 숭배하는 정객을 수령으로 삼아 공산정권을 수립하려는 쿠데타를 일으키기 직전에 이들을 검거했는데, 여순사건은 이들의 말단세포가 일으킨 것이라고 설명했다. 최능진은 5·10선거에서 이승만 출마지구에 나오려다가 경찰의 방해로 실패했고, 대통령에 서재필을 옹립하려던 이승만 반대파였다. 오동기는 광복군 출신이었다. 최능진 등이 숭배하는 정객이란 김구였다. 여순사건이 일어나자 일제 검거가 있었는데, 검거당한 인물 중에는 김구의 오른팔인 엄항섭도 있었다. 이와 같이 여순사건이 일어나자 이승만 정권은 기회가 왔다는 듯이 김구 쪽에 압박을 가했다. 국가보안법은 이런 상황에서 탄생했다.

국가보안법은 1948년 9월에 발의된 내란행위특별조치법이 명칭을 바꾼 것이다. 특별조치법은 구체화되지 못하고 있었는데, 여순사건이 발발하자 10월 27일 다시 거론되어 초안이 작성되었고, 11월 9일 본회의에 제출되었다. 이때 내란행위특별조치법이라는 명칭이 기존 형법의 내란죄와 중복된다는 이유로 국가보안법이 되었다. 법안 내용도 내란행위자체보다 반국가적 정당단체의 활동을 방지하기 위해 내란과 유사한 목적을 가진 결사나 집단의 구성과 가입을 처벌하는 것으로 중심이 바뀌었다.

이 법안에 대해서는 반대도 만만치 않았다. 독립운동자나 정부 비판자, 양민들을 때려잡는 데 악용될 수 있고, 일제의 치안유지법처럼 다수의 정치범·사상범을 만들어내게 될 것이 확실하고, 내란죄 등 기존의 형법으로도 공산당의 범법행위를 규제할 수 있다는 것이다. 반세기 동안 국가보안법이 비판당한 이유나 1990년대 이후 국가보안법을 폐지해야 한다는 주장과 흡사한 것을 볼 수 있다. 당시 『조선일보』는 오늘날과는 대조적으로 1948년 11월 14일 사설에서 이렇게 주장했다.

> 대한민국의 전도를 위해서나 우리 국민의 정치적 사상적 교양과 그 자주적 훈련을 위하여 크게 우려할 악법이 될 것을 국회 제공에게 경고코자 한다.······국제정세가 미묘한 가운데 민족과 국가의 운명을 염려하는 정치론도 다기多岐할 수 있는 이 정세에서 국가보안법의 내용은 무서운 결과를 가져올 것이다.

국가보안법 반대 의원들은 세 차례에 걸쳐 폐기 동의안 등을 냈으나 그때마다 표결에서 패배했다. 그리하여 국가보안법은 1948년 11월 20일 국회를 통과했고, 정부는 12월 1일 공포했다.

국가보안법은 분단을 법제화했고, 반공국가를 만들고 지키는 핵심적인 기제였다. 국가보안법은 실질적으로 헌법을 초월해 절대적 존재로 군림했다. 이와 같은 국가보안법체제 — 1961년 5·16군부쿠데타 이후

반공법이 덧붙여졌다 — 아래에서 반공은 민주주의나 통일에 우선하는 국시國是였다. 국가보안법은 정치·사회뿐만 아니라, 사상과 문화활동에 지대한 제약을 가했다.

국가보안법은 국시라는 위력으로 국가의 정통성을 지키는 법적 장치였다. 1950년대나 60·70년대를 살아온 사람들은 국시 못지않게 대한민국의 정통성에 대해, 그것과 짝을 이루는 북한 정권의 불법성에 대해 무수히 들어야 했다. 북에는 괴뢰정권만이 존재했다. 그래서 북의 정권이나 북에 대해서는 반드시 북한괴뢰집단의 준말인 '괴집' 또는 '북괴'로 부르도록 했다. 괴집이나 북괴 대신 북한이라고 쓰거나 말하면 국가보안법, 반공법으로 처단될 수 있었다.

자신만이 유일 합법정부로 정통성이 있고, 그래서 중앙정부이고, 다른 쪽은 괴뢰라는 주장은 북에서도 강조되었다. 남과 북의 이런 주장은 헌법에 담겨 있다. 대한민국 헌법 제4조에는 "대한민국의 영토는 한반도와 그 부속 도서로 한다"라고 쓰여 있다. 38선 이북의 지역도 대한민국 영토인 것이다. 그런데 북의 헌법 제103조에는 "조선민주주의인민공화국의 수부首府는 서울시다"라고 쓰여 있다. 대한민국의 수도가 북의 수도로 되어 있는 것이다. 북의 국호가 중화인민공화국 등등의 경우와는 달리 인민공화국 앞에 '민주주의'라는 말이 덧붙여 있는 것도 정통성과 관계가 있다. 곧 자신의 정부만이 민주주의 정부여서 유일 합법정부이고, 대한민국 정부는 비민주주의 정부이므로 정통성이 없다는 논리가 깔려 있는 것이다.

정통성 강조에는 주자학의 명분 논리도 작용했다. 그렇지만 남과 북이 정통성을 강조한 것은 명분론보다 한국은 1천 년 동안이나 단일민족 국가를 영위해왔으므로 오로지 하나의 국가만이 존재할 수 있다는 관념이 거의 절대적으로 작용했기 때문이다. 제헌국회에서 다른 조항과는 달리 헌법 제4조가 무소속구락부나 다른 의원들의 별다른 이의 없이 쉽게 통과된 것은 그 조항이 너무 당연하게 느껴졌기 때문이다. 마찬가지로 북에서 통치력이 미치지 못하는 곳에 위치한 서울시를 자신의 수도라고 하는 전대미문의 기이한 현상이 표출된 것도 똑같은 관념 때문이었다.

이승만·박정희 정부는 대한민국만이 유일 합법정부이고 북은 이북을 불법으로 점거한 괴뢰정부라는 이유로 국제연합의 대한민국 정부 승인을 각별히 강조했다. 그렇지만 과연 정부나 극우세력이 국민들한테 유엔 결의를 정확히 전달했느냐 하면 그렇지 않았다.

1948년 12월 12일 유엔은 대한민국이 한반도 전체의 정부라고 승인한 것이 아니라 선거가 실시된 지역에서 유권자의 자유의사에 의해 수립된 유일한 합법정부라고 승인했고, 그 정부는 한국인의 대대수가 사는 남한에 효과적인 통치와 관할권을 가졌음을 명시했다. 북한 지역에 대한 통치권과 관할권은 없었다. 다시 말하면 대한민국의 주권이 북에까지 미치는 것은 아니었다.

이데올로기를 앞세워 남과 북은 반세기 이상 상대방을 증오하게 하고 전멸시키고자 했다. 그리하여 참혹한 동족상잔 전쟁도 치렀다. 여러 면에서 분단은 치유하기 어려운 큰 상처를 남겼다. 그뿐만 아니라 유신체제가 특히 심했지만, 분단은 독재정권이나 영구집권욕에 이용되었다.

일민주의와 '두령국가'

일제강점기든 해방 이후든 듣기만 해도 서민의 가슴을 오그라들게 만드는 '국시'라는 말은 대개 이승만 정권 초기부터 반공에 대해 사용한 것으로 알려져 있다. 하지만 역사에는 위세가 당당해 보이던 것이 말끔히 잊혀져 흔적도 남기지 않고 사라지는 경우가 있는데, 이승만 정권 초기 '대한민국 국시'로 서슬이 퍼렇던 일민주의一民主義도 그와 비슷한 운명을 걸었다.

정부가 수립되자 이승만은 일민주의를 제창했다. 그는 일민이라는 두 글자는 자신의 50년 운동의 출발이요 귀추라고 천명하고, 일민주의를 신흥국가의 국시로 만들겠다고 피력했다. 초대 국무총리 이범석은 일민주의는 영명하신 우리의 지도자 이 대통령 각하의 민주원론이라고 역설했고, 초대 문교장관 안호상은 일민주의는 "대한민국 국시요 우리 민족의 지도원리"라고 공언했다. 이들은 일민주의로 국론을 통일하겠다고 호언했다.

실제로 일민주의로 국론이 통일되는 듯한 감을 준 적이 있었다. 이승만을 지지하는 국민회에서 만든 대한국민당은 1948년 10월 발기총회에서 일민주의를 당시黨是로 삼을 것을 결의했다. 다음 해 한민당과 대한국민당 주류가 만든 민주국민당(민국당)도 일민주의를 당의 진로로 설정했다. 1949년 11월 윤치영 중심으로 재출발한 여당 격의 대한국민당 당시도 일민주의였다. 대한청년단은 일민주의를 단시團是로 떠받들었다. 학도호국단은 지도원리로 일민주의를 내세웠다. 안호상은 일민주의를 교육이념으로 삼았다.

　일민주의는 일관성을 가진 사상이라고 보기가 어렵다. 새 정부 수립이라는 특별한 시기에 공산주의나 김구·김규식의 민족주의에 대항하기 위해서는 부정 일변도의 논리인 반공주의만으로는 안 되고 다른 무언가를 제시해야 한다는 강박감에서 임시대응책으로 나온 이데올로기였다. 이 때문에 주창자들끼리도 파시즘적인 사고를 제외한다면 생각이 제각각이었고, 한 저서나 글에서도 앞뒤가 맞지 않는 주장이 적지 않았으며, 애매모호한 주장이 많았다. 일민주의가 흔적도 없이 사라진 것은 이유가 있었다.

　일민주의자들은 민주주의를 옹호한다고 하면서도 그것과는 모순되는 주장을 했다. 이승만은 민주주의로는 공산주의에 대항하기 어렵다고 설파했다. 안호상은 누구나 민주주의를 떠드는데 민주주의는 지도원리가 되기에는 너무 빈약하고 천박하다고 지적했다. 일민이라는 말 자체가 계급이나 다원성을 인정하고 있지 않은데, 더 나아가서 이승만은 일민주의를 설명하면서 하나가 되지 못하면 하나를 만들어야 하고, 그렇게 하는 데 장애가 있으면 이를 제거해야 한다고 강조했다. 위험한 전체주의 논리였다.

　일민주의 이데올로그들은 반자본주의 논리를 편다는 점에서도 파시즘과 유사한 점이 있다. 또한 일민주의자들은 절대적 영도자인 이승만을 따르고 복종할 것을 요구했다. 그들에 의하면 이 세상은 지도자와 신종자(信從者, 추종자)로 구성되어 있었다.

　이승만은 한편으로는 정당에 초연하겠다고 말하면서도, 일민주의 정당을 만들겠다고 피력했다. 그리하여 대한국민당 등이 만들어졌으나 이승만 마음에 차지 않았다. 일민주의 정당은 1951년 12월 자유당(속칭 원외자유당) 창당으로 비로소 결실을 맺었다. 이때쯤 이데올로기로서 일민주의는 사멸한 것이나 다름없었다는 점에서도 아이로니컬하지만, 일민주의의 폭력성은 부산정치파동(1952)이나 자유당 행태에서 유감없이 잘 드러났다. 그리고 이승만을 절대적으로 떠받드는 것이 자유당의 존재원리였다는 점에서 이승만 유일영도자론은 자유당과 함께 운명을 같이했다.

이승만 유일영도체제는 이미 자유당이 창당되기 이전에 극우 동원단체에 의해서 실현되었다. 이승만의 대통령 취임을 전후해 각종 동원단체는 새롭게 정비되었다. 이승만의 가장 강력한 정치기반인 대한독립촉성국민회는 1948년 7월 7일 '대한독립촉성'을 떼버리고 국민회로 명칭을 바꾸었다. 국민회는 총재가 국가원수가 되니 관민 합작으로 국민총력 발휘태세를 갖추자고 결의했다. 모든 국민은 국민회원이 되고 회비를 납부해야 했다. 일제 말에 한국인은 10호 단위로 조직된 애국반에 편성되어 있었는데, 이제 국민반으로 명칭이 바뀌었다. 동장·읍장·군수·도지사는 국민회 간부였다.

좌우익 싸움에 행동대로 명성을 날리던 극우청년단체들은 이 대통령의 '유시諭示'를 받들어 1948년 12월 대한청년단(한청)을 결성했다. 조직이 강력했던 이범석이 이끈 민족청년단(족청)도 이승만 지시로 할 수 없이 다음 해에 합류했다. 한청은 전국 청년 8백만 명을 총망라했다고 주장했다. 그 밖에 호국군·민보단 등도 만들어졌다.

1949년 1월까지 각 학교에 학도호국단이, 2월까지 시·군 학도호국단이, 3월까지 각 도 및 서울특별시 학도호국단이 만들어졌고, 4월에는 각 대학 학도호국단이 중앙학도호국단 직속으로 조직되었다. 학교에도 군사조직의 원리가 작동했다.
   이승만은 외형상으로 볼 때 모든 국민이 가입한 국민회, 모든 청년이 가입한 한청, 모든 학생이 가입한 학도호국단 총재였고, 유일한 노동단체인 대한노동조합총연맹(대한노총), 전국 농민을 대상으로 한 대한농민조합총연맹(대한농총) 총재였다. 모든 부인이 가입하고 회비를 내는 대한부인회 또한 이승만이 총재였다.(때로는 프란체스카가 총재이기도 했다.) 정부와 긴밀한 관련이 있으나 헌법이나 법률에 근거해 만들어지지 않은, 그래서 반관반민단체라 불렸고 반관반민단체답게 그다지 견고하지도 않았던 동원단체들은 정부와 함께 이승만을 정점으로 하여 통합되어 있었다. 이승만은 삼중사중으로 여러 형태의 국민을 거느리고 있었다. 이승만 대통령은 일종의 '두령국가'를 지향했다. 자유민주주의 헌법과 파시즘적 두령체제의 동침同寢이었는데, 그것이 이승만 반공공화국의 초기 모습이었다.

02

▼ 1949년 6월을 전후하여 중대한 사건이 잇달아 발생했다. 6월 5일 국민보도연맹이 만들어져 과거에 좌익단체에 들어갔거나 좌익과 관련 있는 활동을 한 사람들이 묶이게 되었다. 6일에는 반민특위가 경찰의 습격을 받았다. 이 사건을 계기로 민족정기를 바로 세우기 위한 친일파 처단은 유야무야되었다. 20일부터는 국회 소장파 핵심 의원들이 체포되었다. 이로써 의회민주주의는 시련에 부닥쳤다. 26일에는 김구가 육군 장교에 의해 백주에 살해되었다. 통일운동의 거목이 쓰러진 것이다.

이승만 정권의 6월공세와 5·30선거

이승만 정권은 1949년 '6월공세' 이후 극단적인 반공정책을 맹렬히 펼쳤다. 그러나 극우반공이데올로기는 전쟁이 발발해 참혹한 학살이 발생하기 전까지는 대중의 내면에 뿌리를 내리지 못했다. 그것을 단적으로 보여준 것이 1950년 5·30총선이었다. 사상 두 번째 치러지는 보통선거인 5·30선거는 무소속 후보가 난립했고, 정책 대결이라고 보기가 어려웠다. 그러나 서울권과 부산권 등 대도시를 중심으로 민국당·대한국민당의 반공주의 대 중도파 정치세력의 민족주의의 대결구도가 형성되어 은연중 정책 대결의 성격을 띠고 있었다.

1949년 6월 첫 공세
— 6·6반민특위 습격

　1949년 6월을 전후하여 남과 북에서는 중대한 사건이 잇달아 발생했다. 남의 경우 6월 5일에 국민보도연맹이 만들어져 과거에 좌익단체에 들어갔거나 좌익과 관련 있는 활동을 한 사람들이 묶이게 되었다. 다음 날 6일에는 반민특위가 경찰의 습격을 받았다. 이 사건을 계기로 민족정기를 바로 세우기 위한 친일파 처단은 유야무야되었다. 20일부터는 국회 소장파 핵심 의원들이 체포되었다. 이로써 의회민주주의는 시련에 부닥쳤다. 26일에는 김구가 육군 장교에 의해 백주에 살해되었다. 통일운동의 거목이 쓰러진 것이다.
　정치학자들은 대개 한국전쟁 이후에 극우반공체제가 자리 잡는 것으로 설명한다. 주민집단학살, 부역자 처리, 전쟁 피해 등에 의해 극우반공주의가 일반 대중한테 내면화되는 것은 대체로 전쟁 이후로 볼 수 있다. 그러나 극우반공체제의 골격은 이미 전쟁 전에 마련되어 있었다.

여순사건과 제주도 학살을 통해 극우반공주의는 민중 앞에 위압적이 되었고, 1948년 말과 49년 초에 대한청년단과 학도호국단이 결성된 이후 그 강도는 커졌지만, 그것이 위력적으로 민중 앞에 군림하는 것은 소장파 의원들이 거세되고 김구가 살해된 이승만 정권의 1949년 '6월공세' 이후였다. 6월 이후 이승만 정권의 반공공세는 한층 강화되었고, 북진통일이 외쳐졌다.

6월에는 북에서도 큰 변화가 있었다. 이달에 북조선노동당과 남조선노동당이 조선노동당으로 단일화되었다. 또한 같은 달에 남조선민주주의민족전선과 북조선민주주의민족전선도 통합되어 조국통일민주주의전선(조통)이 조직되었는데, 이는 실제로는 통일선전대宣傳隊의 역할을 했다. 7월부터는 훈련된 유격대를 내려보내면서 강하게 통일공세를 폈다. 7~8월에는 중국에서 싸우던 조선인 부대 2개 사단이 북에 들어왔다. 8월 김일성 수상과 박헌영 외상은 스티코프 소련대사에게 대남공격을 준비할 필요가 있다고 강조했다.

6월에는 또 중요한 일이 일어났다. 이 시기에 중국에서는 인민군에 의한 대륙의 통일이 눈앞으로 다가와 있었다. 1949년 1월 베이징에 들어온 인민군은 4월에 양쯔강을 건넘으로써 장제스 군대의 패배가 확실해지자 6월에 베이징에서 새로운 정치협상회의 준비위원회가 열렸다. 10월 1일 베이징 천안문광장에서는 중화인민공화국이 선포되었다. 또한 소련군은 이미 1948년 12월에 북에서 철수했는데, 미국군도 6월에 군사

ⓒ 이경모

반민특위 투서함

1948년 10월 반민족행위특별조사위원회 전라남도 조사부에서 설치한 투서함에 시민들이 투서하고 있다. 전 국민적 기대를 안고 출발한 친일파 처단은 1949년 6월 6일 경찰의 반민특위 습격 사건을 계기로 심각한 위기에 직면했고, 국회는 이승만의 요구에 굴복하여 공소 시효를 2년에서 1949년 8월 31일로 단축함으로써 용두사미로 막을 내렸다. 특위 재판부는 총 682건의 사건을 취급했으나 실제로 체형이 가해진 것은 14건뿐이었다.

고문단만 남기고 남에서 철수했다. 중국에서의 변화와 미군 철수는 남과 북의 정권과 주민들한테 큰 영향을 미쳤다.

무엇보다도 6월공세는 6월에 일으키려고 했다기보다는 그 이전에 준비해왔던 일이 6월에 발생했다는 점에서 의미심장하다. 반민특위에 대한 이승만의 '분노'는 2~3월에 있었고, 일부 소장파 의원 체포는 4~5월에 이루어졌다. 김구 살해도 여러 달 전부터 치밀히 계획되었다.

반민특위 습격 사건, 국회프락치 사건, 김구 살해 사건은 공교롭게도 같은 시기에 우연히 일어났다고 보기가 어렵다. 우선 6·6반민특위 사건은 국회프락치 사건과 떼려야 뗄 수 없는 사건이었다.

반민특위 와해는 1949년 5월 17일경 노일환과 함께 소장파 리더 격이었던 이문원 등 세 의원이 구속되면서 일어난 연쇄 사건 속에서 발생했다. 세 의원이 구속되자 국회에서는 치열한 공방전이 벌어졌다. 임시국회가 열린 두 번째 날 세 의원 석방동의안이 표결되었다. 이날 국회 내 극우세력과 소장파 측은 자파세력을 독려해 회의장에 나오게 함으로써 184명의 의원이 출석했다. 동의안은 가 88표, 부 95표, 기권 1표로 부결되었다.

이때 극우반공주의자들은 정부 당국의 방조를 받으며 공격적으로 나왔다. 5월 31일 파고다공원(지금의 탑골공원)에서 세 의원 석방동의안에 가표를 던진 88명의 의원을 적색분자로 규탄하는 민중대회가 열렸다. 이 대회의 주동자는 국민계몽회의 손빈 등 반민법 대상자들이었다. 이들의 표적은 88명의 의원이 아니고 반민특위였다. 이들은 세 의원이 공산당인데, 이 세 의원을 석방하라고 했으니까 88명의 의원 역시 공산당이므로, 6월 2일 국회를 방문해 공산국가를 만들려는 것이 아닌지 따지겠다고 별렀다.

6월 2일 손빈 등은 국회로 행진해 진정서를 제출했다. 격앙한 국회는 연쇄적으로 일어나는 사태에 대해 국무총리 이하 전 각료는 인책퇴진하라는 강경한 결의안을 82 대 61로 가결해 다음 날 정부에 이송했다.

손빈 등은 이러한 국회 결의에 아랑곳하지 않고 6월 3일에는 반민특위로 쳐들어갔다. 이들이 "반민특위는 공산당의 앞잡이다" 등의 구호를 외치자 반민특위는 공포를 쏘며 이들을 체포했다. 반민특위는 잇단 시위의 배후에 노덕술 못지않은 친일경찰인 서울시경 사찰과장 최운하가 있음을 파악하고는 최운하 등 전부터 체포하려던 친일경찰 간부를 체포했다.

그러자 기다렸다는 듯이 6월 6일 중부경찰서장이 경찰을 이끌고 반민특위를 습격해 특경대를 무장해제시키고, 무기와 서류 등을 빼앗고 직원들을 연행해 고문했다. 그 자리에 나타난 권승렬 검찰총장은 가슴에 총을 들이민 경찰한테 몸을 수색당했고 권총을 빼앗겼다. 당시 한 의원이 지적한 대로 '경찰의 쿠데타 사건'이 발생한 것이다.

국회는 분노할 대로 분노했다. 그리하여 ① 6월 2일에 결의한 전 각료 총퇴진을 조속히 실행할 것, ② 반민특위를 원상회복하고 사건책임자를 처벌할 것, ③ 1, 2항을 시행할 때까지 정부제출법안과 예산안 심의를 거부한다는 초강경 결의안을 89 대 59로 통과시켰다. 대법원장이자 특별재판부 재판관장인 김병로는 6·6습격행위는 불법이 아닐 수 없다는 담화를 발표했다.

그렇지만 정부는 사태를 어떻게 끌고 갈 것인가를 잘 알고 있었다. 내무차관으로 일제하에서 판사를 역임한 장경근은 6월 6일 국회에서 6·6습격행위는 내무부 책임으로 조치한 것이라고 당당히 말했다. 다음 날인 6월 7일 이승만 대통령은 한 발 더 나아가 AP통신 기자와의 단독회견에서 자신이 특경대 해산을 지시했다고 밝혔다. 이날 서울시경 관계자들은 총파업 단행을 결의하고, 대통령에게 반민특위 인사 쇄신 등의 조건이 받아들여지지 않으면 총퇴진하겠다고 으름장을 놓았다. 적반하장도 이만저만이 아니었다.

결국 국민 여론을 등에 업은 국회는 무장력을 휘두르는 정부한테 패배할 수밖에 없었다. 처음에는 국회의원도 절반쯤은 눈치를 보면서 친일파 문제 처리에서 이승만·민국당과 보조를 같이했다. 또 6·6사태 이후에는 신익희 의장 주도로 국회가 휴회되었다. 그 후 친일파 청산에 결정적 타격을 입힌 것은 국회프락치 사건과 김구 살해였으며, 이로써 친일파 청산은 물거품이 되었다.

국회는 이승만의 요구대로 공소시효를 2년에서 1949년 8월 31일로 단축함으로써 반민특위 활동은 사실상 종언을 고했다. 반민특위위원 전원과 일부 특별검찰관·특별재판관도 사임했다. 그해 9월 5일 관계기관에 보고된 바에 따르면, 총 682건이 취급되어 408건에 영장이 발부되었는데, 그중 검찰부 기소가 221건이었고, 재판부 판결 40건 중 체형體刑이 14건이었다.

유럽은 나치나 나치 협력자들을 엄격히 처리했다. 한국과 대조적인 나라로 자주 거론되는 프랑스의 경우 나치 협력자 중 99만 명이 체포된

후 1개월 미만에 풀려났고, 공식적인 사법기관에 의해 형을 선고받은 사람은 15만 8천 명이었다. 여기에는 나치로부터 해방된 직후에 있었던 각지에서의 수많은 사형私刑은 포함되지 않았다. 특히 비시 정권 책임자와 곡학아세의 선봉에 선 언론인과 작가는 사형 등 엄벌에 처했다. 어느 쪽이나 한국과 너무 큰 차이가 나는 과거사 청산이었다.

친일파 처단은 소수 악질 중심으로 이루어지는 것이 바람직했다. 그 경우도 해방 직후의 혁명적 분위기에서나 가능했다. 친일파는 뛰어난 생존능력을 갖고 있어 각계에 검은 손을 뻗었기 때문이다. 미군정과 이승만·한민당의 보호를 받으며, 생존논리로 극우반공이데올로기를 개발, 확산시키고 건국공로자라고 큰소리치는 상황에서 친일파 처단은 참으로 어려웠다.

친일파 청산 실패는 국가기강, 민족정기를 뒤흔들었다. 민주주의도 심대한 도전을 받았다. 역대 독재정권의 기반은 친일경찰·관료·군이었다. 남북의 긴장완화와 통일문제도 친일파가 사회 각계를 장악하는 이상 험난한 길을 걸었다. 노덕술·최운하처럼 친일파에게 부패는 생리현상이었다. 자유당·박정희 정권의 부정부패는 친일파를 빼놓고는 이해하기 어렵다.

친일파가 사회 각계에서 지도자로 행세하는 한 가치관은 혼탁할 수밖에 없었다. 1950~60년대에 정의롭고 정직하고 성실하게 살려는 사람들이 바보 취급 받은 것은 그 사회가 친일파 세상이었기 때문이다. 1955년 8월 29일 국치일(일본에게 국권을 강탈당한 1910년 8월 29일을 일컬음)에 언론인 최석채는 이렇게 개탄했다.

모든 사회의 지배계급이 일제통치하의 인적 구성과 과연 얼마나 달라졌는지 눈을 흘겨보면 기막히는 상태요, 오늘날 그 세력에 대항하자면 마치 계란을 가지고 바위를 깨뜨리는 격의 바보짓愚擧이라고 세상사람世人은 조소하다. 그러나 이 민족에 손꼽만 한 자주성이 있고 본능적인 설분雪憤이 있다면 전 민족의 가슴속胸奧에 말하지 못할 그 무엇이 울부짖어 있음을 역력히 알 수 있을 것이라 믿는다.

조작 여부로 논란 많은 국회프락치 사건

6·6반민특위 습격 사건에 뒤이어 6월 20일 제3회 국회가 폐회된 직후부터 25일까지 김약수 국회부의장, 노일환 의원 등 모두 7명의 의원이 헌병사령부에 의해 체포되었다. 6월 23일 서울시경 국장 김태선은 이들이 대한민국 정부를 파괴하여 남한에 공산국을 세우려는 의도로 악질적인 공산당 지령 아래 실천 행동을 감행했다는 담화를 발표했다.

7월 2일 육군 총참모장 채병덕 소장의 국회 발언은 섹스 추리영화를 보는 것 같았다. 6월 16일 개성 역전에서 북으로 넘어가려던 정재한을 체포해 신체검사를 한 결과 그 여자 국부에 비밀서류 전체가 숨겨져 있었다는 것이다. 채 총참모장은 그 서류에서 국회프락치 사건의 단서를 완전히 얻게 되었다고 설명했다.

김태선·채병덕의 발언과 당시 사상검사로 유명한 오제도가 쓴 것을 종합해보면, 서울시경 사찰과장 최운하를 중심으로 특별사찰반을 편성해 1949년 3월경부터 노일환·이문원·김약수 등의 뒤를 밟았으나 남로당과의 관계를 밝힐 자료가 나오지 않았는데, 정재한이 체포됨으로써 단서가 잡혀 국회프락치 사건으로 터진 것이었다.

소장파 의원들은 계속 구속되었다. 8월 10일에는 배중혁 의원 등 2명이, 8월 14일에는 서용길 의원 등 3명이 구속되었다. 이문원 의원 등 5월에 구속된 의원 3명을 합치면 모두 15명이 구속되었다. 이문원 의원 등은 정재한이 체포됨으로써 기소장이 변경되었다.

김약수·노일환 등 7명이 구속된 직접적 계기는 이들이 김약수 외 6명의 이름으로 6월 17일 유엔한국위원단 사무국장을 방문해 '진언서'를 제출했기 때문이었다. 이들은 '진언서'에서 미·소 양군이 철퇴하는 마당에 군사고문단을 설치하는 것은 제2차 세계대전 종전 후 왕당파가 영국의 지원을 받으며 공산당과 싸웠던 그리스 내전의 재판再版이 될 수 있고, 한국의 자주국가 강화를 위하여 반대하니, 한국 내의 양군이 무조건 철퇴하도록 한 유엔위원단의 사명을 완수해주기 바란다고 요망했다.

군사고문단 설치까지 반대하는 것은 너무 무모한 주장이 아니었느냐고 비판할 수 있지만, 해방 직후의 민족혁명적 자주성이 남아 있었고 아직 냉전의식이 심화되지 않았던 상황이었기에 이와 같은 주장이 가능했다. '진언서'는 당시 김구의 주장과 비슷했다.

소장파 의원들은 반민법 실행에 앞장섰고, 농민 위주의 농지개혁법 통과를 주도했다. 그리고 민주주의가 뿌리를 내릴 수 있는 지방자치법의 제정과 통과된 지방자치법의 즉시 실시 등을 주장함과 동시에 김구·김규식 등과 보조를 맞춰 민족문제에도 관심을 기울였다.

소장파 의원들은 1948년 10, 11월에 미군 철퇴를 주장했다. 다음 해 2월에 제출된 '남북평화통일에 관한 결의안'에는 서명 의원이 71명으로 늘어났다. 이 결의안에서 소장파 의원들은 이승만·김구·김규식 등의 총단결을 촉구하고, 유엔 결의대로 한국 내 외군의 즉시 철군을 유엔한국위원단에 요청했다.

3월에도 김약수 부의장 등은 62명의 의원이 연서한 외군철수촉구청원서를 유엔한국위원단을 방문해 전달했다. 그들은 이 청원서에서 유엔한국위원단이 평화적 통일과 민주적 발전을 엄격히 감시해줄 것을 요망했다. 이때쯤 이들한테는 특별사찰반이 뒤를 밟고 있었다.

국회프락치 사건은 처음부터 조작이라는 주장이 제기되었다. 특히 유일한 물적 증거라고 할 수 있는 증거 제1호의 조작설이 강력히 제기되었다. '증 제1호'는 정재한이라는 여성이 국부에 숨겨가지고 있었다는 비밀서류를 가리킨다. 이 서류는 40여 쪽의 장문이어서 작은 글씨로 한 칸에 두 줄씩 양면괘지에 썼다고 하더라도 국부에 들어가기에는 분량이 너무 많았다. 또 하필이면 김약수 등이 '진언서'를 유엔한국위원단에 제출하기 전날인 6월 16일 체포됐다는 것도 너무 극적이다.

변호사들은 '증 제1호'가 대단히 중요한 증거물로 되어 있기 때문에 정재한의 증인 출석을 되풀이하여 요구했으나 끝내 나타나지 않았다. 그렇다고 검찰 측이 다른 방법으로 이 문서의 신빙성을 입증하려고 하지도 않았다. 이 사건을 조사하고 방청한 미국대사관의 그레고리 헨더슨은 정재한은 존재하지 않는다고 결론내렸다.

'증 제1호'의 내용도 문제였다. 남로당에서 소장파 의원들한테 내렸다는 지시는 너무 세세하지만, 정작 이승만 정권의 약점과 관련된 부분에 대해서는 지시가 없었다. 반민법·반민특위 문제, 농지개혁법 문제 등이 그러한데, 용케도 국가보안법으로 처단하기 어렵거나 일반인한테 알리고 싶지 않은 극우세력의 최대 약점인 반민법 등은 아예 언급하지 않거나 변명으로 넘어가고 있었다. 남로당에서 6월 17일 김약수 등이 유엔한국위원단에 제출한 바 있는 '진언서' 초안을 만들어주었다는 것도 코미디 같다. 젊었을 때 혁명가로 1920년대부터 산전수전 다 겪은 국회부의장 김약수 등이 남로당이 써준 진언서나 전달하고 다니는 바보는 아닐 것이다.

국회프락치 사건은 노일환·이문원과 남로당과의 관계를 어떻게 보느냐에 따라 판단에 큰 차이가 있을 수 있다. 이 두 사람이 주로 남로당의 지령을 받았고, 다른 의원들은 이들에 동조해서 결과적으로 남로당 장단에 춤추었다는 것이 이 사건의 개요이기 때문이다.

노일환과 이문원이 남로당원을 만났을 개연성은 높다. 그런데 1949년 여름까지는 남로당원과 만난 것만으로는 범법행위가 아니었다. 서울시경의 특별사찰반에서 남로당 관계자들과 노일환 등 소장파 의원들의 뒤를 추적한 것이 주로 기록되어 있는, 당시 경찰이 만든 책자인 『한국에서 최초로 발생한 국제간첩 사건』에도 남로당 간부라고 하더라도 뚜렷한 범법을 저지르지 않았으면 체포에 문제가 있다고 쓰여 있다. 이유는 간단하다. 공보처에서 1949년 10월 중순에 남로당과 그 밖에 133개 정당·사회단체를 등록취소처분하기 전까지 남로당은 합법정당이었다.

남로당원으로 노일환과 만났다는 이삼혁 및 이문원과 만났다는 하사복은 체포되지 않았다. 이 때문에 '증 제1호'와 노일환·이문원의 증언이 중요한데, 법정에서 이들은 남로당의 지령을 받아 움직였다는 것을 부인했다. 이문원은 남로당과의 관계를 모두 부정했다.

국회프락치 사건은 제헌국회 의원들의 회고담이나 미국 측 자료를 보더라도 정치적 사건의 성격을 띠고 있음을 알 수 있다. 그것은 미군 철수 문제에서 단적으로 드러난다. 트루먼 미국 대통령이 파견한 제섭 순회대사는 한국인들의 미군 철수 주장이 미국 정부의 결정에 의해 취해진 조치와 일치하는데 어떻게 범법행위가 되느냐고 반문했다. 김구는 1949년 3월 소장파 의원들의 외군 철퇴 주장에 대해 그것이 평화적이며 건설적이라고 논평했다.

그러나 이승만 정권은 달랐다. 오제도 검사는 피고인들의 행위가 조국방위체제와 민심을 오도하고 국가 공익과 발전을 저해했기 때문에 국가 변란의 반국가적 죄상이 명백하다고 논고했다. 판사 사광욱은 김약수 등의 행위는 국가와 민족에 대한 반역이요 단호히 배격해야 할 이적행위라고 단정하고 다음과 같이 지적했다.

> 유엔한위에 대하여 남로당이 주장하는 미군 철퇴를 진언하고 선전하는 것은 …… 대한민국을 중대한 위기에 봉착케 하고 국가의 변란을 야기하여 마침내는 공산독재정권을 수립하려고 함에 그 의도가 있었다고 볼 것이며…….

논죄의 말투가 어디서 많이 들었다고 생각될 것이다. 한국인들은 이런 논고나 판결을 반세기 동안 귀가 아프게 들어왔다. 여러모로 국회프락치 사건에서 극우세력은 모범 답안을 만들었다. 이 모범 답안에 의해 형성된 극우반공이데올기가 반세기에 걸쳐 위압적으로 군림해 사상과 양심의 자유, 표현의 자유를 짓눌렀다.

사광욱 판사는 노일환·이문원에게 징역 10년, 김약수·박윤원에게 징역 8년 등 중형을 선고했다. 10월에 정준 의원 등이 구속된 서용길 의원 등 일부 의원의 석방 긴급동의를 제안하자, 이 대통령은 즉각 "근자에 …… 불량분자들이 아직도 속에서 남로당과 기타 공산 파당으로 여전히 변란을 꾀하고" 있으니 국회의장은 이런 폐단을 막으라는 경고 서한을 국회에 보냈다. 그리고 국회에 직접 출석해서 정준 의원의 이름을 거론하면서 "남로당과 연락 행동하였던 것"이 누구한테 발견될는지 어떻게 알 수 있겠느냐고 협박했다. 무서운 사람이었다.

국회프락치 사건 이후 제헌국회는 활기를 잃었다. 구속되지 않은 소장파 의원들은 뿔뿔이 흩어졌다. 법안은 일사천리로 통과되었다. 논쟁도 토론도 거의 없었다. 의회민주주의는 중대한 시련에 부닥쳤다.

통일운동의 거목 김구 쓰러지다

김약수 등 7명이 모두 검거된 다음 날인 1949년 6월 26일 낮 12시 36분 포병 소위 안두희가 경교장에 나타나 김구를 살해했다. 74세에 불의의 변을 당한 것이다. 이 사건은 20세기 말까지 끊임없이 논쟁이 제기되었다.

　살해 현장에는 어떻게 알았는지 헌병대가 돌연히 출동했다. 군인들은 서대문경찰서장의 현장 접근을 차단했다. 즉각 달려온 서울지검 검사장 최대교도 군인들이 보안상 출입시킬 수 없다고 막는 바람에 승강이만 벌였다.

　김구를 언제부터 살해하려고 했을까? 김구 암살 조직은 서북청년회원 홍종만 등 4명으로 구성된 팀과 안두희·오병순 등 군인팀이 있었다. 안두희는 서청 회원이기도 했다. 그런데 홍종만이 한독당에 들어간 것은 여순사건 직후인 1948년 11월이었다. 그리고 안두희는 1949년 1월부터 정보장교 김창룡으로부터 김구에게 접근하라는 지령을 받고 2월경 한독당에 입당했다.

　안두희·오병순 등에게 직접 지시를 내린 것은 포병 사령관 장은산이었다. 장 중령은 6월 23일과 25일 두 차례에 걸쳐 김구 살해 기도가 실패하자 안두희 등 군인 네 명을 기합주고, 안두희에게 단독범행을 지시했다. 장은산은 친일 정치브로커 김지웅과 연결되어 있었고, 김지웅은 홍종만 팀 중심의 암살 계획을 세운 것으로 알려졌다.

　이 사건에는 국회프락치 사건에도 개입되어 있는 헌병대 부사령관 전봉덕이 깊이 관여되어 있었다. 장은산이 요원들을 훈련시키고 전봉덕이 작전을 진두지휘했다는 증언도 있는데, 헌병대는 사건 발생 이전에 경교장에 출동했다. 전봉덕은 사건 발생 1시간 24분 만에 이 사건은 단독 범행인 것 같다고 발표했다. 그리고 이 사건 직후 헌병 사령관에 임명되었다.

앞서도 김창룡이 언급되었지만, 안두희는 헌병대에서 곧 특무대로 넘어갔는데, 입을 다물고 있던 그가 김창룡과 김지웅이 오자마자 입을 열기 시작했다. 장은산·전봉덕·김창룡의 위에는 육군 총참모장인 채병덕이 있었다. 채병덕은 특무대 사무실인 대륙공사로 와 안두희 사건을 취급하지 말라고 지시해 김안일 특무대장은 전혀 손을 댈 수 없었다. 안두희를 기소한 육군 검찰한테도 이래라저래라 지시했다.

김구는 이전과는 달리 1948년부터 강력히 친일파 숙청을 주장했고, 이승만과 반민특위가 날카롭게 맞섰던 1949년 2월에 반민특위 활동을 인민들이 찬양할 것이라고 치하했는데, 암살 관련자들은 거의 다 친일파였다. 장은산은 만주군관학교 출신이었고, 채병덕은 육군 중좌(중령)였다. 전봉덕은 해방 당시 조선인 8인의 경시 중 한 사람이었는데, 친일파를 처단한다고 하자 다른 고위 친일경찰처럼 군대로 도피했다. 김창룡은 관동군 헌병 오장(하사)으로 그의 악질적 행위는 매우 유명했다. 안두희 사건 재판관 원용덕은 관동군 중좌였다. 그는 후에 헌병 총사령관으로 특무대장 김창룡과 함께 이승만의 총애를 받기 위해 여러 사건에 끼어들었다.

김구 살해 사건이 오랫동안 한국인한테 지대한 관심을 모은 것은 누가 최고 배후냐는 문제 때문이었다. 더 구체적으로 말하면 이승만이 지시를 내렸느냐 하는 문제 때문이었다. 신성모 국방장관은 초기부터 배후로 지목되었지만, 이 사건은 신성모 가지고는 풀리지 않는 것이 많았다.

사건 당시 이승만의 동태에 대해서는 꼬장꼬장한 법조인 최대교의 증언이 흥미롭다. 최대교 검사장은 경교장에서 헌병들과 티격태격하다가 권승렬 법무장관에게 연락해 대책을 논의하기 위해 이범석 국무총리를 찾아갔더니 '수렵 중'이라는 안내문이 붙어 있었다. 겨울도 아닌 한여름에 꿩 사냥을 갔다는 것이다.

권 장관과 최 검사장은 신 국방장관을 찾았다. 그랬더니 병환이어서 면회가 안 된다는 것을 우겨서 병실로 들어갔다. 신 장관은 전혀 병색이 없는 얼굴로 얘기를 듣더니 엉뚱하게도 "이제 민주주의가 되겠군" 하고 말했다. 그런데 셋이서 경무대로 갔더니 대통령은 아침부터 낚시를 떠나고 없었다. 신기한 일이었다.

다음 날 최 검사장은 놀라운 일에 직면했다. 아침에 출근하자 한격만 서울지방법원장으로부터 김학규 조직부장 등 한독당 간부 7명에 대해 살인교사죄로 구속영장을 발부했다는 얘기를 들었다. 김익진 검찰총장이 영장을 신청했다는 것이다. 하루 만에 한독당 간부들을 담당검사도 모르게 총장이 영장을 신청하고 법원장이 발부한 초법적인 사태에 최 검사장이 총장한테 따졌다. 김 총장은 경무대 쪽을 가리키며 "저 영감이 망령이 들어 이런 짓을 했나보네. 최 검사장 모르게 일을 처리하라고 지시해서"라고 변명했다. 이 일로 최대교는 항의사직서를 냈다.

안두희도 이승만의 동태에 대해 증언했다. 그는 1949년 4월 포병사령부 사격대회에 이 대통령이 예고 없이 참석해 시상한 일이 있다고 말한 바 있다.

안두희 등이 한독당에 입당한 것이 속이 빤히 보이는 행동인 것처럼, 이승만 정권이 한독당 조직부장 김학규 등 한독당 간부들을 안두희를 입당시켰다고 하여 구속시킨 것은 속이 빤히 보이는 행위였다. 이 대통령은 7월 2일 경교장 문상 행차 전에 낸 담화에서도 김구 살해는 "순수히 여하한 행동노선이 조국을 위하여 가장 유리할 것인가에 관한 당내 의견 차이의 직접적 결과"라고 주장했다.

김구 살해의 배경으로는 미국도 논란의 대상이다. 미국은 1945년 연말 김구가 미군정청 총파업이 포함된 반탁투쟁을 전개할 때부터 사이가 좋지 않았다. 더욱이 5·10선거를 반대하고 남북협상에 적극 참여하면서 양자의 균열은 더욱 깊어갔다. 미국은 정부가 선 이후 통일운동을 펴는 것은 미국의 동아시아 정책을 뒤흔드는 매우 위험한 행위로 보고 있었다.

안두희는 미군 방첩대^{CIC} 요원이었다. 그는 특수업무를 맡은 미군 중령 등을 만났는데, 그들은 김구를 국론 분열의 암적 존재로 얘기했고, 살해해야 한다는 암시를 주었다.

미국이 김구 살해를 지시하지는 않았을 것이다. 왜냐하면 누가 살해 음모를 꾸미고 있는지 전반적인 진행 상황을 알고 있었기 때문이다. 그들은 그저 배후에서 버티고 있어도 의도대로 될 것이라는 점을 잘 알고 있었음에 틀림없다. 미국의 김구에 대한 악감정은 그가 죽자 미대사관에서 그를 무자비하고^{ruthless} 파렴치한^{unscrupulous} 기회주의자^{opportunist}로 묘사한 데서 엿볼 수 있다. 미대사관에서는 김구 장례식에 40만 명이나 되는 인파가 몰려들었음을 기술하고는, 그런 애도 인파를 단지 부드럽고 공식적인 호기심$^{only\ mild\ and\ normal\ curiosity}$이라고 묘사했다.

김구 살해 사건에 대한 정부 발표는 이승만의 의중에 부합되는 것이었다. 7월 20일 군 당국은 한독당이 정부를 전복하려 했고, 소련의 주장에 따라 미군 완전철수 추진에 주력하자 안두희가 '의거'를 일으킨 것으로 발표했다. 김태선 서울시경 국장은 김구가 살해된 이후 한독당은 대통령, 국무총리 등의 요인 암살 계획을 수립했다고 비난하고, "민족진영의 탈을 쓰고 파괴 살상을 기도하는 사이비적 우국도배에 대해서는 좌익공산도배에 준하여 가차 없는 철퇴를 내릴 것"이라고 밝혔다. 이역만리에서 독립운동을 해왔고, 대한민국임시정부의 유일당 또는 여당이었던 한독당은 이렇게 와해되었다.

김구는 왜 살해되었나? 김구는 소장파 의원 등 친일파 처단 등을 요구하는 민족주의자들한테 영향력이 있었다. 김구의 통일운동은 분단고착 세력한테는 큰 두통거리였다. 그렇지만 이승만이 김구를 두려워한 데는 이보다 더 큰 이유가 있었다. 김구·김규식과 뜻을 같이한 중도파 민족주의자들은 5·10선거는 거부했으나 1950년에 실시될 국회의원 선거에는 참여하고자 했다. 그 경우 국회 판도가 크게 달라질 수 있었다. 김구는 대통령 자리를 놓고 이승만과 겨룰 수 있는 최대의 라이벌이었다. 두 노인 모두 명분에 몹시 집착했는데, 김구는 이승만한테 명분과 현실정치 양면에서 무섭고 두려운 존재였다.

김구의 죽음은 남한 전체를 슬픔에 잠기게 했다. 한 신문은 장례식이 있기까지 10일간 빈소에 124만 명이 다녀간 것으로 보도했다. 장례식 인파는 40~50만 명으로 추산되었다. 한국 역사상 최대 인파였다. 1956년 정부통령 선거 때 신익희의 한강백사장 연설에 모인 사람이 20~30만 명이었으니 이 기록은 1950년대에도 깨지지 않았다. 7월 5일 장례식 날 수원·청주·목포에도 수만 명이 모여 고인을 애도했다. 대전에는 당시 대전 인구의 3분의 1에 해당하는 4~5만 명이 모였다.

ⓒ 백범김구선생기념사업협회

김구 선생 운구 행렬
1949년 6월 26일 대낮에 남북협상 이후 통일의 상징으로 존경받던 김구는 포병 소위 안두희가 쏜 총에 쓰러졌다. 7월 5일 국민장으로 치러진 장례식에는 한국 역사상 최대 인파인 50만 명이 몰릴 정도로 온 국민이 그의 죽음을 슬퍼했다. 김구의 죽음은 통일의 길이 더욱 멀어졌음을 의미했으며, 그렇지 않아도 힘들고 어렵게 살았던 이 민족한테 크나큰 어둠이 온 것으로 비쳐졌다.

왜 이렇게 많은 사람이 눈물을 흘렸을까? 독립운동에 평생을 바친 애국자 김구, 서민적인 지도자 김구의 이미지도 작용했다. 김구의 죽음으로 통일의 길이 꽉 막히게 됐다는 느낌도 받았다. 폭압정치에 대한 두려움도 컸다. 김구의 죽음은 그렇지 않아도 힘들고 어렵게 살았던 이 민족한테 크나큰 어둠이 온 것으로 비쳐졌다.

김구 살해 후 보여준 안두희의 생은 현대사의 생생한 축소판이다. 1949년 3월 육군 소위로 임관한 안두희는 범행 48일 만에 두 계급이나 파격적으로 특진했다. 그러나 8월 고등군법회의에서 무기징역을 선고받았다가 15년형으로 감형되어 복역을 하게 됨으로써 대위 계급에서 파면되어 전역했다.

재판정 풍경은 극우세력의 진면목을 보는 것 같았다. 법정 안에는 애국청년 안두희가 실지회복失地回復의 전초전을 감행했다는 삐라가 나돌았다. 극우세력은 김구를 살해한 것을 대북전쟁의 전초전으로 인식하고 있었다. 법정 밖에는 안두희를 의사로 치켜세우는 벽보가 붙었다. 변호인은 변론에서 피고인의 행위는 대한민국에서 표창받을 일이라고 주장했다. 이에 검찰관이 반박하자 원용덕 재판장이 이를 제지했다. 안두희는 "국가를 위하여 선생을 죽이는 것이 좋겠다고 나는 단정했다"라고 당당히 발언했다.

6·25전쟁이 나자 안두희는 이틀 만에 형집행정지로 풀려났다. 전쟁 초기에 이승만 정부는 제정신이 아니었는데, 그에 대해서만은 그렇지 않았다. 다시 장교가 된 그는 1951년 12월에 소령으로 진급했다. 군대에서는 특별한 대우를 받았다. 나중에야 안두희가 출옥했고 이례적으로 진

급한 사실을 안 국회가 이를 문제 삼자 이 대통령은 자신은 아무것도 아는 바가 없다고 잡아뗐다.

　1953년 안두희가 전역할 당시 계급이 소령인지 중령인지는 확실치 않다. 자유당 치하에서 안두희는 군납공장을 차리고 건설회사를 경영했다. 그런데 뜻밖에도 4월혁명으로 이 정권이 무너지자 그때부터 가면을 쓰고 쓰라린 도피생활을 했다. 다행히 1년 만에 5·16쿠데타가 일어나 다시 편안한 생활을 했는데, 1987년 6월민주항쟁으로 또 쫓기기 시작했고, 붙잡혀 맞으면서 몇 번이고 자백을 강요당했다. 늙은 안두희는 외국으로 도피하려 했지만 그것도 막혔고, 그러다가 1996년 당시 버스기사 박기서한테 구타당해 생을 마쳤다.

감옥소는 '빨갱이'로 초만원

　1949년 6월에는 또 하나의 '사건'이 있었다. 6월 5일 국민보도연맹이 결성되었는데, 처음에는 아무도 주목하지 않았고 그게 무슨 단체인지도 몰랐다. 보도연맹원들이 전쟁 발발 직후인 7~8월에 수원·평택·안성 이남의 각처에서 최소한 5만 명 이상, 아마도 10만 명 이상이 집단학살당하는 한국사 최대의 비극이 발생하리라고는 이 조직을 만든 사상검사들조차 상상하지 못했을 것이다.

　국민보도연맹은 일제 말에 군국주의자들이 이른바 조선인 사상범 또는 정치범들을 묶어두기 위해 만든 조선사상범보호관찰령, 시국대응전선全線 사상보국연맹을 상기시키는 단체다. 문제가 심각한 것은 일제 군국주의자들은 법령에 근거해 조선인 독립운동세력을 탄압했는데, 보도연맹은 법에 근거하지 않고 사상검사들이 중심이 되어 이승만을 총재로 모신 여러 반관반민단체처럼 임의로 만든 단체였다는 점이다.

보도연맹은 대한민국을 절대 지지·수호하고 공산주의를 박멸하기 위해서 과거에 좌익단체에 가입했거나 좌익운동에 가담한 자들을 모두 가입시켜 심사와 사상선도 교육을 받게 하기 위해서라고 했지만, 좌익을 이간·분열시키는 것이 중요 목적의 하나였다.

해방 직후는 혁명적 분출의 시기여서 노동자·농민·청년·여성 문화단체에 가입하는 사람이 아주 많았다. 그들 대부분은 새 사회를 건설하기 위해서, 민족을 위해서 활동한다고 믿었다. 그중에는 사상이 뭔지 모르고 가입했거나 각종 대회나 모임에 나간 사람들도 많았다. 보도연맹에는 지하에 잠복한 남로당 활동분자들의 위장 가입을 제외하면 대개는 활동을 하고 있지 않은 사람들이 가입을 강제당했다. 가입하면 자백서를 '잘 써야' 심사를 유리하게 받을 수 있었다. 자백서에는 자기 자신 외에 누가 어디에서 활동했는지에 관해 되도록 많이 써내야 했다. 그러면 그 사람들이 또 붙잡혀왔다. 회비도 내야 했는데, 농민한테는 그것도 부담이 되었다.

보도연맹 가입자는 30만 명이 약간 넘었다. 가입자 중에는 시인 정지용·김기림, 소설가 황순원·염상섭, 국문학자 이병기, 만화가 김용환, 평론가 백철 등 유명한 사람들이 많았다. 이들 유명인은 각종 반공행사에 동원되거나 소위 사상선도 강연 등을 해야 했다. 정지용 같은 시인들이 이리저리 끌려다니며 하고 싶지 않은 강연을 강요당할 때 어떤 심정이었을까? 해방에 대해 비애를 느끼지 않았을까? 한반도에 태어난 이상 어딘가에 살아야 하는데, 좌우 등쌀에 이럴 수도 저럴 수도 없었던 문화인과 지식인이 적지 않았다. 남한은 친일파들이 활개 치며 눈을 번뜩이고 다녔고, 그렇다고 북의 정치체제도 마땅치 않았을 때, 도대체 어디에 몸을 두고 살아야 할지 절망적인 고민에 빠지지 않을 수 없었다.

국민보도연맹은 남로당 전향 선전주간을 설정했고, 당국은 남로당의 9월 총공세, 10월 총공세에 맞서 남로당 박멸작전을 폈다. 9월과 10월에 서울시 남로당 간부들이 대거 체포되었다. 10월 19일 당국은 미군정 법령 제55호에 근거해 남로당, 근로인민당(근민당) 등 133개 정당·사회단체를 해산시켰다.

해산당한 정당·사회단체 소속원은 당국의 권유를 받아 잇달아 탈퇴 성명서를 냈다. 한때 신문광고란은 탈당 성명으로 메워진 듯한 감을 주었다. 여운형이 당수였던 근민당은 12월 28일 근민당 간부로 북 최고인민회의 대의원이 된 이영·정백·최익한·이여성 등이 반민족적 죄악을 빚었으므로 그들의 행동에 대해 일체 무효를 선언한다고 발표했다. 이처럼 남북으로 동지들이 갈라져 있는 정당·사회단체는 근민당과 비슷한 성명을 냈다.

감옥은 죄수들로 넘쳐흘렀다. 권승렬 법무장관은 일제시기에 남북 합해서 1만 2천 명의 죄수를 수용했고, 미군정 시기에는 남한 죄수 정원이 1만 8천 명이었는데, 자신이 취임한 1949년 6월 6일 2만 2천 명이라고 보고했다. 그것이 7월 말에는 3만 명으로 늘더니 10월 초에는 3만 6천 명으로 또 늘었다. 죄수의 8할은 좌익이었다.

감옥 생활은 문자 그대로 지옥이었다. 1949년 9월 14일에 목포형무소에서 규모가 큰 탈주 사건이 발생해 3백 명 내외가 사살된 것도 제주도에서 6백 명의 죄수가 오는 등 6백 명을 수용할 수 있는 형무소에 1,421명을 가둔 것이 한 요인이었다. 대구형무소는 정원 1천5백 명에 수용 인원 4천5백 명이었다.

국가보안법체제의 강화는 자신과 대립하는 자를 좌익으로 몰아붙이는 풍조를 낳았다. 수사기관에서 구타와 고문은 다반사였다. 군·경 수사기관은 10여 군데로 난립했고, 한 경찰서에 끌려간 것이 알려지면 다른 경찰서에서 또 데려갔다. 이른바 뺑뺑이 취조였는데, 성과 올리기의 산물이었다. 한 신문은 빨갱이 양산量産에 대해 1950년 4월 1일자 사설에 다음과 같이 썼다.

> 요구해서 주지 않으면 '빨갱이', 같이 장사同商해서 남는 이익을 독점코자 다른 쪽他一方을 '빨갱이'로…… 정치 노선이 달라도 '빨갱이'…… 빨갱이는 약국의 감초처럼 어데나 이용되지 않는 곳이 없다. 그야말로 언제 어떤 모략에 걸릴지 불안해서 아무리 양민이라도 안심하고 지내기 힘든 세상이다.

정부 수립 과정에서 많은 서민들이 감격보다 고통을 더 겪었다. 빨치산의 활동 지역에서 밤은 밤대로 낮은 낮대로 겪은 고초란 이루 말할 수 없이 컸지만, 경찰·군·관공서의 기강해이와 부패, 탐욕 및 인명 경시는 전국적인 현상이었다. 이렇게 된 데는 정부의 재정 확보 미비나 운용의 미숙 등 국가 조직이 아직 제대로 움직이지 못한 것도 기본 요인이었다.

한 제헌국회 의원은 "현 민중의 중요한 일은 첫째 기부, 둘째 공출, 셋째 고문올시다"라고 토로했는데, 농민들은 수십 종의 기부금에 견딜 수 없었다. 이 의원이 나열한 각종 세금 품목을 보자.

> 현금을 받아가는 것이 대한부인회비, 대한청년단비, 대한청년단작업비, 민보단비, 지서수리비, 지서방야비防夜費 비상경비, 비상사태대책위원회비상대책비, 국방협회비, 소방협회비, 사회교육협회비, 가축보건비, 축우공제共濟특별가축비, 농회비, 후생협회비, 수구비水救費, 순사가 사망할 경우 경비.

기부금 징수에는 수단과 방법을 가리지 않았다. 협박·감금·구타·가택침입 등이 비일비재로 일어났다. 기부금을 횡령해 엉뚱한 곳에 쓰는 경우가 많았고, 음주·식사에 낭비하고는 또다시 징수하는 경우도 많았다. 어느 것이나 경찰이 원성의 표적이었지만, 군에 대해서도 전전긍긍하는 사람들이 적지 않았다.

경찰의 반민특위 습격, 국회프락치 사건, 김구 암살 사건, 보도연맹의 설립과 좌익수의 범람 등으로 1949년은 어수선하고 불안했는데, 비슷한 시기 북의 유격대 남파 및 남로당 총공세와 이승만의 북진통일 주장은 무언가 험악한 사태가 벌어질 것 같은 분위기를 조성했다.

이 대통령이 1949년에 북진통일을 외친 것은 그 이전의 행위와 모순되는 것처럼 보일 수 있었다. 그는 일찍부터 단정론을 펴 조숙한 냉전주의자라는 평을 들었다. 1948년 5월 31일 제헌국회가 열릴 때도 여호와 하나님께 감사는 했지만 통일에 대한 언급은 없었다. 7월 24일 대통령 취임식에서는 공산주의자들이 일제히 회심개과悔心改過해서 평화통일하자는 말뿐이었다. 8월 15일 정부 수립 공포일에도 통일정책을 피력하지 않은 것은 단정론자로서 일관성은 있다고 할 수 있지만, 통일을 반대하기 위해서도 통일을 주장했던 1950년대와는 사뭇 달랐다.

  이승만은 1949년 2월에 북진통일의 의사를 밝혔지만 어조가 강하지는 않았다. 북진통일에 대한 강경한 표현은 신성모 국방장관이 먼저 꺼냈다. 그는 7월에 국군은 대통령 명령만 있으면 하루 안에 평양이나 원산을 완전히 점령할 수 있다고 호언했다. 신성모는 그 뒤에도 허황한 소리를 떠벌려 빈축을 샀다. 이승만 대통령이 강한 어조로 북진통일의 필요성을 언급한 것은 9월 30일 이후였다. 이날 그는 정치고문 올리버에게 보낸 편지에서 지금이야말로 공격 행동을 취할 시기라고 역설했다. 10월 7일에는 우리는 3일 내로 평양을 점령할 수 있지만 미국의 경고 때문에 참고 있다고 말했다. 그 뒤에도 이승만은 북진의 필요성을 여러 차례 피력했다.

  단정론을 펴온 이승만으로서 통일의 방법이 있다면 그것은 전쟁이었다. 전쟁은 미국을 끌어들이지 않는 한 하루도 계속할 수 없었다. 전쟁에 끌려들어가는 것을 두려워한 미국은 이승만의 북진통일론을 경계하고 한국군의 무장력을 강화시키는 일을 소홀히 했다. 또 이승만은 북진통일을 부르짖었고, 1950년 5월에는 위기가 닥칠 수 있다고 말하면서도 이상하게 전쟁 대비책을 세우지 않았다.

최초의 선거 바람 5·30선거

　극단적인 반공정책을 맹렬히 폈는데도, 그리하여 극우반공체제의 외양은 갖추어져 있는데도, 극우반공이데올로기는 전쟁이 발발해 참혹한 학살이 발생하기 전까지는 대중의 내면에 뿌리를 내리지 못했다. 그것을 단적으로 보여준 것이 1950년 5·30총선이었다.

　1950년의 선거에는 중도파 민족주의자들이 깊은 관심을 보여 극우세력을 긴장시켰다. 이미 조봉암은 5·10선거에 참여한 바 있었고, 김규식과 함께 좌우합작운동을 해온 안재홍은 정부 수립을 전후해서 적극적인 정치활동을 벌였다. 한독당의 2인자인 조소앙은 김구·한독당을 떠나 사회당을 조직했다.

　중도파 민족주의자들은 민족진영 대동단결을 내세우면서 현실정치 참여의 명분을 만들고 정치적으로 어느 정도 주도권을 갖고자 했다. 그래서 얼굴을 내민 것이 1948년 말, 1949년 초에 제기된 이승만·김구·김규식의 3영수합작설이나 민족진영협의체 구성 문제였다. 물론 이승만이 이에 응할 리 없었고, 김구의 반응도 신통치 않았다. 1949년 5월에는 다시 3영수합작론, 민족진영 대동단결론이 나왔다. 이때는 김구가 이전과는 다른 반응을 보였는데, 그러고는 그해 6월 흉한의 저격을 받았다.

김구가 서거했음에도 불구하고 중도파 민족주의자들은 민족진영강화위원회(민강위) 조직에 착수해 7월 30일 준비위원회를 구성했다. 민강위는 8월 20일 창립총회를 갖고 김규식을 의장에 선임했다. 그렇지만 이승만이 반발하고 민국당이 주춤해 별다른 진전이 없었다.

민강위는 1950년에도 회합을 가지며 5월 선거 공동대응을 논의했으나, 단합된 힘으로 나서지 못했다. 그렇지만 김규식을 제외하고 대거 출마했다.

사상 두 번째 치러지는 보통선거인 5·30선거는 무소속 후보가 난립했고, 정책 대결이라고 보기가 어려웠다. 그러나 서울권과 부산권 등 대도시를 중심으로 민국당·대한국민당의 반공주의 대 중도파 정치세력의 민족주의의 대결구도가 형성되어 은연중 정책 대결의 성격을 띠고 있었다.

이승만 정부는 부정선거의 노하우가 아직 부족했고, 유엔한국위원단과 미국의 눈치도 살펴야 했기 때문에 이 선거 이후 2년 뒤에 치러진 지방자치 선거나 정부통령 선거에 비하면 선거 간섭이 적었다. 그러나 이승만은 조금도 방심하지 않았다.

이승만은 민국당을 견제했다. 특히 1950년 2, 3월의 내각책임제 개헌 활동은 자신의 권력에 대한 정면 도전으로 간주했다. 그는 민국당과 가까운 김효석을 내무장관에서 해임시키고 심복인 백성욱을 임명해 민국당계 경찰을 대폭 물갈이했다. 또 내각책임제 개헌에 앞장선 민국당의 서상일 등에 대해서는 경찰 등을 통해 낙선운동을 폈다.

5·30선거에서 이승만이 두려워한 것은 중도파 민족주의자였다. 갈수

록 중도파 선거 바람이 강하게 불자 그는 가만히 앉아 있을 수 없었다. 청주와 대구에서 중도파 후보에게 투표하는 것을 경계한 이승만은 특히 중도파 바람이 거센 부산에서 5월 25일 반정부를 일삼는 인사들은 당선된 뒤에도 선거인이 협의하여 소환하도록 해야 한다고 협박했다. 헌법을 무시하는 발언으로, 이는 2년 뒤 부산정치파동의 주요 메뉴로 등장한다. 이승만은 서울에 올라오자 국영방송을 통해 중도파 당선은 위험하다고 경고했다. 또, 같은 시기에 공산당이 국회에 침투하기 위해 물심양면으로 노력하고 있다고 주장했다.

부산에서는 선거 초반부터 극우세력들이 중도파를 중상모략했고, 5월 10일경부터는 각처에 협박 삐라를 돌렸다. 벽보와 삐라에는 "붉은 개(赤狗)여, 너희들의 배후의 총탄을 알라", "공산당의 주구를 박멸하라!" 등이 시뻘겋게 대서특필되어 있었다. 선거를 약 일주일 앞두고 부산 지역의 장건상·윤우현·김칠성·임갑수 후보 등이 국가보안법 위반 등으로 구속되었다.

선거 막바지에 사정은 서울도 비슷했다. 남조선과도입법의원 부의장이었던 최동오는 연이어 선거법 위반혐의 보도가 있은 뒤 29일 후보 등록을 취소당했다. 5월 28일 신문에는 원세훈 후보를 색깔로 비난하는 보도가 났다. 김붕준도 비슷하게 보도되었다.

5월 25일에 있었던 거물간첩 성시백에 대한 제2차 발표는 파장이 컸다. 이 발표에 따르면 남북협상에 참여한 '협상파'로 입후보한 박건웅·김성숙·장건상·김붕준·김찬·유석현·윤기섭·조소앙·원세훈 등이 '포섭 대상자'였다는 것이다. 포섭 대상자라는 이상한 덧칠을 해서 주요 중도파 후보자 대부분을 색깔로 몰아붙이고 있었다. 이 사건은 선거 막바지까지 약간씩 내용이 바뀌어 보도되었다.

서울 성북구는 전국 최대의 격전지였다. 조소앙과 한민당 간부로 위세가 대단했던 미군정 경무부장 조병옥이 붙었는데, 조병옥은 경찰을 동원해 조소앙 선거운동원을 구금하는 등 온갖 압력을 넣었다. 선거 전날인 29일 밤늦게 이 선거구에는 "조소앙이 공산당의 정치자금을 받아 쓴 것이 탄로나 월북했다"라는 벽보가 붙고 삐라가 나돌았다. 30일 새벽 조소앙은 곳곳을 다니며 그렇지 않다고 확성기로 외쳤다. 안재홍 선거구에는 28일 그가 체포·구금되었다는 소문이 유포됐다. 김붕준 선거구에서는 그가 사퇴했다는 소문이 퍼졌다.

선거 결과는 한민당 후신인 민국당과 대한국민당, 이승만을 경악케 했다. 성북구에서 조소앙은 34,035표로 조병옥을 여유 있게 누르고 전국 최고 득표의 영예를 차지했다. 옥중의 장건상은 26,720표로 신익희에 이어 전국 3위를 차지했다. 김칠성 또한 부산에서 옥중 당선됐다. 서울에서는 원세훈·윤기섭·오하영이 조소앙과 함께 중도파로 당선됐다. 경기도에서는 안재홍과 조소앙의 아우 조시원이 당선되었고, 중도파와 성향을 같이하는 조봉암, 여운형의 아우 여운홍도 당선되었다. 민국당의 이청천과 겨룬 김붕준은 심한 부정이 있었는데도 불과 1천여 표 차로 패배했다. 최동오 선거구에서는 총 투표수 2만여 표 가운데 최동오 표로 추산되는 1만 2천 표가 무효표였다.

5·30선거 최대의 패배자는 민국당이었다. 서상일 등 주요 간부가 추풍낙엽처럼 우수수 떨어져 24석의 당선자를 냈을 뿐이었다. 대한국민당도

당수인 윤치영과 장관 등 고위직을 지낸 많은 인사가 고배를 마셔 역시 24석밖에 안 되었다. 무소속이 126명이나 당선된 것도 놀라웠다. 그들 가운데는 친일 행위자가 적지 않았지만, 상당수가 친일파 중에서 양심적인 사람들이었다.

초대 재무장관을 지낸 민국당 중진 김도연이, 각 중요 도시에서 임정계(중경 대한민국임시정부 계열)가 바람을 일으켜 자신이 입후보한 서대문 갑구에는 임정계가 없었지만 그 때문에 자신도 떨어졌다고 말한 것은 의미심장하다. 아직까지도 유권자들은 독립운동을 한 애국자들을 존경했고 친일파를 감싸는 세력을 미워했다.

이 대통령은 소장파 전성시대보다 정국 운영이 더 어렵게 되었다. 국회의장 선거에서 조소앙은 패배했지만, 또다시 의장이 된 신익희는 민국당 소속이었고, 부의장으로 선출된 장택상·조봉암도 추종자는 아니었다. 조봉암은 2대 국회를 거치면서 이승만의 주요 경쟁자로 떠올랐으며, 조소앙·안재홍 등의 경우는 경력이 화려했고 정치력도 있었다. 조봉암처럼 '전공산주의자'라는 딱지도 없었다. 또 126명의 무소속 의원 중 상당수가 이승만이 전쟁기에 알게 되지만 녹록치 않았다.

그런데 선거가 끝난 지 한 달도 안 되어 한국전쟁이 발발해 김규식·조소앙·안재홍·원세훈·윤기섭·오하영·조완구·엄항섭 등 중도파 인사들이 납북되었다. 예상치 못한 전쟁을 만났다는 점 때문이기도 했다. 그러나 그보다 너무 쉽게 국군이 패배했고, 이승만은 전쟁 당일부터 피신하려다가 27일 새벽 2~3시경에 아무도 모르게 서울을 빠져나갔으면서도 정부는 전쟁에 승리하고 있다고 주장해 27일 새벽까지 계속된 심야국회에서 상황을 전혀 잘못 파악하고 서울 사수라는 어이없는 결의를 하는 사태가 벌어지는 등, 28일 인민군이 물밀듯 들어올 때까지 피신할 태세가 되어 있지 않았던 것이 납북된 가장 큰 이유였다. 중도파 민족주의자들이 납북된 것은 남한 정치에 큰 손실이었다. 남한이 극우반공세력 중심으로 정국이 운영된 것은 이들의 납북이 중요한 한 요인이었다.

03

1952년 5월 26일 본격적인 부산정치파동의 막이 올랐다. 부산정치파동을 통해 이승만은 헌법과 법률을 초월해서 수단과 방법을 가리지 않고 대통령직을 영속시키겠다는 의지를 확고히 보여주었다. 6월 21일 대통령직선제와 내각책임제 개헌안을 절충했다는 발췌개헌안이 국회에 상정되었으며, 7월 4일 기립 표결에 붙여졌다. 7월 7일 발췌헌법이 공포되었고, 15일에는 정부통령 선거법이 국회를 통과했다. 8월 8일 선거를 통해 제2대 대통령에 취임한 이승만은 영구집권의 장애 요인을 풀어나

개헌 또 개헌, 영구집권을 향하여

가는 데 착수했다.
1954년 5·20총선은 경찰의 곤봉이 당락을 결정했다고 해서 '곤봉 선거'로도 불렸다. 선거는 자유당의 압승이었다. 자유당은 당선자 203명 중 114석을 차지했으며, 개헌선 확보를 위해 무소속 의원을 끌여들여 6월 중순 136명이 되었다. 11월 사사오입개헌으로 국무총리제가 폐지되는 등 대통령중심제가 강화되었고, 경제 조항이 자유주의 경제체제로 대폭 수정되었다. 대통령 궐위시 부통령이 승계한 다는 것도 명시되었다. '사사오입해서' 이승만은 영구집권의 길을 텄다.

명의를 도용한 최초의 여당, 자유당

　1950년 6월 27일 새벽 2~3시경 비상국무회의를 열고 있던 국무위원들한테도, 심야국회에서 수도 사수를 결의한 국회의원들한테도, 군 수뇌부한테도 알리지 않고—이들은 각자 서울을 '탈출' 했다—서울을 빠져나온 이 대통령은 임시수도 대전에서도 불안해 7월 1일 새벽 3시 부산으로 향했다. 대통령 일행은 경부선 연도에서 게릴라가 출몰할지 모른다고 생각해 익산을 거쳐 목포로 갔고, 목포에서 해로로 7월 2일 부산에 도착했다.
　대전은 7월 20일경 인민군의 수중에 들어갔다. 7월 16일 정부는 대구로 옮겨졌고, 다시 8월 18일 부산으로 옮겨갔다. 역사상 처음으로 부산이 정치의 중심이 되었던바, 경남 도지사 관저에 머물고 있던 이 대통령과 경남 도의회 건물에 자리 잡은 국회는 자주 공방전을 벌였다. 그 공방전은 부역자 처리 문제, 1951년 2월 11사단 군인들이 주민들 719명을 무차별적으로 학살한 거창 주민학살 사건, 중국군이 남하할 때 급속히 편성해 집결지인 영남 지역으로 이동하는 과정에서 수많은 청장년들이 추위와 굶주림으로 사망하고, 설상가상으로 간부들이 군수물자와 군량미를 대대적으로 착복한 국민방위군 사건 등을 둘러싸고도 전개되었지만, 대통령 직접선거 문제를 가지고 특히 치열하게 벌어졌다.

전선에서 수많은 사상자를 내며 일진일퇴를 거듭하던 1951년 8월 이승만 대통령은 임시수도 부산에서 광복절 기념사를 할 때 다음과 같이 주장했다.

> 일반 국민이 정당의 의미를 철저히 알기 전에는 정당제도를 실시하는 것이 이르다고 생각되었던 것입니다. 정당의 제도는······ 정권을 잡기 위해서 사당私黨을 만드는 것은 아닙니다. 그러나 지금은 시기가 와서 전국에 큰 정당을······ 만들 때가 왔다는 것입니다.

한마디로 정당을 만들겠다는 것인데, 이 기념사에는 이승만의 삐뚤어진 정당관과 국민을 우민시하는 우민관이 잘 드러나 있다. 이승만은 5·10선거가 보통선거이고, 그에 따라 자유민주주의 헌법을 제정했음을 모를 리 없었다. 보통선거와 자유민주주의는 모두 다 의회민주주의를 한층 발전시킨 것이고, 그것은 정당정치에 기반한 것이다. 정당제도가 배제된 보통선거나 의회민주주의는 성립될 수 없다.

이승만은 일반 국민이 그때까지 정당의 의미를 잘 모르는 것으로 주장하고, 그래서 정당에 대해 설교를 하여, 두 차례의 큰 선거를 치른 일반 국민을 우매하다고 몰아세우고 있다. 정당이 정권을 잡기 위한 사당이 아니라는 것은 나중에 이승만이 기회만 있으면 민주당에 대해서 타이르듯 한 말인데, 자신만 정권을 잡아야 하고 다른 정당은 들러리나 서라는 논리였다. 정당은 정권을 잡아야만 정치이념과 정책, 공약을 실현시킬 수 있다는 것은 초보적 상식이다. 그런데 이승만은 정당을 사당으로 알고 있었기 때문에 자유당을 항상 자신의 사당으로 생각한 사람이었다.

아직도 많은 정치학자들이 이승만이 이때 와서 비로소 정당을 만들려 했다고 보고 있지만, 그는 정부 수립을 전후해서 이미 여러 차례 정당을 만들려 했고, 그래서 대한국민당도 출현했다는 것을 1장에서 언급한 바 있다. 그뿐만 아니라 그는 1951년 초에도 국민회 회장 이활 등 여러 추종자들에게 신당 결성을 위한 작업을 벌이도록 했다.

이승만이 공공연히 광복절에 정당을 만들겠다고 말한 것은 사태가 그만큼 급박했기 때문이다. 1952년에는 정부통령 선거를 해야 하는데, 이승만이 국회에서 선출되기 어렵다는 것은 자신과 사이가 아주 나빠진 김성수가 2대 부통령으로 선출된 것을 봐도 알 수 있었다. 더욱이 이때에는 유력한 두 정치세력이 정당을 만들고 있었다.

국회부의장 조봉암은 1951년 6월 이영근을 책임자로 한 신당 준비 사무국을 두었다. 그는 여러 세력을 포섭하면서 농림장관 때부터 긴밀했던 농민 조직에 간여했다. 1951년 10월 전국 180개 군 대표 340명이 참여한 농민회의는 의장으로 조봉암을 선출했다.

농민회의는 이른바 자유당 기간단체가 되는 대한농민총동맹과 경합 관계였다. 당국의 탄압으로 농민회의는 무력해졌다. 12월에는 대남간첩단 사건을 조작해 이영근 등 조봉암 신당 관계자 여러 명을 체포했다. 이로써 조봉암의 신당 조직은 좌절되었다.

공화민정회 측에서 만들려는 다른 하나의 신당은 탄압하는 데 문제가 있었다. 공화민정회는 1950년 11월 무소속구락부가 명칭을 바꾼 공화구락부가 김성수를 부통령으로 선출한 직후인 1951년 5월 신정동지회와 통합한 거대 원내단체였다. 국회의원은 공화구락부가 39명, 신정동지회가 69명으로 신정동지회 측이 훨씬 많았지만, 국민방위군 사건으로 약점이 많아 신당 작업은 오위영 등 공화구락부계가 주도했다.

오위영 등이 신당을 만들려고 한 것은 전쟁 직후부터였다. 의원들은 이 대통령이 하루아침에 서울을 뺏기고 자신만 몰래 피신한 데 대해 책임을 물었다. 그러나 이승만은 왜 내가 책임이 있느냐고 역정을 냈다. 의원들은 국무위원들한테도 책임을 물었다. 그러면서 의원들은 개별적으로 항의하는 것보다 정당을 조직해야겠다고 생각했다.

국회는 여러 차례 전쟁 중의 인권 유린에 제동을 걸었다. 1950년 9월에는 부역행위특별처리법과 사형私刑금지법을 통과시켰다. 두 법 모두 대통령이 거부권을 행사했지만, 다시 통과시켜 확정지었다. 충분한 법 절차 없이 극형을 선고하게 되어 있는 비상사태하의 특별조치령 폐지법률안도 통과시켰다.

국회는 특히 거창 주민집단학살과 국민방위군 사건에 격노해 이 정권을 질타했다. 의원들은 관련자 처벌과 신성모 국방장관 해임을 요구했다. 부정 사건으로 국민방위군 수뇌부가 재판을 받은 국민방위군 사건의 재판이 요식행위로 끝나자 1951년 5월 급기야 이시영 부통령이 이 대통령을 비판하고 사임했다. 신임 이기붕 국방장관은 거창사건 관련자들을 군법회의에 회부했고, 방위군 사건 재판도 다시 열려 관련자 5명을 사형에 처했다.

오위영 등의 신당은 1950년부터 모색되었고, 1951년 5월 공화민정회가 발족하면서 신당준비위원 등을 선출했지만 작업은 지지부진했다. 신정동지회계의 내부 사정이 복잡했고, 이승만 지지자들도 적지 않았기 때문이다.

오위영 등은 신당 작업을 벌이면서 초대 주미대사를 지냈고 미국이 호의적으로 생각하는 장면 국무총리(2대)를 차기 대통령으로 옹립하기 위한 활동도 벌였다. 공화구락부계 및 가톨릭 측이 주축이었다.

1951년 8월 이승만의 광복절 기념사가 나오자 공화민정회 측과 국민회·대한국민당·대한청년단 등 이승만계가 자리를 같이했다. 공화민정회 측이 이 모임에 나간 것은 대통령 기념사 이후 신정동지회계가 동요한 것이 한 요인이었다.

8월 25일 이승만은 신당 조직에 관한 담화를 발표했다. 이 담화에서 그는 신당은 대부분이 노동자·농민 등 근로대중으로 조직되어야 하고, 민간단체인 경우 개인 자격으로 가입하는 것을 허락하겠다는 등 구체적인 방안을 제시했다.

원외에서의 정당 조직은 국무총리·국방장관이었다가 1951년 초 주중대사로 나가 있던 이범석이 8월 말 귀국함으로써 속도가 빨라졌다. 그는 당시에 해체되었으나 여전히 막강한 조직력을 과시하고 있는 민족청년단(족청)계 지도자였다.

원외 측과 공화민정회 측의 회동은 9월 말 다시 있었으나 신당 조직을 위한 양측의 회합은 사실상 그것으로 끝난 것이나 다름없었다. 원외 측은 이승만을 지지하는 정당을 만들어야 한다고 주장했고, 공화민정회 측은 위인설관為人設官(어떤 사람을 세우기 위해 일부러 자리를 만드는 것)식의 정당에 반대했다. 원외 측은 대통령중심제와 대통령직선제를 주장했는데, 공화민정회 측은 내각책임제를 강력히 주장했다.

원내의 공화민정회 측은 10월 23일 신당발기준비위원회를 결성했다. 원외 측은 지방 조직에 박차를 가하고 당명을 통일노농당으로 내정했다. 대통령직선제에 양원제를 끼워넣은 정부 개헌안은 10월 17일 국무회의를 통과해 11월 30일 국회에 상정되었다.

원내, 원외의 두 당은 추진세력이 달랐고, 성격도 크게 다른 별개의 신당 조직이었음에도 불구하고, 많은 사람들이 원래 하나의 당을 만들려다 두 개로 나뉜 것으로 알고 있다. 이는 일부 기록이 혼란스럽게 되어 있고, 일부 연구자들이나 전공 교수들이 자료를 면밀하게 검토하지 않았기 때문이다. 그러나 큰 혼란이 발생한 가장 큰 원인은 무엇보다도 두 당의 명칭이 똑같은 데 있었다. 두 당의 명칭이 똑같아진 것은 한쪽에서 다른 쪽의 당명을 훔쳤기 때문이다. 관을 업고 만들어진 최초의 여당은 당의 명칭까지 도용했다.

1951년 11월 말경 공화민정회 소속 70여 명의 국회의원은 공화당·자유당·민주사회당 등 세 개의 명칭을 갖고 투표에 부쳤다. 자유당이 41표로

국회의원들과 함께한 이승만

1951년 12월 4일 부산에서 이승만 대통령과 국회의원들이 함께 찍은 사진이다. 거창 양민학살 사건, 국민방위군 사건 등 거듭된 실정으로 국회를 통한 대통령 재선이 어려워지자 이승만은 1951년 12월 이범석의 족청계를 중심으로 자신을 지지해줄 정당으로 임시수도 부산에서 자유당을 창당했다.(세칭 원외자유당) 이승만을 위해서 만들어진 (원외)자유당은 이승만의 개인 정당으로 존재하다가 1960년 4월혁명으로 이승만과 함께 사라졌다.

가장 많아 자유당으로 당명을 정했다. 그런데 이승만은 12월 10일경 통일노농당이 오해를 살 수 있다는 원외 측의 의견을 받아들여 당명을 자유당으로 하기로 했다. 이들은 원내 측에서 당명을 자유당으로 정했다는 것을 알고 있었다. 12월 14일 원내 측이 공보처로 정당 등록을 하러 갔지만 받아주지 않았다. 12월 17일 발기인대회를 가진 원외 측은 다음 날 이승만을 대표자로 한 자유당 등록서류를 공보처에 접수시켰다.

1951년 12월 23일 두 개의 자유당이 탄생했다. 이날 오전 국회의사당에는 90여 의원이 참석해 자유당 결당대회를 가졌다. 당수 격인 중앙위원회 의장은 공석이었고, 상임위원회 위원장은 오위영이었다. 원내자유당 주류는 장면을 지지했다. 오후에는 원외 측에서 발당대회를 가져 당수에 이승만을 추대하고 부당수에 이범석을 선임했다. 초기 원외자유당 의원은 양우정 등 두세 명뿐이었다.

두 개의 자유당이 태어나서 일반인들이 어리둥절해하는데, 1952년 1월 이승만은 일민주의 자유당을 새로 조직했음을 강조하고, "내가 아는 자유당은 하나뿐"이라고 국민에게 강변했다. 그 뒤에도 (원외)자유당은 (원내)자유당의 일부라도 흡수하려고 했는데 여의치 않자 3월 20일 전당대회를 가졌다. 이 대회에서 "나는 이승만 총재의 애국정신과 자주독립 정신을 받들어 그 정치노선을 지지한다"는 등 3개항 선서를 했다. 이승만은 (원내)자유당 분해에 더욱 힘을 쏟아 합동추진파 의원 2명을 장관에 기용했다.

여러 책에 자유당은 국민회·대한부인회·대한청년단·대한노동조합총연맹·대한농민조합총연맹 등 '5대 사회단체'를 기간으로 해서 만들었다고 쓰여 있다. 그러나 신당 조직 과정을 자세히 보면 각 단체에서 결의해 대표를 파견한 일도 없었고, 각 단체의 대표가 참가한 것도 아니었다. 5개 단체는 자유당 창당의 기간단체가 아니었다. 이승만이 담화에서 말한 대로 개인적으로 참여했으나 각각의 단체에서 나왔기 때문에 그 단체에서 나왔다는 의미의 대표라고 기록되기도 했다.

자유당 창당의 주도세력은 5개 단체가 아니라 이범석이 이끄는 족청계였다. 1952년 3월 전당대회에서 편성된 간부 진용은 국민회의 이활 등 몇몇을 제외하고 대부분이 족청계였다.

그렇지만 자유당이 3월 전당대회에서 266만 명의 당원을 끼고 있다고 과장해서 주장할 수 있었던 것은 경찰과 통반장까지 동원한 행정조직의 위력 때문이었다. 자유당은 이범석이 5월에 내무장관에 취임함으로써 한층 급성장할 계기를 만났다.

자유당의 정치이념과 정책은 대체로 1장에서 기술한 일민주의에 바탕을 두고 있다. '자유당 네 가지 정강'은 이승만의 일민주의 4대 강령을 요약한 것이다. 또 6개항으로 되어 있는 '자유당 기본 강령' 중 앞의 4개 항은 일민주의를 표현을 바꾸고 확대했다고 볼 수 있다. '자유당 선언'은 만민공생의 협동사회를 건설하기 위해 자유당을 건설했음을 밝히고, 북의 공산주의자들과 민국당을 격렬히 비난했다. 1951년 12월 23일자로 되어 있는 이승만의 선언서는 그의 일민주의와 취지를 같이하는데, 파당분자들의 국론통일 방해를 신랄하게 비난했다.

자유당은 최초의 여당답게 관제정당이라는 점 말고도 여러 면에서 1980년대에 이르는 여당의 모범이 되었다. 우선 정강·정책에 구체성이 결여되어 있다. 그보다 중요한 것은 '서민 대중을 위한 정당'이라느니 '협동·복지사회의 건설' 등의 경우처럼 — 박정희의 민주공화당, 전두환의 민주정의당을 포함한 거의 모든 보수정당과 마찬가지로 — 자신의 정치 행태와 대립되거나 한낱 구호나 미사여구에 지나지 않는 것이 주종을 이루었다는 점이다.

당원들 또한 간부와 하급 당원을 막론하고 당비도 안 냈지만, 정강·정책을 거들떠보지 않았고, 이권이나 감투를 얻는 데에 혈안이 되어 있었다. 선거는 주로 경찰과 행정조직이 해주었다.

자유당 제2인자 이기붕이 "나와 당의 모든 행동은 총재의 의사에 따라 결정되는 것"이라고 말한 바대로, 이승만의 '유시諭示'나 '분부分付'를 떠받들고 '봉행奉行'하는 반관반민단체였다. 자유당은 이승만을 위해서 만들어졌고 존재했으며, 이승만과 함께 사멸했다.

포성 속의 대권 싸움, 부산정치파동

1952년 1월 18일 대통령직선제에 양원제를 덧붙인 정부 개헌안이 국회에서 무기명으로 표결에 붙여졌다. 재적 175명 중 163명이 참석했는데 가 19표, 부 143표, 기권 1표로 부결되었다. 정부가 제출한 개헌안이 이렇게 무참히 부결된 경우가 세계 어디에 있을까? 대통령을 지지하는 국회의원이 아무리 소수라고 해도 19표밖에 안 된다는 것은 이변 중에 이변이고, 이승만의 대패로 판단할 수밖에 없다.

국회에서 부표가 압도적이었던 이유 중 하나는 국회의원들이 대통령을 선출하는 권한을 포기하려고 하지 않았기 때문일 것이다. 그러나 그렇다고 하더라도 지지표가 19표밖에 안 된다는 것은 이해하기 어렵다.

(원내)자유당과 민국당은 대통령직선제를 넘어서서 아예 대통령중심제를 반대했다. 이들은 내각책임제를 해야만 민주주의가 가능하다고 생각했다. 당시 유럽과 일본 등 대부분의 국가가 내각제라는 것이 한 이유였다. 프랑스도 당시는 내각제였다. 대통령직선제 국가는 미국을 별도로 생각한다면 필리핀 정도였는데, 필리핀이 모범 국가로 보이지는 않았다.

대통령직선제로는 전쟁 중이기 때문에 선거를 치르기 어렵다는 것도 중요한 반대 논리였다. 전쟁으로 납북된 국회의원들이 꽤 있었고, 그래서 국회에서 선거를 촉구했는데도 1년이 넘도록 보궐선거를 치르지 않은 것은 전쟁 중이기 때문이라고 정부는 설명해왔다.

또 있었다. 지방자치 선거도 행해지지 않고 있었다. 지방자치법은 1949년 3월 소장파 의원들이 중심이 되어 통과시켰으나 정부는 이를 되돌려 보냈다. 그 뒤 이 법인은 국회와 정부 사이를 왔다갔다 하다가 7월 4일에 공포되었다. 그런데도 정부는 12월에 다시 국회에서 개정하게 했고, 경과 규정을 두어 계속 미루다가 전쟁을 맞았다. 정부는 1952년 5월 각 도의원 선거를 할 때, 경기·강원과 서울특별시 의원 선거는 전쟁 중이라는 이유로 제외시켰다. 전쟁 중이라 경찰의 힘이 막강했는데, 정부통령 선거를 직선으로 할 경우 경찰·관권 선거가 될 수밖에 없다는 점도 지적되었다.

(원외)자유당 결성 과정을 잘 알고 있었던 이승만은 개헌안이 부결되리라는 것 또한 잘 알고 있었다. 그는 이미 그 대책도 세워두고 있었다. 민의는 국회만 대변하는 것이 아니라는 것이 이승만의 논리였다. 이승만식 민의발동이 시작된 것이다.

민의발동으로는 두 가지를 생각했다. 하나는 행동대를 동원하는 것이었다. 그는 대한노총·대한청년단·대한부인회 등 여러 어용단체만 떠올린 것이 아니었다. 이승만의 양아들로 불리던, (원외)자유당에서 이범석 다음의 실력자였던 양우정이 대통령한테 불려갔다. 서북청년회 부회장이었고 대한청년단본부 부단장인 문봉제는 일본에 있었는데 호출당했다. 양우정과 문봉제는 백골단 이름으로 의원들을 공격하자는 아이디어를 냈다. 벌 중에서 사납기로 유명한 땃벌떼를 그려넣은 벽보도 붙었다. 민중자결단 이름으로 협박 벽보도 붙었다. 땃벌떼는 민중자결단의 일선 행동대였지만 백골단·민중자결단·땃벌떼 중 가장 사납게 설쳐댔고 명칭이 주는 이미지가 강해 국회를 협박하는 데 아주 잘 먹혀들었다.

자유당·대한청년단·대한부인회 등도 동원되었다. 임시수도 부산은 시위대로 북적거렸다. 2월 18일 시위대는 국회의사당에 몰려들어 "민의를 무시하는 국회는 해산하라"라는 등의 구호를 외치며 소란을 피웠다. 국회의원 소환을 요구하는 지방 군민대회도 각처에서 열렸다.

이승만에게는 또 하나의 카드가 있었다. 1951년 10월 조봉암 의원 등이 지방자치 실시를 요구하는 결의안을 내놓을 때만 해도 정부는 전쟁 중에 그것은 일대 모험이라며 반대했다. 그런데 12월 초 이 대통령은 명

년 3월경 지방자치 선거를 실시할 것이라는 담화를 발표했다.

1952년 4월 25일에는 최초로 시·읍·면의회의원 선거가, 5월 10일에는 서울·경기·강원을 제외한 지역에서 도의원 선거가 실시되었다. 민의대로 동원하기 위해서였다. 선거 결과 갓 태어난 (원외)자유당과 국민회·대한청년단 등이 휩쓸었고, 민국당은 대한청년단보다도 훨씬 적었다. 이유는 불문가지였다. 관권은 지방의회 선거일수록 위력이 컸다. 민주주의의 제도화는 이런 식으로 되어갔다.

정국은 숨 가쁘게 돌아갔다. 4월 17일 (원내)자유당과 민국당이 주축이 되어 곽상훈 의원 외 122명의 연서로 대통령은 상징적 존재이고 국무총리가 행정수반이 되는 내각책임제 개헌안이 국회에 제출되었다. 123명은 헌법 개정안을 통과시킬 수 있는 국회의원 재적 인원의 3분의 2보다 1명이 많은 숫자였다.

4월 20일자로 장면이 국무총리에서 해임되고 장택상이 후임 총리로 지명되어 국회에서 인준받았다. 장택상은 20명 내외의 국회의원이 가입한 신라회라는 단체를 이끌고 있어 개헌에서 사실상 캐스팅보드를 쥐고 있었다.

이승만은 계속 밀어붙였다. 5월 14일 이미 부결된 바 있는 정부의 개헌안을 다소 수정해 국회에 제출했다. 이로써 두 개의 개헌안이 상정, 공고되었다. 24일에는 내무장관에 이범석을 임명했다. 25일 0시를 기해 부산 일원에 비상계엄령을 선포하고 원용덕을 계엄사령관에 임명했다. 뜻하지 않게도 부산 지역에 대한 비상계엄령 선포는 군인의 역사에 길이 칭찬받는 사례를 남겼다. 대구에 지휘소가 있는 육군 참모총장 이종찬이 계엄사령부의 병력 요청을 거부했다. 그것은 이 대통령에 대한 항명이었다. 얼마 후 이종찬은 참모총장에서 물러났다. 그는 군의 정치 개입을 거부한 '참군인'으로 평가받았다.

1952년 5월 26일 본격적인 부산정치파동의 막이 올랐다. 이날 약 40명의 국회의원이 탄 통근버스가 통째로 견인차에 끌려 헌병대에 연행되었다. 부산정치파동을 통해 이승만은 헌법과 법률을 초월해서 수단과 방법을 가리지 않고 대통령직을 영속시키겠다는 의지를 확고히 보여주었다.

후에 이승만, 이기붕에 이어 자유당 3인자가 된 이재학은 (원내)자유당의 거의 전원이 장면을 지지한다고 (이승만이) 본 것이 부산정치파동의 제일 중요한 원인이었다고 지적했지만 ─ 이재학도 (원내)자유당의 주요 인사였다 ─ 부산정치파동은 (원내)자유당 주류의 장면 추대활동과 관련이 있었다.

계엄령이 선포된 5월 25일 (원내)자유당의 주요 인사들은 장면 추대와 관련된 중대한 회의를 갖기로 했으나 예기치 않은 사태로 유산되었다. 26일 의원들이 탄 버스가 헌병대에 끌려간 것에 대해 신익희 의장과 조봉암 부의장이 이 대통령에게 강력히 항의하자 이 대통령은 "그놈들이 오늘 국회에서 장면이를 대통령으로 선출한다지"라고 말했다. 장면을 지지하는 가톨릭계 경향신문사가 괴한들한테 습격당해 활자 등이 파손된 것도 25일이었다.

5월 26일 통근버스에 탄 의원 중 이용설·임홍순·서범석·김의준 등이 체포되었고, 다른 곳에서 정헌주·이석기 등도 체포되어 모두 10명의 국

헌병대로 견인되는 통근버스

합법적인 방법으로 대통령직선제 개헌이 불가능하다고 판단한 이승만은 공비가 출현했다는 명목으로 1952년 5월 25일 부산 일원에 비상계엄령을 선포했다. 다음 날인 5월 26일 대통령직선제 개헌에 반대하던 국회의원 약 40명을 태운 통근버스가 임시 국회의사당인 경남도청 앞에서 견인차에 끌려 통째로 헌병대로 연행되었으며, 이승만은 이른바 국제공산당 사건이라는 것을 급조하여 10명의 국회의원을 구속했다. 7월 4일 발췌개헌안 통과로 이어진 부산정치파동은 이승만 장기독재의 시발점이자 정치폭력을 동원한 최초의 헌법개정이라는 점에서 의회민주주의 역사에 크나큰 오점으로 남아 있다.

회의원이 체포되었다. 국회 회기 중이었으므로 국회의원 체포는 불법이었다. 이들은 대개 장면 추대에 간여한 국회의원들이었다. 5월 27일 공보처에서는 구속된 의원들이 국제공산당의 비밀정치공작에 관련되었다고 발표했다. 이제는 이승만과 똑같은 반공주의자인 장면 지지자들이 국제공산당 관계자가 되었다. 대남간첩단 사건으로 발표된 조봉암 신당 사건을 상기시키는 발표였다. '국제공산당' 사건의 우두머리 격인 오위영·엄상섭·김영선 등은 꽁꽁 숨어버렸다.

국제공산당 사건과 관계있는 사건이 또 있었다. 내무부는 5월 30일에, 치안국은 6월 8일에 대한민국정부혁신위원회 사건이라는 것을 발표했다. 오위영과 함께 장면 추대의 핵심 인물인 장면 총리의 비서실장 선우종원이 전 남로당 중앙특수조직 부원인 홍원일 등과 함께 이승만·이범석 등을 암살하고 장면을 대통령으로 추대하려고 했다는, 전에도 어디선가 들은 것 같은 사건이었다.

5월 28일 국회는 부산 지구 계엄령 해제를 결의했다. 이날 유엔한국통일부흥위원단^{UNCURK}(1950년에서 1973년까지 있었던 한국의 통일과 부흥을 위한 유엔위원단)에서 긴급회의를 열고 계엄령 해제와 구금 중인 국회의원 석방을 요구하는 성명서를 이 대통령에게 전달했다. 다음 날 김성수 부통령이 다음과 같은 강경한 사임서를 발표하고 초대 부통령 이시영에 이어 부통령직을 그만두었다. 부통령이 된 지 1년 만이었다.

나는 이때까지도 대한민국의 최고 집정자가 그래도 완전히 사직社稷을 파멸하려는 반역 행동에까지 나오리라고는 차마 예기치 못하였습니다. 그는 돌연…… 부산에 불법적인 비상계엄을 선포하고 국제공산당과 관련이 있다는 허무맹랑한 누명을 씌워 50여 명의 국회의원을 체포 감금하는 폭거를 감행하였습니다. 이것이 곧 국헌을 전복하고 주권을 찬탈하는 반란적 쿠데타가 아니고 무엇이겠습니까?

물론 이 사임서나 의원들 체포, 통근버스를 헌병대로 끌고 간 일, 언커크UNCURK의 항의나 6월 7일 트리그브 리 유엔 사무총장의 항의각서에 관한 내용은 계엄사 검열 때문에 신문이 거의 보도하지 못했다.

6월 4일 이 대통령이 국제 여론 악화로 국회 해산을 당분간 보류한다는 ― 국회 해산은 헌법위반이었다 ― 성명에도 불구하고 이승만이 국회를 해산한다는 소문이 무성한 가운데 모종의 타협이 오고갔다. 장택상이 이끄는 신라회에서 발췌개헌안을 준비한다는 것이었다.

대통령직선제와 내각책임제 개헌안을 절충했다는 발췌개헌안은 장택상이 낸 것이라기보다는 미국 안으로 보아야 할 것이다. 장면 국무총리가 해외에 나가 있을 때 국무총리 서리였던 허정은 언커크에서 그를 찾아와 정치파동 수습책으로 발췌개헌안을 냈고, 그것을 장택상이 국회에서 통과시키도록 한 것으로 회고했다.

나중에 신익희·조봉암 등 국회의장단에서 발췌개헌안을 통과시킬 수밖에 없지 않느냐고 판단한 것도 미국의 입장을 고려한 것이었다. 클라크 유엔군사령관은 전쟁을 수행하는 데 정치 혼란이 더 이상 악화되면 안 된다고 말했던바, 국회에 대한 압박이었다.

임시수도 부산은 5월에 이어 6월에도 계속되는 관제 데모로 시끄러웠다. 지방의회 의원, 청년단 등 각종 동원단체로 구성된 민의대가 몇 차례 몰려들어와 국회를 협박했다. 사복경관대도 수백 명이 머리에 띠를 질끈 동여매고 수십 대의 트럭에 분승해 시가지를 누비다가 몇 겹으로 국회를 포위했다.

의원들은 종일 감금 상태에 놓였다. 한편 30명가량의 의원들은 6월 내내 피신하느라고 정신이 없었다. 이갑성 외 60명의 여당 의원들은 국회를 해산하자는 자폭결의안을 내놓고 협박했다.

6월 20일에는 국제구락부 사건이 발생했다. 이날 부산 국제구락부에서 민국당 중심으로 호헌구국선언대회가 있었다. 이 자리에는 84세의 이시영, 70세가 넘은 김창숙과 이동하 등도 참석했다. 서상일이 선언문을 읽자 괴한들이 들이닥쳐 수라장이 되었다. 김창숙과 이동하는 타박상을 입었다. 김창숙 등은 불구속 입건되었고, 유진산 등은 구속되었다.

6월 21일 발췌개헌안이 국회에 상정되었다. 그 무렵 국회에서는 대통령 임기 문제가 논의되었다. 일부는 국회에서 선출된 7월 20일이라고 주장했지만, 다수 의원은 취임 선서를 한 7월 24일로 주장했다. 그렇지만 7월 말까지 새 대통령이 선출되기 어렵다고 판단해 국회는 대통령 임기가 8월 14일 만료된다고 결의했다.

6월 21일부터 발췌개헌안 통과를 위한 총력전이 벌어졌다. 이 대통령은 '민중 대표'들이 강청하므로 더 이상 국회 해산을 미룰 수 없다는 내용의 치사를 발표했다. 7월 1일 장택상 총리는 의원 신분을 보장하겠다고 언명했다. 경찰들은 피신 의원을 붙잡아 강제 등원시켰다. 7월 2일 이승만은 국회의원들이 공격이나 체포를 당할까봐 걱정하는 모양인데 그런 일은 없다는 담화를 발표했다. 국회에 들어온 의원들은 화장실에

가는 것도 통제당했지만, 이날에도 개헌안을 통과시킬 수 있는 정족수가 채워지지 않았다. 7월 3일 국제공산당 음모 사건에 관련된 국회의원들이 모두 풀려나왔다. 39일 만이었다. 이런 식으로 부산정치파동의 막이 내렸다.

다음 날인 7월 4일 발췌개헌안이 기립 표결에 붙여졌다. 재적의원 183명 중 166명이 참석했는데 3명이 일어나지 않았다. 3명의 이름은 웬일인지 알려지지 않고 있다.

헌법 개정안을 30일 이상 공고하지 않은 것은 헌법 제98조 위반이었다. 신익희 의장이 무기명 투표로 한다고 선언했음에도 불구하고 의원 동의 결의라고 하여 기립 표결한 것도 잘못이었다.

새 헌법에는 정부통령을 직선으로 하고, 국회는 양원제로 했다. 국무총리 제청에 의해 국무위원이 임명되도록 했고, 국회는 국무위원에 대해 불신임 결의를 할 수 있었다. 상원 격인 참의원과 하원 격인 민의원으로 이루어지는 양원제는 이승만 집권하에서는 불발로 끝나 민의원만 존재했다.

유권자가 모르는 부통령 당선자

1952년 7월 7일 발췌헌법이 공포되었고, 15일에는 정부통령 선거법이 국회를 통과했다. 7월 18일 정부는 8월 5일 정부통령 선거를 실시한다고 공고했다. 후보자는 7월 26일까지 등록하도록 했다. 선거운동 기간이 불과 10일도 안 되었다.

이 선거에서는 기이한 일이 연거푸 일어났다. 7월 19일 자유당은 대전에서 임시전당대회를 열고 대통령 후보에 이승만을, 부통령 후보에 이범석을 지명했다. 그런데 그 전날 삼우장에서 모였다고 해서 삼우장파로 알려진 자유당 합동파는 대통령 후보로 이승만, 부통령 후보로 이갑성을 지명했다. 재빨리 선수를 쳤다고 하지만 우스운 짓이었다.

한층 더 비정상적인 파행은 그 다음에 일어났다. 이승만은 자유당 임시전당대회가 열리기 직전 자유당 당수 취임 사실을 부인하여 파문이 커졌는데, 7월 19일 비서 임철호를 시켜 대전 자유당 임시전당대회에서 자유당 총재를 사양한다고 발표했다. 이날 이승만은 자유당의 대통령 후보지명을 수락하지 않겠다고 표명해 세인을 또 놀라게 했다.

세상 사람이 이승만을 자유당 당수로 알고 있었고, 그 자신도 (원외)자유당만이 정통이라고 천명했는데, 어째서 이런 사태가 일어났을까? 이유는 간단했다. 그는 이범석이 부통령에 당선되지 않기를 바랐고, 나아가서 이범석을 자유당에서 제거할 생각을 하고 있었다. 나치 추종자 또는 파시스트라는 이야기를 듣던 이범석은 권력을 위해서는 수단과 방법을 가리지 않는 사람으로 평가받았다. 그는 이승만을 유일 절대 지도자로 치켜세웠지만, 이승만으로서는 자신과 비슷한 점이 있는 그를 조금도 방심할 수 없었다.

이승만은 국정은 자신이 결정하는 것이어서 부통령이나 국무총리는 고분고분 따르기만 하면 된다고 생각했다. 그는 실질적인 러닝메이트로 감사원의 전신인 심계원(審計院) 원장 함태영을 점찍었다. 함태영은 그보다도 나이가 많았고 호인(好人)이었다. 이승만은 함태영한테 부통령 출마를 종용했다. 당연하게도 그는 거절했다. 정치 기반도 없지만 국민들이 이름조차 모르므로 출마는 당치 않다는 대답이었다. 그러나 이승만이 걱정 말라고 하면서 막무가내로 권하므로 마음 좋은 함태영은 출마를 결정했다.

이 선거에서 가장 진기한 것은 7월 19일에 이승만이 자유당 대통령 후보지명을 거부했을 뿐만 아니라 대통령 선거에 출마하지 않을 것이라고 말한 점이었다. 불출마 의사를 기다렸다는 듯이 민중자결단, 지방의회 의원들이 나섰다. 직장인과 일반인도 가만있지 않았다. 각 도의 읍·면별로 재출마 요청대회가 열렸다. 한 저서에는 350만 명에 달하는 지지 추대 탄원서가 제출된 것으로 쓰여 있다.

선거운동 기간이 극히 짧은데, 이승만은 후보 등록도 하기 전에 대단한 사전 선거운동을 했다. 등록을 앞두고 이승만은 비서가 급히 청하기를 "만일 대통령이 출마 승락서에 서명하기를 원치 않으신다면 자기에게 내 도장만이라도 주어 국민들의 요구를 들어달라"라고 해서 그렇게 했다는 담화를 발표했다. 이승만다운 방식이었다. 그는 일착으로 대통령 후보 등록을 했다. 또한 다른 사람이 등록하지 않아 유일한 후보가 되기를 기대했다.

또 하나 진기한 일이 있었다. 부통령 후보로 출마한 사람들이 조병옥을 제외하고는 모두 이승만을 모시겠다고 역설했다. 다수파 자유당의 이범석, 소수파 자유당의 이갑성, 그리고 함태영·임영신·이윤영·백성욱·전진한 등은 이승만을 위대한 지도자로 치켜세웠다. 이승만은 흐뭇했다.

조봉암은 야망이 있었고, 대통령에 이승만 혼자 나오게 해서는 안 된다고 생각했다. 원로들 의중을 떠보니 신익희도 이시영도 출마하지 않겠다는 반응이었다. 이시영은 찾아온 조봉암에게 출마를 권했다. 조봉암은 민중을 위한 후보가 없으므로 자신이 나서겠다고 선언했다. 그러자 놀란 것이 조봉암과 숙적이었던 민국당이었다. 조봉암이 야당을 대표하게 해서는 안 된다고 생각한 민국당 측은 이시영을 출마하도록 했다. 신흥우도 대통령 후보로 출마했다.

최초로 치른 정부통령 선거는 전시 중이었고 선거운동 기간이 너무 짧아 선거운동이라고 할 만한 것이 없었다. 조봉암을 제외하면 별다른 정책도 제시하지 않았다. 이승만 후보의 정책과 선거 공약은 전국애국정당사회단체연합회(애련)·이승만박사재선추진위원회·자유당중앙선거대책위원회 공동 명의의 광고에서 엿볼 수 있다. 이 광고에서는 먼저 상하 계급 타파 등 '자유당 기본 강령'을 내세웠다. 그와 함께 노동자·농민·근로대중의 자유와 평등의 권리, 노동자와 자본가의 공존공영을 주장했는데, 반민족적 파괴분자의 발본색원은 역시 이승만·자유당다운 공약이라고 할 수 있다. 군사동맹 추진도 공약했다.

대통령 후보에 이시영을 밀고 부통령 후보로 조병옥을 내세운 민국당은 "우리는 적색독재(공산당독재)주의와 함께 백색독재(파시즘독재 또는 그것과 유사한 독재)주의를 배격한다. 불법 위헌의 악질 음모와 권력남용, 폭력행사 일삼는 초법超法 특권주의를 타파"하겠다고 하여 이승만 정권의 독재와 폭력, 특권주의 비판에 초점을 맞추었다. 민국당의 진수는 조봉암 후보에 대한 태도에서 읽을 수 있다. 조병옥은 조봉암이 민족진영에 도전하는 스탈린이나 김일성과 다름없는, 흉악하게도 티토 정권을 꿈꾸는 자라고 험악하게 색깔로 공격했다. 그는 반이승만 정책을 구실로 조봉암이 근로층의 좌경분자를 획득하려는 태도는 참을 수 없다고 강조하고, 그를 다수가 지지하는 경향을 보이면 (이시영 후보도 제치고) 이승만 후보에 투표를 집중시키도록 노력하겠다고 선언했다.

조봉암은 8·5정부통령선거에서 정책·공약을 조리 있게 제시했다. 그는 7월 말에 10개항의 정견을 제시했다. 그중 "억지로 반대파를 공산당으로 만들려는 죄악적인 파쟁을 근절할 것"이라는 항목은 이승만 정권과 민국당의 전신인 한민당의 빨갱이사냥을 정면으로 비판한 주장이었다. 그는 "독재적 경향이 빚어내는 질식 상태에서 모든 국민을 해방시키겠다"라는 공약도 내세웠는데, 역시 극우반공주의에 대한 도전으로 피해대중의 절규를 담고 있었다.

조봉암은 선거 전날 제시한 정강에서 "우리는 이대로 더 4년을 갈 수 없다. 대통령으로 혁신정치가 조봉암 선생을 선출하자"라는 자극적인 구호 아래 제1항으로 "공산당독재도 자본가와 부패분자의 독재도 이를 강고히 반대"한다고 천명했다. 민국당의 적색독재주의와 백색독재주의를 배격한다는 것보다 외연이 확대되었음을 알 수 있다. 계획성 있는 경제정책도 눈에 띄었다. 이 정강에서 일체의 봉건 잔재를 청산한다고 표명한 것도 민국당·이승만 관료의 봉건 잔재를 포함해 음미해볼 만하다.

선거운동으로는 조봉암과 이범석의 경우가 언급할 만하다. 조 후보의 경우 윤길중이 선거사무장인 것은 이해할 수 있지만, 서북청년회 부회장을 지낸 김성주가 사무차장을 맡고 사나운 표범 같은 주먹 시라소니가 경호를 맡은 것이 이색적이었다. 시라소니가 깡패들이 막고 있는 유세장의 길을 터 조봉암은 부산·서울·인천·대구 등지에서 호되게 이승만을 공격했는데, 주먹왕 시라소니가 겁이 나 오금을 저릴 정도였다. 조봉암은 활동이 참신하고 조직적인 점에서 인텔리층과 노동자의 지지를 얻었다. 미대사관 문서에는 조 후보가 통렬한 비판으로 많은 청중을 끌어들이고 있으며, 차점자가 될 것으로 전망했다. 한 신문은 돈이 없어 삐라를 인쇄하지 못하고 붓과 먹을 사용하니 농민 표는 많이 얻지 못할 것으로 분석했다.

 자유당 부통령 후보 이범석은 족청을 기반으로 전국을 누비고 다녔다. 장택상 국무총리와 신임 김태선 내무장관은 이승만 의중에 따라 경찰을 동원해 이범석을 떨어뜨리고 함태영을 당선시키기 위해 노력했다. 이범석은 도처에서 경찰의 방해공작에 직면해 울분을 터뜨리며 선거운동의 자유 보장을 외쳤다. 불과 한두 달을 사이에 두고 이범석은 정반대의 처지에 놓였다. 이것도 권력무상이라고 할 수 있을까?

 8·5정부통령 선거의 경우 투표와 개표의 실상을 알 수 없다는 것이 특징이다. 대통령 선거의 경우 이승만이 523만여 표로 압도적이었다. 문제는 차점자였는데, 조봉암이 79만여 표, 이시영이 76만여 표로 약간의 표차로 조봉암이 제2인자가 되었다. 그것은 상징적 의미가 컸다. 이제 그는 어쩔 수 없이 이승만의 최대 경쟁자가 되었다. 임시수도 부산에서 이승만 후보와 조봉암 후보가 호각세를 이루었다는 것은 이 선거의 한 단면을 보여준다. 부통령 선거에서는 함태영이 294만여 표, 이범석이

1952년 8·5정부통령 선거 광경
7월 4일 발췌개헌안이 통과된 지 한 달 만에 실시된 최초의 정부통령 직선제 선거에 한 표의 권리를 행사하기 위해 주민들이 길게 줄을 서 있다. 이 선거에서 이승만은 불출마 선언과 탄원서 소동 등의 해프닝을 연출한 끝에 출마해 압도적인 표차로 대통령에 당선되었다. 부통령에는 유권자들이 이름조차 잘 모르는 함태영이 당선되었다. 그러나 이 선거를 통해 대통령 후보로 출마한 조봉암은 초대 부통령인 이시영을 누르고 2위를 함으로써 이승만의 운명적인 라이벌로 떠올랐다.

181만여 표, 조병옥이 57만여 표로 함태영이 이범석보다 무려 113만 표나 앞섰다. 더구나 전남의 경우 두 후보는 각각 72만여 표, 5만여 표였고, 경북은 71만여 표, 9만여 표였다. 이런 일이 있을 수 있을까?

경무대 비서였던 박용만은 어디서 뭘 하던 분인지도 몰랐고 한 번도 듣도 보도 못한 분한테 나리들이 하라는 대로 표를 찍었다고 했지만, 그래도 이런 결과는 나올 수 없는 것이었다. 1960년 3·15정부통령 선거의 경우에는 왜 이승만·이기붕 표가 많이 나왔는지 그 이유를 충분히 설명할 수 있다. 그렇지만 이 선거만은 도대체 설명할 방법이 없다.

족청계를 제거하라!

법치주의를 유린하며 철권을 휘둘러 1952년 8월 15일 제2대 대통령에 취임한 이승만은 영구집권의 장애 요인을 풀어나가는 데 착수했다. 부통령을 순종하는 인물로 세우는 데 성공한 이승만은 뒤이어 국무총리나 자유당 제2인자도 그런 사람으로 바꾸려 했다.

영구집권을 하기 위해서는 자유당 소속 국회의원이 압도적 다수가 되도록 해 반드시 개헌을 해야만 했다. 제헌헌법 제55조는 "대통령과 부통령의 임기는 4년으로 한다. 단 재선에 의하여 1차 중임할 수 있다"라고 되어 있는데, 대통령직선제로 개헌하는 것조차 철권을 휘둘러 발췌개헌으로 그것도 기립 표결로 간신히 해냈기 때문에 발췌개헌 때 제55

조를 고친다는 것은 도무지 말을 꺼낼 처지가 아니었다.

이범석을 지지했던 족청계는 부통령 당선의 윤곽이 밝혀지자마자 분을 이기지 못했다. 이들은 장택상 국무총리, 김태선 내무장관, 윤우경 치안국장을 선거법 위반으로 고발했다. 족청계는 8월 하순 내무장관에 김태선 대신 자파의 진헌식이, 농림장관에 역시 자파의 신중목이 임명되자 장택상 제거에 몰두했다. 장택상은 머리 회전이 빠르고 또 야심이 있는 정치가여서 한 사람한테 절대적으로 복종할 인물이 아니었다.

9월 23일 양우정이 사장으로, 정국은이 편집국장으로 있는 『연합신문』 머릿기사에 '전 경성부윤 후로이古市進 국내 잠입 한국 내정을 밀탐. 정부 요로도 협조 장 총리가 입국 허가' 란 표제의 기사가 실렸다. 장 총리가 입국을 허가해 친일파 등을 만나 내정을 밀탐했다는 후로이 사건이 터진 것이다.

이승만은 법무장관을 불러 철저한 조사를 명했다. 서상권 법무는 후로이와 만났다고 하여 장 총리의 사촌형으로 대지주였고 실업계 거물인 장직상을 구속하라고 지시했다. 9월 30일 장택상은 결국 사표를 내던졌다. 김영삼 대통령 때 유행한 말 그대로 '팽烹'을 당한 것이다. 11월에는 이재형이 상공장관이 되자 족청계는 부통령 선거를 까마득히 잊은 듯 더욱 기세등등했다.

이승만은 서서히 족청계를 거세하기 시작했다. 그는 자유당의 당수·부당수제도를 폐지하고 총재제로 할 것, 중앙위원제로 할 것 등을 지시했다. 이승만은 당수제도가 폐지됨에 따라 총재가 되었으며, 부당수제도가 폐지됨으로써 이범석은 평당원으로 강등되었다. 또한 중앙위원제라 하여 당을 책임질 중앙위원들을 '기간단체'에서 선임하게 했다. 그리하여 대한노총, 대한농총의 후신인 농민회, 부인회, 대한청년단에서 각각 3명씩의 중앙위원이 선임되어 12명으로 구성되었다. 이때가 자유당 역사상 외형상으로나마 이들 단체가 '기간단체'라는 말을 들을 수 있었던 유일한 시기였다.

족청계는 중앙위원제가 됨으로써 한 명도 중앙위원으로 진출하지 못했다. 족청계는 '기간단체'를 장악하는 공작에 착수했다. 대한노총·농민회·국민회 등을 '탈취'하거나 반대파를 타도하는 데 대체로 성공하는 것 같았으나, 이들 단체의 반대파는 전국사회단체중앙협의회를 조직하고 당중앙위원회·의원부와 공동 전선을 폈다.

1953년 5월 10일 대전에서 열린 자유당 전당대회는 지방대의원 선거에서 압승을 거둔 족청계의 일방적인 승리였다. 족청계는 중앙위원회 위원과 중앙당 부·차장을 족청계로 선출하기 위한 방안을 세웠고, 신형식을 위원장으로 한 특별징계위원회를 구성해 부통령 선거 비협조자와 반대파 숙청에 착수했다.

그러나 전당대회 폐회를 선언하려는 순간에 대통령 비서 장기봉이 달려와 부·차장 선출은 중앙위원회에 일임하고 총재의 재가를 얻으라는 등 3개항의 지시를 읽었다. 꼭 소설을 읽는 것 같은 상황이었다. 이승만의 지시에도 불구하고 족청계는 이활 등 네 명의 비족청계 간부를 숙청했고, 국민회 등을 장악하려는 공세를 멈추지 않았다.

그러나 족청계는 전성시대를 만났다 싶을 때부터 대대적으로 거세되기 시작했다. 이승만은 6월 5일 이범석을 반 강제로 여비도 조금밖에 주지 않은 채 외유를 떠나게 했다. 다음 거세 대상은 남로당원이었던 특별징계위원회 위원장 신형식이었다. 그는 연설장에서의 실언이 문제가 되어 구속되었다. 족청계에 대한 결정적 타격은 양우정의 구속이었다. 해방 직후부터 이승만의 충실한 이데올로그로 활동했고, (원외)자유당을 만드는 데 공로자였던 양우정은 후로이 사건을 터뜨려 장택상을 실각시킨 『연합신문』 편집국장 정국은이 간첩 혐의로 8월 말 구속됨으로써 몰락하지 않을 수 없었다. 이 일에는 특무대장 김창룡이 팔을 걷고 나섰다. 10월 17일 족청계였으나 이미 돌아선 백두진 국무총리의 이름으로 제출된 양우정 의원 구속동의안이 압도적 표차로 가결됨으로써 세상을 쥐락펴락하던 그의 정치생명은 끝장이 났다.

이승만은 9월에 초강경한 태도로 나왔다. 신중목 농림장관, 이재형 상공장관, 진헌식 내무장관이 이례적으로 해임이 아니라 파면되었고, 얼마 후 진헌식은 구속되기에 이르렀다. 9월 12일에는 파당 요소를 제거하기 위해 족청계는 한 명도 선출하지 말라는 폭탄선언이 나왔다.

이승만 후기체제의 구축
―5·20총선과 사사오입개헌

1953년 10월 16일 이기붕·이갑성·문봉제 등 9명이 자유당 중앙당부 임시위원으로 선출되었다. 이른바 9인체제였다. 12월 9일 반 년 만에 이범석이 귀국하던 날 자유당은 이범석·양우정·안호상·진헌식·이재형 등 8명을 민족분열자로 규정하고 출당·제명 처분했다.

선거를 앞둔 1954년 3월 10일에 열린 자유당 전당대회에서는 소장파와 노장파 간의 치열한 경쟁 끝에 총무에 이기붕, 조직에 배은희, 선전에 박영출 등이 선임되었으나, 이승만은 조직에 자신의 비서 임철호, 선전에 역시 자신의 비서였던 박용만 등으로 바꾸었다. 그의 지향점은 명확했다. 결국 선거가 막바지에 접어들면서 각급 당부 개편에서 그때까지 이승만한테 충성을 다해온 노장파 배은희·이갑성계가 제거되고 이기붕파가 당 주도권을 장악했다.

이기붕은 미국 유학 시절에 허정과 함께 이승만을 보필했다. 해방 후 이승만이 귀국하자 윤치영과 함께 비서로 일했으며, 이 대통령 밑에서 비서실장이 되었다. 그는 서민적이고 겸손해 보이는 사람이었다. 또 책임감이 강해 서울시장이나 국방장관의 임무를 나름대로 잘 해보려고 했다. 그와 함께 이승만한테는 절대 복종했고, 결코 다른 마음을 품지 않았다.

이기붕이 제2인자 노릇을 계속한 데에는 여자들의 힘이 컸다. 국방장관에 있을 때는 이승만한테 무조건 충성만 바친 것은 아니었다. 그래서 물러난 이후에는 영영 출세하지 못하는 것 같았다. 그러나 이화여대 초대 문리과대학장인 그의 부인 박마리아가 프란체스카를 통해 주선함으로써 자유당의 제2인자가 되기에 이르렀고, 이승만이 노쇠해 일을 제대로 못 볼 때는 사실상 국정을 좌우하기도 했다. 매우 불우한 유년기를 보낸 박마리아는 대단히 야심이 강했다.

이승만 집권 후기의 전제정치는 이승만·프란체스카-이기붕·박마리아체제라고 볼 수도 있다. 프란체스카와 박마리아의 공작으로 이기붕의 큰아들 이강석이 1957년 이승만의 82회 생일에 양자가 됨으로써 이 체제는 더 강고해졌다. 박마리아는 1954년에 이화여대 부총장이 되었다. 그녀는 1952년에 대한기독교여자청년회YWCA 회장이었고 1956년에는 대한부인회 대표최고위원으로 여성계의 이기붕이 되었다.

박정희는 쿠데타 6년 만에 3선개헌으로 영구집권하기 위해 1967년 6·8망국부정선거를 저질렀는데, 이승만 집권 6년이 되는 1954년 3월 20일자 『동아일보』 보도를 보면 5월 20일에 치러질 국회의원(민의원) 총선이 어떤 선거가 될 것인가를 짐작할 수 있다. 이 보도에는 '또 하나의 개헌안, 초대 대통령 종신집정 등 돌연 극비리 급속 추진'이라는 제목 아래 "초대 대통령의 종신집정을 주장한다" 등의 개헌 요지가 쓰여 있고, 모모 의원이 직접 나서서 각 의원 사택을 방문해 찬성 서명 날인을 받고 있다고 덧붙였다.

1954년 4월 6일 이 대통령은 "개헌 조건부로 입후보케 하라"라는 담화를 발표해, 개헌 지지의 다짐을 받고 자유당 후보로 입후보하도록 했다. 그것뿐만이 아니었다. 이승만은 그즈음 담화를 통해 친일파에 대한 해석을 여러 차례 해주었는데, 4월 7일에는 "왜정시대에 무엇을 하든 것을 가지고 친일이다 아니다 하는 것을 결정하는 것이 아니고", 고등관을 지냈고 일본을 위해 열정적으로 일한 사적事蹟이 있어도 지금 와서 그 일을 탕척蕩滌받을 만한 일을 하면 애국자라고 말했다. 그는 이 선거에 친일 행위자들이 자유당 후보로 많이 나온다는 것을 잘 알고 있었다.

5·20총선에서는 자유당과 민국당이 처음으로 한 선거구에 한 후보를 공천했다. 그런 점에서 민주주의의 제도화가 진전되었지만, 이승만·자유당의 경우 최초로 지방자치제를 실시한 이유와 비슷하다는 점에서 씁쓰레한 맛을 준다.

자유당 공천 후보자들은 "1. 본당 총재 각하의 지시와 당 정책을 절대로 복종할 것. 1. 민의원이 된 후에는 민의에 의한 당 결정의 개헌을 절대로 지지함"이라고 쓰여 있는 서약서에 도장을 찍고 당 총무부에서 발행한 공민증을 '배수拜풍'했다. 이승만은 표의 분산을 막기 위해서 국민회·부인회·노총·농민회 등의 명의로 출마하는 것을 엄금했다.

5·20총선 최대의 탄압 대상은 조봉암·신익희·오위영이었다. 앞의 두 사람은 대통령 선거에서 라이벌이 될 수 있었고, 오위영은 (원내)자유당의 리더였다.

조봉암의 선거사무차장 김성주는 1953년 6월 국군직제에도 없는 헌병총사령부(총사령관 원용덕)로 끌려가 밀실에서 고문으로 살해당했다. 김성주 사건이 발생한 것이다. 이런 시련에도 불구하고 조봉암은 선거의 해인 1954년에 들어오자 『우리의 당면과업』이라는 소책자를 써 정치적 자유의 중요성을 역설하고 자신의 정치 경륜을 폈다.

역설적이게도 더 큰 정치를 해보겠다는 조봉암은 5·20총선에 출마조차 못했다. 그는 자신의 지역구인 인천 을구에서 등록서류를 탈취당했다. 부산으로 갔으나 마찬가지였다. 마지막으로 꾀를 내 이기붕 출마구인 서대문구에 마감날 등록서류를 냈으나 서류 미비라는 통고를 받았다. 그는 강제로 정치계에서 추방당했다.

신익희가 출마한 경기도 광주에는 훗날 내무장관으로 3·15부정선거를 기획한 최인규가 나왔는데, 사전 여론조사에서 주민들이 최인규를 지지하자 그냥 넘어가고 말았다. 오위영은 심한 탄압으로 중도에 포기했다.

5·20총선은 경찰의 곤봉이 당락을 결정했다고 해서 '곤봉 선거'로도 불렸지만, 그 점은 허정도 예외가 아니었다. 이승만 정권 초기에 실세였고 1952년에 국무총리서리였던 허정 — 그는 이기붕과도 친했고 이후 4월혁명으로 이승만에 이어 과도정부 수반이 되었다 — 은 부산에서 출마했는데, 김종원 경남 경찰국장이 선거운동 방해를 진두지휘했다. 유세장에서 청중을 내쫓고 운동원을 구타했으나 허정은 포기하지 않았다. 그렇지만 투표일을 며칠 앞두고 경찰서에 끌려갔다온 운동원이 절명하자 포기하지 않을 수 없었다.

선거 결과는 자유당의 압승이었다. 득표율은 무소속 47.9%, 자유당 36.8%, 민국당 7.9%였으나, 당선자 203명 중 자유당은 114석을 차지했다. 민국당은 겨우 15명이었다. 이 선거에서는 3선인 이재학 외에도 한희석·장경근 등이 당선되어 자유당 핵심 간부가 되었는데, 모두 친일행위자였다.

자유당은 개헌선 확보를 위해 계속 무소속 의원을 끌어들여 6월 중순에는 드디어 136명이 되었다. 종로 을구에서 당선된 김두한도 목덜미를 잡혀 들어왔다. 그리하여 이때부터 '법에 없는 짓을 수의 힘으로 강행하려는 다수당의 횡포와 이를 막기 위한 야당의 헛된 노력'이 시작되었다. 자유당은 개헌선은 확보했지만 개헌을 밀고 갈 수가 없었다. 소속 의원들이 흔들리고 있었기 때문이다. 심지어 발췌개헌으로 사상 처음으

1954년 5·20총선 선거 벽보

5·20총선에서 이승만은 자신의 종신집권을 위한 개헌을 추진하기 위해 '곤봉 선거'라고 불릴 만큼 경찰력을 총동원한 부정선거를 감행했다. 그 결과 선거는 자유당의 압승으로 마무리되었다. 사진은 정치 1번지 종로 을 구 선거 벽보로, 당시 자유당의 공천을 받지 못해 한국독립당으로 출마한 김두한이 대법관 출신의 변호사 한근 조와 여운형의 동생 여운홍을 물리치고 당선되었다. 이후 자유당은 개헌선 확보를 위해 무소속 의원을 끌어들 였는데, 이때 김두한은 자유당에 다시 입당했다.

로 제기된 7월 2일의 국무원 신임결의안이 부결됨으로써 이승만을 당황케 했다.

이승만은 대통령이 된 뒤 처음으로 미국을 방문해 결전을 촉구하는 초강경 발언을 계속했다. 1954년 7월 28일 미국 상·하 양원 합동회의에서 극동에서 즉각 '행동' 할 것을 촉구하고 한국 휴전협정은 공문화되었다고 선언했다. 미국에서 이승만은 국내에 시선을 돌리며 발언하고 있었다. 세계적 반공 지도자로서의 면모를 보여 은연중 국회에 압력을 가하고자 했다. 그런데도 자유당은 망설였다. 9월 6일 개헌선인 이기붕 외 135명의 서명으로 헌법 개정안을 제출했고, 9월 8일 공고되었다.

개헌안은 한 달이 넘었는데도 국회에 상정되지 못했다. 그 이유는 『한국일보』의 여론조사에 잘 나타나 있다. 개헌안 골자 가운데 국가 안위에 관한 중대 사항을 국민투표로 한다는 것에 대해서는 찬 28.5%, 반 63.7%, 국무총리제 폐지에 대해서는 찬 28.8%, 반 63.7%, 초대 대통령에 한해서 연임을 허용한다는 것은 찬 16.9%, 반 78.8%였다.

그런데 1954년 10월 하순 구원의 손길이 다른 곳도 아닌 민국당에서 왔다. 민국당 선전부장 함상훈이 '전 민국당우에게 고함'에서 제3세력이 민국당 일부와 연락해 김일성·이승만 정권을 배제하고 중립적인 제3정권을 수립하려 한다는 설을 유포했다. 그리고 신익희 국회의장이 1953년 5월 영국 엘리자베스 2세 대관식에 참여하고 귀국하던 중 인도 뉴델리에서 북에 있는 조소앙을 만나 남북협상 문제를 밀담했다는 말을 들었고, 1954년 3월에는 조소앙의 밀사 오경심이 신익희를 만났다고 주장했다. 유명한 뉴델리 밀회 사건이 터진 것이다.

뉴델리 밀회 사건 자체는 오래 끌지 않았다. 함께 영국에 갔다온 김동성 전 국회부의장이 전혀 근거 없음을 밝혔고, 민국당에서 바로 함상훈을 제명시켰기 때문이다. 뉴델리 밀회설은 김준연·조병옥 등 수구 극우세력과 조봉암과도 친분이 있는 신익희 민국당위원장의 갈등의 소산이었다.

자유당은 즉각 뉴델리 밀회설을 활용했다. 그것은 자유당 내분을 잠재우고 태도가 모호하던 의원들을 붙잡아두고, 국민투표제가 필요하다는 명분이 되었다. 밖에서는 연일 반공시위가 벌어지는 가운데, 국회에서는 1954년 11월 4일 긴급동의로 들어온 '남북협상 중립배격 결의안'을 통과시켰고, 11월 6일 국토통일에 대한 국시를 천명했다. 제3세력을 단호히 배격해야 한다는 것을 조병옥 등 민국당 수구세력이 똑같이 주장했다. 11월 11일에는 유엔 감시하에 북한 지역에서 모든 공산군이 철퇴한 후 선거를 실시하는 것만이 국시임을 재천명했다.

11월 20일 상정된 개헌안은 27일 표결에 붙여졌다. 재적 202명 중 가표가 135표여서 1표가 부족했기 때문에 최순주 국회부의장은 당연하게도 부결되었다고 선포하지 않을 수 없었다. 각 도별로 암호 투표를 지시했는데 1명이 무식해서 그랬는지 몰라도 잘못한 것으로 알려졌다.

놀라운 일은 그 다음에 일어났다. 명백히 부결된 개헌안을 통과되었다고 주장한 것은 자유당이 아니라 이승만 대통령이었다. 부결 몇 시간 후 이기붕 등이 사색이 되어 방문했을 때 그는 "아니, 이 사람들아 부결이라니…… 135표면 통과된 것 아닌가"라고 말했다. 갈홍기 공보처장은 28일 '수학적으로' 사사오입을 설명하면서 "개헌안이 통과되었다는 것이 정부의 견해"라고 천명했다. 이재학·장경근·한희석 등은 부랴부랴 사사오입의 정당성을 설명했다. 29일 야당이 총퇴장한 가운데 자유당 국회는 개헌안부결번복가결동의안이라는 희한한 동의안을 통과시켰다.

권력은 통과되지 않은 것을 통과된 것으로 만들었다. 사사오입개헌으로 국무총리제가 폐지되는 등 대통령중심제가 강화되었고, 경제 조항이 자유주의 경제체제로 대폭 수정되었다. 대통령 궐위闕位시 부통령이 승계한다는 것도 명시되었다.

초대 대통령에 한해 중임 제한을 철폐한 것은 평등의 원칙에 위반되는 위헌 무효의 헌법 개정이었다. 물론 이승만이 자신은 대통령에 뜻이 없다고 하면서 특별히 강조해 마지않던 국민투표제는 발췌개헌에서의 양원제와 마찬가지로 한 번도 실현되지 않고 박정희 정권에 이월되었다.

'사사오입해서' 이승만은 영구집권의 길을 텄다. 자유당은 더욱 사당화되었다. 하지만 잃은 것도 대단히 컸다. 자유당의 '입'이자 서울신문사 사장인 손도심조차 "이 얼마나 구차스러운 이론이었으며, 이 얼마나 자유당이 수모받는 끔찍끔찍한 단어인가?"라고 말한 것처럼 우민통치를 계속하기엔 세상은 변하고 있었다.

5·20총선과 사사오입개헌이 있었던 1954년 — 이승만 집권 12년의 절반에 해당된다 — 은 이승만 권력 후기체제가 구축된 시기였다. 자유당은 5·20총선을 앞두고 이승만-이기붕체제로 틀이 짜여졌다. 이 체제는 1960년 이승만 정권이 몰락하고 이기붕 일가가 자살할 때까지 6년간 계속되었다. 국회도 이 시기에 확고히 장악되었다. 이승만은 휴전협정반

대와 북진통일운동을 대대적으로 전개하면서 정부와 국회가 부산에서 서울로 다시 올라온 1953년 하반기에 처음으로 국회에서 과반수 이상을 확보했지만, 이는 상당히 유동적이었다. 자유당이 1954년 5·20총선에서 대승한 후부터 국회는 정권의 거수기라는 평을 들었으나, 다른 한편으로 이기붕을 앞장 세워 행정부에 점차 영향력을 강화시켜 명실공히 자유당 정권이라는 말을 들었다.

그런데 이승만의 뇌리에는 개헌보다 더 중요한 것은 없었다. 그렇지만 개헌은 자유당이 압승했는데도 불구하고 이승만 뜻대로 되지 않았다. 그러다가 10월에 '천우신조'로 뉴델리 밀회 사건이 터져 드디어 '암호'까지 사용하며 표결에 부쳤으나 부결되고 말았다. 하지만 이승만 정권은 사사오입으로 개헌이 되었다고 강변했다.

이승만 후기체제는 또 다른 형태로 대규모 동원체제였다. 전기는 주로 반관반민단체가 중심이 되었으나, 후기에는 북진통일운동과 반일운동이 전개되어 이승만 정권을 강화시키는 데 중요한 역할을 했다.

이승만 후기체제는 친일파가 적극적인 역할을 하는 것이 특징이다. 5·20총선을 계기로 친일파들이 다수 등장해 이승만-이기붕체제를 떠받히는 자유당의 핵심 간부가 되었다. 이들은 대개가 이승만 정권 전반기에 관료였다. 이 점에서 이승만 정권 후기는 친일파 관료의 집권시기라고 말할 수 있다. 이들은 자신의 영역 내에서 '소이승만·소이기붕' 왕국을 건설했다. 친일파들은 이 시기에 행정부에서도 강력한 지위를 차지했다.

이승만 권력 강화의 비결
— 북진통일운동과 반일운동

1953년 3월 30일 이승만 대통령이 휴전반대 성명을 낸 이틀 후인 4월 1일부터 휴전회담반대 궐기대회와 시위가 격렬히 계속되었다. 북진통일을 요구하는 시위의 와중에서 6월 21일 국회는 북진통일을 결의했다. 며칠 후 이승만은 통일 없는 휴전반대는 불멸의 원칙이라는 특별성명을 냈다.

4월 20일에서 5월 12일까지 전국 각지에서 일어난 휴전반대 궐기대회와 민중대회는 7,500회, 지방의회대회는 540회, 동원 인원은 800여만 명으로 발표되었다. 6월에도 시위와 궐기대회가 계속되었다. 14일에는 상이군인들의 시위로 경관들이 부상을 입었다. 18일 이 대통령은 유엔군 포로수용소에 수용 중인 2만 7천 명의 반공포로 석방을 명령했다. 유엔군사령부는 17일 밤부터 18일 새벽 사이에 약 2만 5천 명의 반공포로가 탈출했다고 발표했다. 반공포로 석방으로 휴전반대·북진통일운동은 최고로 고조되었다. '6·25북진통일의 날 국민대회'에는 대통령·대법원장·국무총리와 전 국무위원이 참석했다. 과거에도 이 대통령은 누차에 걸쳐 휴전반대를 표명했다. 시위도 있었다. 그러나 그것은 규모나 지속성에서 1953년 4월부터 시작된 휴전반대·북진통일운동과 구별되었다. 이 시기의 북진통일운동은 1949년의 북진통일운동과도 달랐다. 그때는 정부가 혼연일치가 되어서 북진통일을 주장한 것이 아니었다. 이승만도 일정한 기간에 북진통일을 주장했고, 북진통일과는 다른 통일방안도 얘기했다. 물론 시위도 크지 않았고, 장기간 지속적이지도 않았다.

왜 휴전협정이 체결될 최종 시점에 와서 대규모 시위와 궐기대회가 열렸을까? 그러한 투쟁을 전개하면 휴전이 안 될 것이라고 판단했을까? 휴전협정은 1953년 7월 27일 체결되었는데, 아무리 큰 시위를 벌여도 그것을 막을 수 없다는 것은 이승만 스스로가 잘 알고 있었다. 미국과 북한, 중국이 모두 절실히 원하고 있었기 때문이다.

휴전반대·북진통일운동은 반공적인 월남인들에게 호소력이 컸다. 또 그런 방식으로 미국에 압력을 가해 국군 증강과 한미상호방위조약 체결에 유리한 고지를 차지하려는 점도 있었다. 그렇다고 한미상호방위조약이 이승만 정부한테 유리하게 맺어진 것은 아니었다.

그러나 그보다 더 중요한 다른 요인이 있었음에 틀림없다. 왜냐하면 1953년 10월 1일 한미상호방위조약이 조인되고 국군 증강의 약속이 끝난 시점에서는 북진통일운동도 끝나야 했을 터인데 그렇지 않았기 때문이다. 북진·멸공통일운동, 반공·방일운동은 이승만 정권이 붕괴될 때까지 계속되었다.

한 정치학자는 휴전반대 국민운동은 한국정치에 일대 전환을 가져왔는바, 이 운동은 대한민국에 생물학적인 변동을 일으킨 것으로 볼 수 있다고 주장했다. 이 주장은 그가 든 예만 살펴보면 과장되어 있기는 하다. 그는 실례로 1953년 4월 이후 자유당에 가담한 의원들이 꽤 늘어나 원내에 안정 기반을 확보했다는 점을 들었다. 그러나 국회는 유동적이었고, 휴전회담반대운동보다는 자유당 공천에 더 눈독을 들이고 가담했을 가능성이 컸다.

북진통일 궐기대회에서 혈서를 쓰고 있는 청년
1954년 4월 26일 중앙청 광장에서 열린 북진통일궐기대회에 참가한 청년이 태극기에 혈서를 쓰고 있다. 이승만은 자신의 권력과 극우반공체제를 강화하기 위한 수단으로 북진통일시위와 궐기대회를 수시로 개최했다. 시위와 궐기대회에는 노동자·시민·공무원·직장인·농민·학생 등 다양한 계층의 사람들이 동원되었는데, 특히 중고생들이 가장 많이 동원되었다.

북진통일운동은 대중한테 크나큰 힘을 미칠 수 있었다. 거대한 궐기대회에서 살벌한 구호를 외치며 북진·멸공통일을 외칠 때, 그것은 군중심리와 결합되어 반공의 절대적 지도자인 이승만을 중심으로 철석같이 뭉치자는 분위기를 만들어냈다. 그것은 전쟁이 끝났음에도 불구하고 끊임없이 전시체제이기 때문에 이승만 정권이 민중을 억압해도 괜찮다는 분위기를 조성했다.

이런 상황은 이승만의 권력과 극우반공체제를 강화하는 효과를 가져왔다. 또한 단정론자로서 통일운동을 억압해온 이승만은 북진통일운동으로서 통일의 화신이 되었다. 박정희가 유신체제의 필요성을 강조한 이유와 비슷하게, 이승만은 계속 대통령이 되어야 하는 가장 큰 이유로 항상 통일을 내세웠다.

북진통일운동은 평화운동을 금압했다. 주민집단학살이나 심한 전쟁피해 때문에도 대부분의 한국인은 전쟁이 빨리 끝나기를 바랐고, 휴전 이후에는 다시는 전쟁이 일어나지 않기를 바랐다. 그 점은 군인이나 징집 대상자들한테도 똑같았다. 한국처럼 평화운동이 절실한 곳은 없었다. 그럼에도 불구하고 평화운동이 불가능했던 것은 서슬이 퍼런 북진통일운동 앞에 감히 고개를 내밀 수 없었기 때문이다. 북진통일운동은 평화통일방안 등 다른 통일방안이나 통일운동이 얼굴을 내밀지 못하게 했다. 그것은 통일을 가능하게 할 수 있는 통일방안을 차단한다는 점에서 통일을 내세운 반통일운동이었다.

이승만은 북진통일운동이 실현성이 전혀 없다는 것을 누구보다도 잘 알고 있었다. 미국이 반대했고, 유엔참전국이 반대했다. 한미상호방위조약 제1조도 어떤 전쟁이든 전쟁을 일으켜서는 안 된다고 되어 있다. 군대는 총알 하나, 기름 한 방울까지 전적으로 미국에 의존했다. 작전권도 유엔군사령관이 쥐고 있었다.

전 세계에서 이승만처럼 철저한 반공존주의자는 아주 희귀했다. 그는 분단의 고착과 지속에서 자신의 권력 안정을 희구했다. 극우세력은 통일이나 협상은 공산주의자들한테 이용당하고 먹히는 것으로 알았고, 그렇게 주장했다. 그는 항상 남북 갈등과 긴장 고조를 필요로 했고, 그것을 억압 통치에 이용했다. 극우세력은 자유가 살아 숨 쉬는 평화로운 세계에서는 존립할 수 없는 존재였다.

1954년에 이승만이 초대 대통령에 한해 영구집권을 할 수 있게 하는 개헌을 추진하는 데 얼마나 노심초사했는가는 앞에서 언급한 대로이다. 그리고 뉴델리 밀회 사건이라는 호기가 오자 그것을 놓치지 않았다. 지방의회 의원들이 속속 상경했고, 반공혈전대 사령부 명의로 "민국당은 역적이다" 등의 벽보가 붙었다. 1954년 11월 24일에는 서울운동장에서 170개교, 10만여 중고등학생들이 궐기대회를 열었다. 1955년에는 8월부터 12월까지 중립국감시위원단 철수를 요구하는 대규모 궐기대회와 시위가 있었다. 8월 6일부터 시작된 시위에 이 대통령이 총궐기를 촉구하면서 20일에 4백만 명에 육박한 것으로 발표되었다. 미군과도 충돌하면서 전국 각지에서 계속된 시위는 12월 10일 이 대통령의 중지 지시로 끝났다. 1959년에는 거의 1년 내내 반일반공운동의 형태로 재일교포 북송 반대운동이 전개되었다.

휴전반대시위처럼 장기간에 걸친 시위도 여러 차례 있었지만, 북진통일시위·궐기대회는 3·1절, 광복절, 이 대통령 탄신일 등 기회만 있으면 전개되어 이승만 정권이 붕괴될 때까지 계속되었다. 각종 웅변대회나 행사, 교육의 형태로도 전개되었다. 시위와 궐기대회에는 노총 노동자 ·시민·공무원·직장인·농민 등 여러 계층의 사람들이 동원되었는데, 학생, 그중에서도 중고생들이 가장 많이 동원되었다. 수업시간에도 자주 동원되어 일종의 과외 과목처럼 상습화되었다.

북진통일운동의 효력은 서서히 감퇴되었다. 사람들은 계속된 시위에 지치고 넌더리를 냈다. 1956년 정부통령 선거에서 평화통일을 주장하는 것은 탄압하기도 어려웠다. 조봉암·진보당이 찬물을 끼얹었고, 민주당도 조금씩 변하더니만, 1957, 58년경부터는 북진통일을 비판하기도 했다. 1960년 정부통령 선거에서 자유당은 식상한 북진통일을 더 이상 내세우지 않았다. 4월혁명으로 이승만 정권이 몰락하자 북진통일이라는 말도 역사의 저편으로 사라졌다.

1950년대에 한국인은 북진·멸공통일운동만 편 것이 아니었다. 방일(반일)운동도 있었다. 건물이나 담벼락에 반공방일의 구호가 쓰여 있었고, 당시 국민학교 학생들도 군사훈련의 일종인 제식훈련이라는 것을 받으면서 "북진통일, 반공방일"을 외칠 정도였다.

그때나 지금이나 이승만 정권이 친일파 중심의 정권이라는 것은 알 만한 사람은 대개 다 알고 있다. 그렇지만 단정운동의 최고 지도자인 이승만이 북진통일운동을 전개하면서 통일의 화신으로 부각된 것처럼, 친일파를 기반으로 정권을 유지한 이승만은 반일운동을 전개함으로써 반일민족주의의 대표적 인물로 부각되었다.

이승만의 반일운동에 직접적인 요인을 제공한 것은 일본이었다. 일본은 한일회담에 전혀 성의를 보이지 않았고, 일본의 진보적 언론이나 정치세력까지도 일제강점기에 한국을 발전시켰다는 등의 구보다 망언을 잘못되었다고 생각하지 않았다. 그들은 일제 때 당한 한국인의 고통을 이해하려고 하지 않았다. 한국전쟁으로 한국인이 이루 말할 수 없는 고통을 겪은 데 반해 일본은 한국전쟁으로 기사회생했을 뿐만 아니라 미국 또한 일본을 최우선시하면서 일본의 경제부흥에 치중한 대한원조정책을 펴는 것에 대해, 이승만이 아니더라도 한국인은 편한 마음을 가지지 못했다.

반일운동은 구보다 망언이 있었던 1953년에도 있었지만, 가장 거센 반일운동은 1955년에 일어났다. 그것은 반공운동의 일환으로 전개된 반일운동이었다. 이승만은 이때쯤 한국인의 강렬한 반일감정이 얼마나 강도 높게 분출되는가에 주목했다. 반일운동이 이승만 정권이 몰락할 때까지 계속된 이유는 여기에 있었다.

이 대통령은 1954년 12월 하토야마 내각이 등장해 소련과 외교 교섭을 벌이고 중국과도 접근하면서 북한과도 관계를 가질 수 있다고 하자 분노했다. 이승만은 1955년 4월 국무회의에서 일본이 북한 괴뢰와 문화·경제 관계 등을 개선·교류하면 적성국가로 선포하겠다고 발언했다. 반일운동이 거세게 일어났다. 이승만은 6·25기념사에서 미국을 비난하면서 일본의 새로운 군국주의자들이 공산국의 독재군대와 합작하려는 것이 벌써 시작되고 있다고 주장했다.

이승만의 반일운동은 무책임한 점이 많았다. 1957년 친미반공의 기시

내각이 들어섰을 때에 한일 문제 타개에 성의를 보이지 않았다. 또 그 이전부터 재일동포를 북에 보내는 문제가 논의되고 있었는데, 그것을 막기 위한 노력도 하등 하지 않았다. 그러다가 1959년 2월 13일 일본 정부 각의에서 북송 추진을 결정하자 격렬히 북송반대시위를 전개했다.

이승만 정부가 재일동포 문제를 얼마나 등한시했는가는 북송반대투쟁의 와중에서 6월 16일 재일한국인거류민단이 "이제 와서는 자유당이나 현 정부를 신임하거나 지지할 수 없다"라고 한 선언에 잘 요약되어 있다. 더욱 가관인 것은 민주당이었다. 민주당은 초당외교라는 미명 아래 덮어놓고 북송반대투쟁에 동참했다가 이 선언이 나오자 그때서야 정부를 비판하면서 재일동포 문제에 관심을 보였다.

재일동포 북송반대시위는 1959년 12월 13, 14일에 절정에 달한 듯했다. 13일 서울에서만 각 직장·관공서·학교·애국반원·반공청년단 등에서 50만 명 이상이 참가한 것으로 보도되었다. 14일에는 전국에서 350만 명이 참가했다고 발표되었다. 하지만 14일 975명을 실은 제1차 북송선이 일본을 떠나자마자 그동안 무슨 시위가 있었냐는 듯이 적막감이 감돌았다. 그 뒤에도 북송선은 계속 오고갔지만 한국 정부는 별다른 반응을 보이지 않았다. 거의 1년간에 걸친, 그래서 사상 최대 규모일 수도 있는 북송반대시위는 서민과 학생들만 달달 볶은 무책임의 극치였다는 것이 적나라하게 드러났다.

▎스페셜 테마

'한강 기적' 일군 한글세대 대량 탄생

해방 후의 역사에서 한국인은 1950년대를 기억하고 싶어 하지 않는다. 전쟁으로 인한 고통과 상처가 계속되었고, 굶주림을 벗어나지 못했다. 폐허 속에서 온갖 난맥상이 노출되었고, 불의와 부정, 협잡이 활개를 쳤다. 힘없는 자는 아무리 노력을 해도 살기가 어려웠다. 세기말적 퇴폐와 도피적 사고가 만연했다.

그러나 1950년대는 역동적인 변화의 시기였다. 1860년대 이래 한국은 10년마다 변화를 겪었는데, 특히 해방은 혁명적인 정치적·사회적·문화적·경제적 변화를 초래했다. 격변은 전쟁을 매개로 1950년대에도 계속되었다. 압축적인 변화의 연속이라고나 할까.

그런 변화 가운데 하나가 평등화·평준화 현상이었다. 평준화 현상은 한국사회를 역동적으로 바꿔나가는 기축적(基軸的)인 힘이었고, 경제발전의 원동력이었다.

한국은 동양 3국 중에서도 장기간에 걸친 노비제의 존속이 말해주듯 신분제가 강고했다. 이런 신분제는 19세기에 변화를 겪다가 갑오개혁에 와서 완전히 폐지되었다. 더 나아가 일제강점기는 신분관계와 신분의식에 큰 타격을 주었다. 근대적 평등의식이 3·1운동 이후 확대된 것도 한 요인이었지만, 일제 통치 자체가 하향 평준화를 촉진시켰다.

일제는 다른 백인국가의 인도·동남아시아 지배보다 훨씬 강도 높은 직접 통치를 했다. 한국인은 대개가 하위 관직에 있었고, 전체 관리 중 차지하는 비율이 인도·동남아보다 훨씬 낮았다. 때문에 권력을 행사할 수 있는 위치에 있지 않았다.

소수 친일파를 제외하고 한국인은 모두가 망국노(亡國奴)로 정치적으로 무력했다. 양반은 대개 경제 면에서도 몰락했고 무력했다. 양반이라도 관직과 경제력이 있을 때에만 위세가 있었다. 한국인은 소수를 제외하면 총체적 무산자나 다름없었다.

해방은 정치적으로뿐만 아니라 사회적으로도 혁명이었다. 각지에서 건국준비위원회 지부와 치안대가 조직되었고, 이어서 면·동·리에까지 인민위원회가 결성되었다. 그와 함께 농민·노동자·여성·청년 단체가 그것도 대규모로 조직되었다. 민족해방운동세력은 일제강점기에 특히 자유와 평등을 강조했는데, 이들은 해방 후 평등주의를 전파시키는 전도사 역할을 했다. 친일파 청산의 목소리도 높았는데, 기득권자 중에는 친일파가 많았다.

토지(농지)개혁이 평준화를 촉진시킨 것도 주목할 만하다. 해방이 되면서 현저히 약화된 지주는 토지 방매와 농지개혁으로 더욱 약화되었다. 한국전쟁과 인플레는 지가증권을 휴지나 다름없게 만들어 많은 지주들을 더욱 몰락하게 했다.

한국전쟁은 계급투쟁의 성격을 띠고 있었다. 비록 짧은 시기였지만, 세상이 뒤집혀져서 빈농이나 머슴이 힘을 썼다. 산간의 빨치산 출몰 지역에도 평준화가 급속히 촉진되었지만, 가진 자들은 갖가지 수단으로 징집에서 빠져나가 주로 농촌 청년들이 군대에 갔는데, 군대 생활도 평준화를 촉진시켰다.

이처럼 갑오개혁, 일제 통치, 해방, 지주제 폐지, 전쟁, 군대 등을 통해 한국사회에서 신분관계와 신분의식은 소멸되었다. 그러나 이런 평준화는 시민의식이나 민주의식을 수반하지 못했고, 친일파 문제나 정치·경제의 난맥상 등으로 가치관이 혼란되고 전도된 상황도 작용해서, 천민적인 하향 평준화의 성격을 띠고 있었다. 어떤 지위에 있든, 어떤 계층이든 존경받지 못했다.

문제가 많은 평준화였지만 평준화는 모든 사람을 비슷한 위치에서 경쟁시켰기 때문에 대단히 역동적인 힘을 발휘했다. 전쟁 이후에는 인구가 빠른 속도로 증가하고 도시화가 급속히 진전되어 더욱 경쟁이 치열했다.

평준화 사회에서는 누구나 부와 지위를 기대할 수 있는데, 그런 지위와 부에 접근하는 가장 빠른 길이 교육이었다. 교육열은 일제강점기에도 높았지만, 전쟁이 끝나면서 한층 커졌고, 그래서 1954년에는 여건이 미비했지만 의무교육을 실시하기에 이르렀다.

해방은 교육 면에서도 혁명적 변화를 가져왔다. 무엇보다도 학교에서 우리말을 자유롭게 쓸 수 있었고, 일본말 대신 우리말로 교육을 받았으며, 한글로 된 교과서를 갖게 된 것 자체가 혁명이었다. 미군정 당국은 일본어 교과서를 폐지하고 한국어 교과서 만드는 일을 서둘렀다. 그것도 일본처럼 세로쓰기가 아니라 가로쓰기였다. 한자를 거의 사용하지 않고 한글로 된 가로쓰기 교과서가 나왔다는 것은 커다란 변화였다.

해방이 되면서 교육은 양적 팽창을 거듭했다. 국민(초등)학교 취학률은 1919년 3.9%, 1937년 30.8%, 1942년 54.5%에서 1948년 74.8%, 의무교육이 실시된 1954년에 82.5%, 1959년에 96.4%였다. 1950년대 후반에는 유럽 등 선진국 수

준과 비슷한 것을 볼 수 있다.

중학교 진학률은 1920년 0.5%, 1940년 4.2%에서 1952년 15.3%, 1958년 28.9%로 초등학교보다 더 큰 폭으로 증가했다. 가장 크게 증가한 것은 대학생이었다. 일제강점기에 대학은 경성제국대학 하나뿐이었고, 그것도 일본인이 대다수를 차지했다. 그런데 해방이 되자 대학이 급작스럽게 신설되어 1945년에는 4년제 대학생이 7,819명이었고, 1960년에는 9만 2,930명이나 되었다.

학교와 학생 수는 대폭 증가했지만 교육 여건은 아주 나빴다. 제일 부족한 것이 교사였다. 일제는 초등 교사로도 일본인을 많이 썼고, 중등 이상 교원은 대부분이 일본인이어서 해방이 되자 교육자 부족 현상이 심각하게 발생했다. 안호상 문교장관에 의해 '좌익계' 교사가 쫓겨남으로써 그런 현상을 더욱 부채질했다. 특히 중등학교 이상의 교사는 더욱 부족했다.

교육 자재도 부족했지만, 교실도 빈약했고 부족했다. 전쟁을 겪고 학생 수가 부쩍 늘어났으나 학교는 파손되었고 복구도 시간이 걸렸다. 1955년 12월에 한 신문은 서울 시내 85개교 2,637학급 가운데 교실이 정상적인 것은 1,409개이고, 유리창도 문짝도 없는 임시 천막교실도 975개나 된다고 보도했다. 사친회비를 내지 못해 학교에 가지 못하는 학생, 식량 기근으로 갈 수 없는 학생도 많았다.

문맹퇴치운동도 해방 직후부터 관은 관대로 민간인은 민간인대로 활발히 전개했다. 그래서 1930년대에 70%대였던 문맹률이, 자료에 따라 차이가 있지만, 1959년의 경우 순문맹 15.5%, 반(半)해득자 6.6% 등 22.1%로 낮아졌다.

이한빈은 1950년대에 한글세대의 대량 탄생은 거대한 인적 자본을 형성했고, 이것이 그 뒤에 예기치 못했던 구체적인 발전적 영향력을 미쳤다고 평가했는데, 비록 교육을 충실히 배우지는 못했더라도 1960~70년대의 노동집약적 산업이

전쟁 중의 천막교실
1953년 3월의 학교 풍경으로, 마룻바닥에 모포를 깔고 앉은뱅이책상 하나에 서너 명의 학생들이 둘러앉아 공부를 하고 있다. 전시수도 부산에서는 교실과 교재 등이 절대적으로 부족한 어려운 여건 속에서도 노천수업, 천막교실 등을 통해 수업을 계속했다. 폭발적인 교육열은 한글세대를 대량으로 탄생시켰으며, 이들은 1960, 70년대 '한강의 기적'이라는 경제 성장을 이룬 주역이 되었다.

나 1970~80년대의 중화학공장에서 일하는 데는 별 지장이 없었다. 빈곤에 시달렸던 이들은 또한 대단히 근면하고 성실해 장시간의 고된 노동도 다 감내해낼 수 있었다.

과도한 교육열은 서울 등 대도시에 일류 국민학교, 일류 중고등학교, 일류 대학이라는 것을 만들어내 학생들을 입시공부에 매달리게 했다. 일류 국민학교가 더욱 심했지만, 국민학교 한 학급당 학생 수가 70~80명이 보통이었고, 한 학급에 1백 명이 넘는 경우도 상당수 있었다. 많은 국민학교가 교실이 모자라 2부제, 3부제 수업을 했다.

일류 국민학교, 일류 중고등학교에는 치맛바람이 거셌다. 이들은 자모회(慈母會)나 계 등을 만들어 학교 일에 간섭했다. 일류 학교는 자모회 등쌀에 교장 인사발령도 힘들었다. 한 신문은 사모님 족속들의 치맛바람이 어찌나 거센지 '각하', '영감' 들도 맥을 못 춘다고 비꼬았다. 이들은 관청도 자주 드나들었다. 외국 유학은 특권층의 자녀나 꿈꾸었다.

학생들은 숱한 시위와 궐기대회에 동원되었다. 그뿐만 아니라 대통령이 아니더라도 높은 사람이 지방에 오면 연도에 늘어서서 환영을 해야 했다. 각급 학교에는 군사문화가 판을 쳤다. 학도호국단의 편제도 학도부장·대대장 등으로 되어 있었다. 제식훈련도 받았다. 시위도 군인처럼 대오를 갖추어 했다.

1950년대에는 미국식 민주주의와 함께 반공교육이 강조되었다. 학교에는 반공 웅변대회, 반공 포스터·표어 전시회, 반공 글짓기대회 등 반공행사가 자주 있었다. 국군장병한테 위문품과 위문편지 보내기도 연례행사처럼 치러졌다.

하지만 학교를 나와도 취업이 되지 않았다. 1958년 대학 졸업생 1만 5,899명 중 취업자는 3,836명으로 집계되었다. 여자나 군 입대자를 제외해도 약 반수가 실업자였다. 실업자는 1950~60년대에 통계마다 그것도 아주 심한 차이가 난다. 기준도 다르고 정확히 통계를 낼 수 있는 여건도 안 되어 있었다. '공치는' 날이 허다하여 먹는 날보다 굶는 날이 더 많았던 지게꾼과 달구지꾼도 자유노동자여서 실업자가 아니었다. 특권층이나 부유층이 아니더라도 서울에는 집집에 식모가 있었다. 시골 부모들이 한 입이라도 덜어보려고 도시로 보냈던 것이다. 완전 실업자 수보다 불완전 실업자, 잠재 실업자 수가 훨씬 더 중요한 사회문제로 부각되었다.

거리에는 신문팔이·구두닦이가 도처에 있었다. 실업자가 많다 보니 한 집 건너 다방이고 당구장이라는 우스개 얘기까지 나돌았다. 룸펜프롤레타리아가 곳곳에서 득실거렸다. 깡패가 많은 것도 실업자 홍수사태가 영향을 미친 것이 분명했다. 서울은 깡패들이 분할점령한 형국이었다. 동대문·명동 등 상가 지역을 분할해서 야시장조합 같은 것을 조직해 당당히 그 지역의 각종 업소로부터 세금 아닌 세금을 꼬박꼬박 받아갔다. 깡패는 미군정 시기 청년단의 테러와도 관련이 있었다. 대한노총이나 대한청년단에도 주먹들이 간부직을 차지한 경우가 많았지만, 자유당은 깡패와 작당한 정권이라는 말을 들을 정도로 깡패와 밀접한 관계가 있었다.

동대문상가의 '황제' 이정재는 자유당 감찰부차장이자 자유당 서울시당 감찰부장이라는 간부직에 있으면서 1954년에 이기붕이 자유당·서울시당 위원장이 되는 데 공로를 세웠다. 그는 경기도 이천에서 국회의원이 되기 위해 만반의 준비를 갖추었는데, 이기붕이 서울의 자기 지역구에서 낙선될까봐 이천 지구 헌납을 강요해 할 수 없이 내놓은 일도 있었다. 정치깡패들은 진보당과 민주당의 집회를 방해하고 무산시켰다. 반공청년단에는 임화수·유지광 등 쟁쟁한 깡패들이 있었다. 임화수는 1959년에 반공예술인단을 조직했고, 많은 유명 배우들을 수하에 거느렸다. 그는 이승만·이기붕 선거운동에 앞장섰다.

한편 농촌에서는 새해나 봄만 되면 춘궁민이 넘쳐흘렀고 절량농가가 급증했다. 1953년 1월 말 60만 호였던 절량농가는 5월 말에 110만 호로 증가할 것으로 정부는 추정했다. 110만 호라면 전체 농가의 50%에 해당됐다. 1956년 초봄에는 절량농가가 농가의 약 1할인 22만여 호로 보고되었다.

휴전 후 농촌을 떠나려는 사람들이 계속 늘었다. 제대한 청년들도 농고를 나온 학생들도 무작정 도시로 떠났다. 서울과 부산 등 대도시에는 판자촌이 산자락마다 언덕마다 다닥다닥 자리 잡았다. 이농현상으로 도시화가 촉진되었고, 그에 비례해서 달동네가 늘어났다.

일제 말, 해방 후 산의 나무들이 빠른 속도로 사라져갔다. 특히 빨치산 출몰 지역이나 산악지대는 국군의 작전으로 많은 산이 불살라졌다. 한국전쟁이 끝났을 때는 민둥산 아닌 곳이 없었다.

농민들은 빨갱이사냥을 무서워했으며, 밀주 단속과 산림채취 단속에도 떨었다. 이런 단속에는 걸리지 않을 사람이 드물었다. 그런데 1952, 53년경부터 연탄이 보급됨에 따라 서울 등 도시에서 차츰 나무장사들이 자취를 감추었다. 연탄이 보급되는 범위에 비례해 산은 조금씩 푸르러갔다. 연탄은 대통령의 엄포나 산림녹화운동보다 효력이 있었다.

04

1956년 8·5정부통령 선거에서 민주당은 "못살겠다 갈아보자!"라는 구호로 선풍적인 인기를 끌었다. 이에 놀란 자유당은 "갈아봤자 별수 없다", "구관이 명관이다" 등으로 대응했으나 백약이 무효였다. 진보당은 정책과 공약으로 어필했으며, 그 핵심은 통일정책이었다. 조봉암은 금기시된 평화통일을 계속 강조했다. 피 흘리는 것은 민족의 자멸을 의미할 뿐이므로 평화적으로 통일되어야 한다고 말해 북진통일의 문제점을 정면으로 비판했다. 뒤에 조봉암은 이 선거는 투표에 이기고 개표에 진 선거라고 표현했다. 여러 증언에 따르면 개표가 공정했을 경우 이 선거는 이승만

1956년 5·15정부통령 선거

과 조봉암 중 누구 표가 더 많은지 알 수 없는 선거였다고 한다. 부통령에는 장면이 당선됨으로써 자유당은 초상집이었다. 이후 자유당은 내각책임제 개헌을 통해 장면을 부통령 직위에서 끌어내리려 했다. 1958년 1월 12일 조봉암·진보당사건이 터졌다. 조봉암은 뛰어난 현실정치가였으나 민족을 냉전보다 위에 놓고 냉전을 타넘고 가려고 했기 때문에 역풍의 정치가라는 말을 들었다. 그는 1959년 7월 31일 4월혁명을 8, 9개월 앞둔 시점에 전격적으로 처형되었다. 1958년 12월 24일에는 국가보안법 개정안과 지방자치법 개정안이 통과되었다. 두 법의 개정은 1960년 치러질 정부통령 선거 대비책이었다.

새 야당 탄생
―민주당과 진보당추진위

역사는 집권자 의도와는 다른 결과를 가져올 때가 종종 있다. 사사오입개헌은 이승만한테는 뜻밖에도 새로운 야당을 출현시켰고, 강제 추방당한 조봉암을 다시 정계의 중심으로 끌어냈다.

1954년 11월 사사오입으로 개헌안이 통과되었다고 억지 주장한 지 2, 3일이 안 되어 반이승만 의원들은 호헌동지회를 구성해 단일 신당을 결성하기로 합의했다. 사사오입으로 영구집권의 길을 튼 이승만 독재를 막기 위해서는 그 방법밖에 없어서였다. 호헌동지회는 61명의 의원으로 출범해 장택상·조병옥·정일형·소선규·곽상훈·유진산·윤병호 등 7명의 의원으로 신당촉진위원회를 구성했다. 12월 9일 자유당에서도 김영삼 등 12명의 의원이 탈당해 활기를 불어넣었다.

그러나 범야신당 추진을 방관할 리 없었다. 12월 18일 신익희·곽상훈·소선규·정일형·김상돈 의원의 집에 북의 불온문서가 투입되었다. 신고를 하지 않으면 올가미를 씌우려는 국회 불온문서 투입 사건 또는 올가미문서 사건은 이렇게 해서 시작되었다.

내무장관은 정부가 한 일이 아니라고 주장했다. 1955년 1월 손원일 국방장관은 국회에서 헌병 총사령부 김진호 중령 등이 투입했음을 밝히고 군법회의에 회부하겠다고 답변했다. 국회는 유진산 의원 등으로 조사단을 구성해 헌병 총사령관 원용덕 중장에게 사건의 진상을 묻자 그는 자신이 지시했다고 말했다. 더 나아가 원 중장은 자신과 같은 특수군인은 정치에 간여할 수 있다고 말해 세인을 놀라게 했다. 손 국방장관은 조사단의 원용덕 처벌 요구에 범인은 법에 의해 마땅히 처리하고 자신도 도의적 책임을 지겠다고 답변했다.

장군의 처벌은 대통령의 재가가 있어야 했다. 그런데 이 대통령은 헌병 총사령부는 의원들의 태도를 알기 위해 불온문서를 투입하는 일이 그 직책이므로 김진호 등 구속된 사람까지 석방해야 한다는 담화를 발표했다. 이승만이 국군조직법령에도 없는 것을 자의로 만든 헌병 총사령부는 올가미문서 사건 같은 일을 일으키는 것이 당연하다는 경악할 만한 논리였다. 1955년 9월 『대구매일신문』 테러 사건에 경북도경 경찰 간부는 "백주의 테러는 테러가 아니다"라는 명언을 남겼거니와, 자신이 어떤 성격의 인간인가를 스스로 말해준 이승만다운 명언이었다.

범야신당의 결성 움직임은 순조로웠다. 1954년 12월 24일 호헌동지회에서 발표한 신당 발기취지서에서는 집결된 민주세력으로 자유인권을 신장하고, 대의정치와 책임정치의 제도를 확립하고, 사회정의에 입각한 수탈 없는 국민경제체제를 발전시키겠다고 다짐했다. 신당촉진위원회는 11명을 보강해 18인위원회가 되었다. 18인위원회는 신당은 문호개방 원칙을 세워 조봉암·이범석을 포함해 누구든지 발기취지서를 수용하면 받아들이기로 합의했다. 1955년 1월 초 이범석·족청계는 신당에 참여하지 않겠다는 의사를 밝혔다.

잘 돼가는 듯이 보였던 신당 추진은 1955년 1월 중순부터 삐걱거렸다. 극우세력이 잇달아 문제를 제기했다. 민국당은 집단 입당을 주장했다. 또한 보수파들은 제헌헌법의 경제 조항과 비슷하고, 호헌동지회 총회를 통과한 '수탈 없는 경제체제'가 사회주의이며, 사회주의는 공산주의 사촌이라는 논리를 폈다. 겨냥하고 있는 표적은 뻔했다. 조봉암의 영입을 막기 위해서였다. 신당발기준비위원 문제가 거론될 때 보수파는 갑자기 조봉암이 지금도 공산주의자라는 주장을 폈다가 좌익 전향자를 제외하자는 주장으로 바꾸었다.

범야신당은 조봉암 영입을 둘러싸고 찬성하는 서상일·신도성·장택상 등의 민주대동파와 반대하는 민국당의 조병옥·김준연, 그리고 장면 등의 자유민주파로 갈라졌다. 관망하던 신익희는 자유민주파로 돌아섰다. 조병옥 등이 조봉암 영입을 반대한 데에는 한민당 때부터 있어온 양자의 반목과 갈등이 작용했다. 당 주도권 문제도 있었다. 조봉암은 2대 국회부의장으로 탁월한 지도력을 과시한 바 있었다. 1956년에 있을 정부통령 후보 문제도 직접적인 요인이었다. 신익희·장면·조병옥 모두 다 후보로 나갈 생각이 있었다.

조봉암 참여 문제는 김성수의 권유로 해결될 전망이 생겼다. 병석의 김성수가 사거한 며칠 후인 1955년 2월 22일 조봉암은 김성수의 권유대로 성명서를 냈다. 그는 이 성명서에서 8·15해방 이후 공산당과 절연하고 대한민국에 모든 심력을 바쳤고, 대(對)공산투쟁에 여생을 바칠 것이라고 피력했다. 그리고 "관권을 바탕으로 한 독점자본주의적 부패분자의 독재도 어디까지나 반대한다"라고 천명했다. 그러면서 범야신당에 지팡이를 짚고서라도 따라가겠다고 약속했다.

김성수의 국민장이 끝나자 보수파들은 다시금 조봉암의 참여를 반대했다. 우여곡절 끝에 4월 1일 열린 호헌동지회 총회는 61명 중 민주대동파가 다수 결석하여 42명이 참석한 가운데 25 대 17로 조봉암 참여를 받아들이지 않기로 했다.

7월 17일 신당발기준비위원회는 자유인권 신장, 책임정치 구현, 민주우방과의 협조·제휴와 함께 "자유경쟁 원칙하에 생산을 증강하고 사회정의에 입각한 수탈 없는 국민경제체제를 발전"시키겠다고 약속했다. '자유경쟁 원칙하에 생산을 증강한다'는 것과 '사회정의에 입각한 수탈 없는 경제체제'는 양립하기 어려운 정책이었다. 신당은 1955년 9월 19일 창당되었다. 당명은 민주당이었다. 민주당 정강은 발기준비위원회의 주장과 비슷한데, 경제 조항의 경우 '수탈'이 빠지고 '공정한 분배'라는 말이 들어갔으나 앞뒤가 모순되기는 마찬가지였다.

민주당은 한민당-민국당계와 원내자유당계·흥사단계·조선민주당계 등으로 구성되었다. 전자는 구파로, 후자는 신파로 불렸다. 민주당 중앙당부는 집단지도체제였다. 대표최고위원은 신익희, 최고위원은 조병옥

·장면·곽상훈·백남훈, 중앙상무위원회 의장은 성원경이 선임되었다. 당원은 정规당원과 일종의 비밀당원인 특별당원이 있었다. 특별당원제는 관공리나 군인과 같이 신분 노출이 곤란한 사람들을 위해 마련되었다.

민주당은 20세기 말의 김영삼 대통령(구파)과 김대중 대통령(신파)으로까지 이어지는 야당의 출범이라는 점에서 중요하다. 당 간부들의 기본 성향은 박정희·민주공화당 정권 시기의 야당 시절까지 포함해 대다수가 극우 성향을 가졌고 냉전의식이 강하다는 점에서는 여당과 별 차이가 없었다. 그렇지만 혁신세력의 활동이 제약받는 상황에서 도시민들의 대통령·여당에 대한 강한 불만이나 비판의식, 그것에 동조적인 언론을 의식해야 했기 때문에 반독재투쟁을 벌였고, 민주주의와 인권, 그리고 서민이나 중소기업을 위한 경제에 관심을 보였다는 점에서 진취적인 활동을 할 때가 많았다.

범야신당이 보수세력 중심으로 민주당을 창당한 것은 전쟁 이후 최초로 혁신세력을 결집시키는 계기가 되었다. 1955년 9월 1일 경기도 광릉에는 원로로 조봉암·서상일·장건상 등, 소장세력으로 윤길중·신도성 등 모두 30여 명이 회합했다. 혁신계는 그 뒤에도 여러 번 모임을 가졌다. 노선 문제를 어떻게 할 것인가가 쟁점이 되었다. 장건상은 선이념통일후창당을 주장했고, 조봉암은 선창당후이념통일을 내세웠다. 조봉암은 현 단계에서는 사상과 이념을 논하지 말고 제3당을 만든 뒤 진보주의자들을 한 가마 속에 털어넣고 쇠는 쇠대로 금은 금대로 가려내야 한다는 현실론을 폈다.

진보적 신당 추진은 11월경부터 표면화되었다. 12월 22일 진보당 발기취지문과 강령 초안이 발표되었다. 발기인은 조봉암·서상일·이동화·박기출 등 12명이었다. 진보당(가칭)은 발기취지문에서 "진정한 혁신은 오로지 피해를 받고 있는 대중 자신의 자각과 단결 위에서만 실현될 수 있다"라고 주장했다. 피해대중의 자각과 단결을 강조했던바, 피해대중은 이승만 정권의 극우반공체제에서 억압받는 서민 대중을 가리킨다고 볼 수 있다.

강령 1항에는 공산독재는 물론 자본가와 부패분자의 독재도 배격한다는 내용이 담겨 있는데, 이는 조봉암의 정치 신조였다. 2항에서는 생산분배의 합리적 통제로 민족자본을 육성할 것을 다짐했다. 그리고 3항에서 "민주우방과 제휴하여 민주세력이 결정적 승리를 얻을 수 있는 조국통일의 실현"을 통일방안으로 제시했다. 조봉암은 평화통일을 하겠다고 주장하지는 못했다. 그해 여름 발기인 중 한 사람인 이동화가 서울대 강당에서 미소 관계를 설명하면서 동서 양진영의 평화공존이 불가피하다는 강연을 하다가 잡혀들어가 심한 고문을 당하고 선고유예로 풀려나왔기 때문에, 아직은 '평화'라는 말을 쓸 수 없다고 판단한 때문이었다.

진보당(가칭)은 정부통령 선거에 들어갈 때까지 창당하지 못했다. 박해를 당하지 않을까 하는 두려움 등으로 발당이 계속 지지부진했다. 1956년 3월 8일 추진준비위원 208명의 명단을 발표했을 때도 명망가는 적지 않았지만 정작 원내의원은 신도성 한 사람뿐이었다.

"못살겠다 갈아보자!"

1954년 5·20총선이 그래도 전시체제의 분위기가 남아 있는 상황에서 치러졌다면, 1956년 정부통령 선거는 전쟁이 끝난 지 3년이 되어 전쟁은 지난 일처럼 느껴지는 상태에서 치러졌다. 그러나 서민들은 마음을 열지 않았고 신중히 입단속을 했다. 그럼에도 불구하고 유권자 가슴에는 폭풍 같은 선거 바람이 불고 있다는 것을 이승만과 자유당은 느끼고 있었다.

1952년 8·5정부통령 선거처럼 이승만은 반칙으로 선거를 시작했다. 1956년 3월 5일 자유당이 대통령 후보에 이승만, 부통령 후보에 이기붕을 추대하자 이승만은 "출마 않기로 작정했다"라는 유시를 내렸다.

민의발동은 1952년에 민의가 범람했던 부산에서 시작되었다. 3월 6일 국민회·노총·부인회 등이 궐기대회를 갖고 민의를 전하기 위해 서울로 떠났다. 이승만은 10일 외신기자들에게 "(국민이) 자살을 원한다면 자살이라도 하겠다"라고 말해 민의 수용의사를 표명했다. 그러자 다음 날부터 민의가 전국 각지에서 발동되었다. 비구승도 나섰고, 선거권이 없는 중고등학생들이 수업시간에 비를 맞으며 시위했다. 영화인·무대예술인·댄서도 가만있지 않았다. 아부는 역시 노총이 제일이었다. 우마차牛馬車 조합에서 우마차 8백 대를 동원하여 소와 말까지 출마를 원한다는 우의마의牛意馬意를 이승만한테 알렸다. 우의마의 소동으로 서울 거리는 똥바다가 되었다.

3월 12일 이승만은 민의는 글로 써서 해도 된다고 타일렀고, 20일에는 공보실을 통해 그런 의사를 다시 전달했다. 21일 내무부 지시로 5백만 명에 달하던 시위는 자취를 감추고 연판장운동이 벌어졌다. 23일 이승만은 3백만 명 이상이 날인한 탄원서와 혈서가 들어와 할 수 없이 민의에 양보하기로 했다는 담화를 발표했다. 그는 이 담화에서 대통령 후보 한 사람의 선거비용으로 백만 환 이상 쓰지 못하도록 법률을 만들어야 한다고 피력해 선거자금에서도 더티플레이를 할 것임을 명백히 했다.

3월 28일 정부는 선거 일자를 5월 15일로 공고했다. 이날 이승만은 이기붕이 부통령 후보로 적격이라고 말했다. 다음 날 서울운동장에서는 이승만의 81회 탄생 경축식이 정부 및 서울시 주최로 열렸다.(이승만의 생일은 3월 26일이었다.) 남녀 고교생 수만 명이 참가했고, 여고생들은 '대통령 찬가'를 부르며 매스게임을 했다. 지방에서도 성대한 경축식을 가졌다. 3월 29일의 이 행사는 선거운동의 일환이었다.

3월 29일 민주당은 정부통령 후보지명 전국대회를 갖고 대통령 후보에 신익희, 부통령 후보에 장면을 지명했다. 조병옥은 포기하지 않을 수 없었다. 31일 진보당전국추진위원대표자회의에서는 대통령 후보에 조봉암, 부통령 후보에 서상일을 지명했으나 서상일이 고사해 박기출로 바뀌었다. 서상일은 선거대책위원장이 되었다. 당국은 이 회의에 참석한 대표들에게 협박·공갈·회유를 했다. 대회장에는 폭력단이 난입해 테러를 자행했다.

신익희와 조봉암은 선거운동에 돌입하기 전에 협상부터 해야 했다. 단일후보가 나와야 이승만을 이길 수 있다는 여론의 압력 때문이었다. 진보당은 4월 3일 두 당이 후보지명을 백지화하고 새로 연합후보를 내야 한다고 주장했다. 그렇지만 민주당은 진보당추진위 측이 양보해야 한다고 생각했기 때문에 응하지 않았다.

4월 7일 정부통령 후보 등록이 마감되었다. 대통령 후보에는 이승만·신익희·조봉암이, 부통령 후보에는 이기붕·장면·박기출·윤치영·이윤영·이범석·백성욱·이종태가 등록을 했다.

4월 9일 진보당추진위 측은 수탈 없는 경제체제, 평화적 방법에 의한 남북통일 등을 후보단일화 조건으로 제시했다. 드디어 평화통일이라는 말이 등장했는데, 3월 31일 진보당추진대표자회의에서 비로소 얼굴을 내민 것이었다. 민주당은 진보당 측 제안을 받아들이지 않았다. 협상이 깨질 것 같자 김창숙 등 원로들이 나섰다. 4월 25일 조봉암과 신익희는 비밀회동을 가졌다. 그 자리에서 조 후보는 대통령 후보 양보의 뜻을 밝히고 부통령 후보는 중요하지 않으니 양보해달라는 의사를 전했다. 물론 민주당 측은 부통령 후보도 양보할 의사가 전혀 없었다.

야당 단일화협상은 5월로 이어졌는데, 조봉암·서상일 등은 종반전에 들어갈 때 정부통령 후보를 양보하는 것에 합의했다. 정부통령 선거야말로 조봉암이 진보당추진위의 정치이념과 정책을 선전할 절호의 기회였다. 초반전 사퇴는 이런 좋은 기회를 버리는 것이나 다름없었다. 더구나 조봉암은 민주당의 성향으로 볼 때 자유당과 별로 다른 것이 없고, 어떤 면에서는 더 나쁘다고 생각하고 있었다.

조봉암이 일찍 사퇴하지 않은 것은 다른 이유도 있었다. 그는 자신이 1954년 국회의원 선거에서 입후보조차 할 수 없었음에도 불구하고 정부통령 선거에서 후보가 될 수 있었던 것은 이승만이 야당표 분산을 계산하고 있었기 때문이라는 것을 잘 알고 있었다. 따라서 일찍 단일화가 이루어지면 야당 대통령 후보의 신변이 위태로울 것이라고 판단했다.

자유당이나 민주당은 이렇다 할 정책을 제시하지 못했다. 그 점에서 조봉암 후보는 주목할 만했다. 그가 제시한 평화통일, 피해대중을 위한 정치, 계획경제는 분명히 기존 정치세력의 주장과 차이가 있었다.

자유당은 ① 반공통일, ② 민주창달, ③ 자립경제를 '정책 3강'으로 제시했다. 2항은 유권자한테 우스갯소리로밖에는 안 들렸고, 3항도 그저 그랬다. 1항이 북진통일이 아니라 반공통일로 되어 있는 것은 자유당이 나름대로 민심을 읽었기 때문일 것이다. 자유당은 이승만의 위대함, 건국정신, 건국공로, 치적 등을 부각시키는 데 주력했다.

이승만은 후보로서 단 한 번도 공식적인 정견 발표를 하지 않았다. 유권자를 바보 취급하고 스스로를 위대하다고 생각한 망자존대妄自尊大 의식의 소치였다. 그렇다고 이승만 후보가 아예 정견이 없었던 것은 아니다. 그는 기회가 있을 때마다 신익희와 조봉암을 흑백논리로 매도했다.

5월 3일 이승만은 유세를 하지 않겠다고 밝히고는 논산훈련소와 논산·대전 등 7개 역 플랫폼에서 유세를 벌였다. 그는 역 구내에 가득 모인 군중 앞에서 "일본과 화동하여 국가의 독립과 자유를 발전케 하겠다든가 또는 공산당과 싸우지 않고 평화적으로 통일을 하겠다든가 하는 것은 다시 국권을 일본에게 빼앗겨도 좋다는 것이고, 또 소련을 조국이라고 하는 유의 언동이다"라고 역설했다. 같은 날 수십만 인파가 모인 한강백사장에서 신익희 후보가 기염을 토하자, 이승만은 그날로 바로 역전 유세보다 훨씬 강도를 높여 두 후보를 공격했다. 심지어는 "이들이 정권을 잡게 되면 이것은 반역분자들이 나라를 팔아먹는 것뿐이 아니라 민중이 나라를 팔아먹는 것"이라고 말했다. 그의 정신 상태가 어떠한가를 보여주는 한 단면이다.

민주당이 가장 중시한 정책은 내각책임제 구현이었다. 중소상공업의 보호육성과 중농정책, 정병주의精兵主義를 내세운 것도, 농민회·국민회·학도호국단 등 여러 단체를 관권의 지배에서 해방시키고, 관료경제·인허가제 등을 최대한 타파하겠다는 공약도 야당다운 주장이었다.

민주당은 정책으로 유권자들에게 인기를 끌었다고 보기 어렵다. 그런데 민주당이 내건 "못살겠다 갈아보자!"라는 구호는 선풍적으로 유권자들에게 파고들었다. 정말 족집게처럼 유권자의 마음에 호소한 것이었다. 폭발적인 위력에 놀란 자유당은 "갈아봤자 별수 없다", "갈아봤자 더 못 산다", "구관이 명관이다" 등으로 대응했으나 백약이 무효였다. 이승만에 대한 민심은 돌이키기 어려웠다.

진보당도 "갈지 못하면 살 수 없다", "이것저것 다 보았다. 혁신밖에 살 길 없다"라는 구호를 내걸었으나, 그보다는 정책과 공약이 어필했다. 후보를 등록할 때 진보당은 "피압박 민중의 이익을 옹호하고 진보세력의 전위"라는 점을 내세웠지만, 역시 진보당의 핵심은 통일정책이었다.

선거운동이 시작되자 조봉암은 금기시된 평화통일을 계속 강조했다. 4월 중순에는 피 흘리는 것은 민족의 자멸을 의미할 뿐이므로 어디까지나 평화적으로 통일되어야 한다고 말해 북진통일의 문제점을 정면으로 비판했다.

5월 1일 나온 '공약 10장'은 첫 번째로 "남북한에 걸쳐 조국의 통일을

선거구호 전쟁

1956년 5·15정부통령 선거에서는 선거구호 전쟁이 일어났다. 민주당에서 "못살겠다 갈아보자"라는 구호로 유권자들의 마음을 사로잡고 선풍적인 반응을 불러일으키자 자유당은 "갈아봤자 더 못산다", "구관이 명관이다" 등의 구호로 맞섰다. 진보당은 "이것저것 다 보았다. 혁신밖에 살 길 없다"라는 구호를 내걸었으나 구호보다는 정책과 공약으로 어필했다. 사진은 민주당 정부통령 후보 홍보물(위)과 이승만 후보 지지 홍보물(아래)이다.

저지하고 동족상잔의 유혈극의 재발을 꾀하는 극좌극우의 불순세력을 억제하고 진보세력이 주도권을 장악"하여 유엔 보장하의 평화통일을 성취하겠다고 천명했다. 단정극우세력에 대한 선전포고였다. '공약 10장' 두 번째는 집단안전보장체제로 안보 문제를 해결하고 국방비를 절감하겠다는 것이었다. 1971년 김대중 대통령 후보를 연상시키는 공약이었다. 친일파 문제를 들고 나올 수 있는 것도 진보당뿐이었다. 세 번째 공약에서 모든 선량한 사람이 안심하고 살 수 있고 양심과 사상의 자유를 누릴 수 있는 세상을 약속한 것도 극우반공체제에 대한 도전이었다.

당시 영국이나 독일 등의 사회민주주의자들은 국유화의 장점을 강조했는데, 진보당 역시 대규모 산업시설을 계속 국유화하고 귀속재산 불하를 중지하겠다고 하여 미국의 '권고'에 어긋나는 정책을 내놓았다. 그와 함께 생산의 급속 발전과 경제 자립을 위해 관민경제계획위원회를 설치해 종합적인 경제계획을 수립하겠다고 공약했다. 노동자와 관련해서는 경영 참가와 이익 균점을 약속했다.

투표에 이기고 개표에 지고

조직 면에서 자유당은 훨씬 유리했다. 자유당은 노총·국민회·부인회 등 애국단체연합회에 속한 수많은 외곽단체도 가동시켰다. 민주당은 전국 군의 3분의 2 정도에 군 당부가 조직되었다. 그러나 진보당은 발당도

하지 못했다.

정치자금은 차관 등이 대량 유입된 1960년대 후반부터 풍부해졌다. 그 이전에는 빼먹을 수 있는 것이 뻔했다. 하지만 그렇다고 해도 여당은 자금이 풍부했다고 봐야 한다. 자유당은 약 2억 환 정도를 쓴 것으로 주장하지만, 실제는 그보다 훨씬 더 많았을 것이다. 이승만은 1956년 3월 23일 대통령 후보 한 사람이 백만 환 이상 쓰지 못하도록 해야 한다고 주장하더니만, 정부는 정치자금으로의 횡류를 막는다는 구실 아래 '4·15라인'(4월 15일을 가리킴)이라는 것을 설정해 그날부터 5월 15일까지 은행 대출을 중단한다는 조치를 내렸다. 한 신문은 "왜 은행 문까지 닫는가?"라는 사설을 썼는데, 비열하기 짝이 없는 선거 전략이었다.

세 정당의 선거운동 능력은 선전물 제작에서 엿볼 수 있다. 중반에 자유당은 벽보로 24만 매, 선전문 및 전단 420만 매를 제작했다. 또 연극반과 영화반의 지방순회공연이 있었고, 초상화와 현수막도 막대했다. 방송국이 편을 든 것은 물론이다. 민주당은 포스터 10만 매에 전단 10만 매, 당면정책 1백만 매(이 중 20만 매 배포)를 제작했다. 진보당은 포스터 5만 매, 정견 발표회 삐라 4만 매, 이력서 등 5만 매를 제작했다. 한 신문은 벽보전으로 볼 때 자유당은 비행기, 민주당은 버스, 진보당은 지게일지 모른다고 썼다.

조직과 자금 면에서 자유당은 압도적으로 강했지만, 대도시에서의 반자유당 감정은 자유당을 불안하게 했다. 4월 16일 서울에서 3당 합동정견회가 열렸는데, 민주·진보 두 당의 연설자는 만당의 박수를 받았지만, 자유당의 경우 연설을 하자 "우!" 소리가 터져 말문을 막아 간신히 끝내야 했다.

　진보당은 조봉암 후보 한 사람의 인기에 매달렸다. 어디에서나 그의 연설장에는 사람들이 몰려들었다. 초반전이었던 4월 14일 서울에서의 정견 발표회에는 청중들이 많이 모여들어 소동을 일으키기까지 했다.

　대도시에서 민주당이 인기가 좋았던 데에는 『동아일보』, 『경향신문』, 『조선일보』, 『한국일보』 등 4대 '야당지'의 반이승만·자유당, 친민주당 논조가 한몫했다. 서울에서 민주당의 인기는 대단했다. 5월 3일 한강백사장 유세장에는 강 건너편인 흑석동 일대까지 시민들이 운집해 신익희의 연설을 들었다. 신문은 운집한 대중을 20만 명 또는 30만 명 등으로 보도했다.

　김구 장례식 이후 최대의 인파가 모인 한강백사장 유세의 여세를 몰아 신익희 후보는 호남으로 달려갔다. 그런데 5월 5일 새벽 호남선 열차 안에서 급서하고 말았다. 그래서 사람들은 이승만이 천운을 타고났는가 보다라고 말하기도 했다.

　신익희의 운구가 서울역에서 효자동 자택에 이르는데 운집한 군중들은 "사인을 규명하라!"라고 고함쳤다. 그리고 이내 "못살겠다 갈아보자! 독재정권 타도하라!"로 돌변했으며, 그의 유해를 경무대로 끌고 가려고 하면서 경찰과 충돌했다. 경찰의 발포로 10여 명의 사상자가 났고 7백여 명이 피검되었다. 1950년대에 거의 볼 수 없었던 반정부 시위였던바, 이 대통령은 이를 '반역적 행동'이라고 비난했다.

　공교롭게도 조봉암 후보가 사퇴하려던 시점에서 신익희 후보가 돌연히 사거해 야당 대통령 후보는 자동적으로 단일화된 것 같았다. 그러나 여론의 시선에 아랑곳하지 않고 민주당은 사거 다음 날 어느 편도 지지할 수 없다는 성명을 냈다. 민주당 최고위원들은 "야당연합은 이것으로 끝난 것"이라고 밝혔다.

5월 9일 진보당은 박기출 부통령 후보의 사퇴를 발표했다. 민주당은 냉담한 반응을 보였지만, 그것은 장면 후보의 부통령 당선에 결정적으로 기여했다. 같은 날 김준연은 이승만 후보 지지 의사를 표명했다. 극우들은 조봉암을 두려워하고 있었다. 5월 10일 민주당 선거대책위원회는 유권자들이 신익희 후보를 추모하는 추모표를 던질 것을 바라는 성명을 발표했다. 무효 처리가 뻔한데, 야당 성향의 표가 조봉암한테 쏠릴 것을 막기 위해 전무후무한 선거전을 편 것이다. 물론 자유당은 묵인했다. 이날 장면은 부통령 직위는 대통령 보필만이 아니므로 부통령 후보만이 선거전에 임하는 것도 모순이 아니라고 발표했다.

진보당은 5월 6일경부터 방해 때문에 선거운동을 거의 할 수 없었다. 테러를 당하고 유인물을 빼앗기고 경찰서로 연행되었다. 위기를 감지한 조봉암은 11일경부터 잠적해 일체 소재가 밝혀지지 않다가 17일 선거 결과가 확정될 무렵에야 진보당 사무실에 나타났다.

1956년 5·15정부통령 후보는 투개표에 말이 많았다. 진보당은 참관인이 거의 없었는데, 민주당은 참관인으로 등록이 되어 있어도 투개표소에 들어가지 못한 경우가 적지 않았다. 경찰이 투표장, 운반차, 개표장에 우글거렸다. 투표함 봉쇄와 개표시 봉인 확인은 선거위원들만이 했다. 투표장 내에서 여당 후보에게 찍으라고 윽박지르기도 했고, 무더기 투표도 여러 곳에서 발견되었다.

경향신문사 속보판에 모여든 시민들

5·15정부통령 선거 결과를 알아보기 위해 모여든 시민들이 경향신문사 속보판을 주시하고 있다. 당시 선거 바람을 몰고 온 민주당 신익희 후보의 갑작스러운 사망으로 이 선거는 이승만의 승리로 끝이 났다. 그러나 심각한 선거부정 속에서도 대통령 후보 조봉암은 216만여 표를 얻었고, 부통령에는 자유당의 2인자인 이기붕을 누르고 민주당의 장면이 당선됨으로써 자유당은 초상집 분위기였다.

심각한 부정은 개표장에서 있었다. 여야 후보자 개표 결과가 정반대로 나오기도 했다. 강원도 화천의 경우 이승만 표가 4만 6,090표였는데, 이기붕 표가 6만 275표(장면은 6,324표)나 되어 5만 8,675표로 '정정' 되기도 했다. 강원·제주·충북에서는 여당표가 압도적인 것으로 발표되었는데, 조봉암 표가 1백 표도 안 되는 군도 있어 대단히 비정상적이었다.

개표에서의 큰 소동은 대구에서 일어났다. 전국적으로 장면과 이기붕 표차가 아주 근소했는데, 대구에서 이기붕 표가 적게 나오자 혼란이 일어나 개표 발표가 19일까지 지연된 것이다. 결국 장면이 부통령에 피선된 것으로 생각한다는 이승만의 담화가 나옴으로써 일단락되었다.

이승만 자신이 투개표 부정을 잘 알고 있었다는 것은 박병배·김종원 등에 대한 논공행상을 보더라도 분명하다. 이승만 표가 90%, 이기붕 표가 80%를 넘은 강원도의 경찰국장 박병배, 그리고 전남 경찰국장 김종원은 좋은 자리로 발탁되었다. 강원도는 이때부터 '강원도 감자바우(바위)' 라는 말을 들었다.

대통령 선거의 경우 유효표가 721만여 표, 대부분이 신익희 추모표인 무효표가 185만여 표였다. 유효표 중 이승만이 504만여 표, 조봉암이 216만여 표인데, 이승만의 득표는 전체 투표자 수 906만여 표의 55%밖에 안 되었다. 더욱이 투개표 부정이 적은 서울의 경우 60만여 투표자 가운데 무효표가 28만여 표, 이승만 득표가 20만여 표로, 신익희 추모표가 이승만 표보다 훨씬 많았다.(조봉암은 11만여 표였다.) 이승만은 서울 투표자의 3분의 1밖에 지지를 못 얻은 것이다. 국부니 민족의 태양이니 하면서 떠받들어져온 유아독존의 이승만이 이 선거로 얼마나 치명적인 심리적 타격을 입었을까 충분히 상상되는 투개표였다.

자유당은 초상집이었다. 장면 401만여 표, 이기붕 380만여 표로 장면이 부통령이 된 것이다. 그런데 대통령 궐위시 즉시 후임자를 선출한다고 되어 있던 것을 사사오입개헌에서 "대통령이 궐위된 때에는 부통령이 대통령이 되고 잔임 기간 중 재임한다"로 개정한 바 있었다.(헌법 제55조 2항) 이는 이승만이나 자유당이나 다른 당 후보자가 부통령이 될 것이라고는 꿈에도 생각하지 못했기 때문이다. 늦가을 날씨와 노인네는 언제 어떻게 될지 알 수 없다고 했는데, 이승만은 당시 81세여서 언제 죽을지 알 수 없는 일이었다. 권력의 맛에 빠져 있던 자유당 간부들한테는 청천벽력 같은 일이었다. 한 신문은 자유당 간부가 개표 결과에 대해 "이게 말이 돼, 글쎄 이럴 수가 있어"라고 말했다고 보도했다.

뒤에 조봉암은 이 선거는 투표에 이기고 개표에 진 선거라고 표현했다. 진보당은 참관인을 거의 내지 못했고 민주당 참관인은 진보당 표를 지켜주지 않았는데, 여러 증언에 따르면 개표가 공정했을 경우 이 선거는 이승만과 조봉암 중 누구 표가 더 많은지 알 수 없는 선거였다고 한다. 많은 경우 개표에서 이승만 표와 조봉암 표를 바꿔치기했다는 것이다. 구태여 강원도의 예를 들지 않더라도 조봉암 표가 많이 나온 경상도의 경우 이웃 군 사이의 득표가 너무 심하게 차이가 나기도 했는데, 이것이 개표 부정을 보여주는 하나의 반증이라는 분석이 있다.

법무장관으로 조봉암·진보당 사건에 관계했고, 3·15선거 직후 내무장관이 된 홍진기의 전기 『유민維民 홍진기 전기』에는 개표록開票錄을 볼 때, 일부에서는 개표 부정이 없었다면 조 후보가 비록 졌다고 해도 근소한 차이였을 것으로 생각한다고 쓰여 있다. 1960년 3·15부정선거를 지휘한 최인규 내무장관은 자신의 행위를 합리화하는 면이 있긴 해도 『옥중자서전』에서 강원도에서의 개표 부정을 예로 들면서 전국에서 조 후보가 우세했다고 주장했다.

  5·15정부통령 선거가 이승만·자유당한테 실질적으로 패배를 안겨준 데에는 여러 요인이 있다. 1956년은 전쟁이 끝난 지 여러 해가 되어 전시 상태와 같은 긴장을 계속 요구할 수 없었다. 그 때문에 주민집단학살, 부정, 비리 등에 대한 반감이 커질 수 있었다. 조봉암의 평화통일, 피해대중을 위한 정치가 먹혀들 수 있는 상황이었다. 교육의 확충과 도시화는 불만층을 확대시키는 데 기여했다. 10만 명 이상 도시 거주인구가 총인구의 18.3%에서 1960년에 28.3%로 증가했다. 여당지보다 여론 향배에 영향력이 컸던 야당지가 이승만 정권의 실정과 무능, 우민정책에 비판적인 것도 한몫했다.

상처 입은 대통령

  초상집처럼 된 자유당은 선거 실패의 원인으로 ① 자유당이 정부의 뒤치다꺼리만 하고, ② 공무원이 부패해 선거에서 면종복배面從腹背했고, ③ 행정기구가 복잡해 민원이 심했고, ④ 대통령이 국내 실정(특히 경제 실정)을 파악하지 못했고, ⑤ 국무위원의 무능과 비서정치의 폐단으로 민심이 이반했다는 것 등을 들고, 이 대통령에게 민심수습책을 '진언' 했다. 대담한 비판이었다. 5월 25일 자유당 의원 50명은 더 이상 거수기 노릇만 할 수는 없다는 비장한 심정에서 혁신정치 단행을 호소한다는 성명을 냈다.

그러나 5·15선거 결과에 대한 이승만의 판단과 대응은 전혀 달랐다. 그는 5월 21일 재빨리 내무장관에 이익흥을 발령해 주목을 받았다. 그때까지 친일 행위를 한 자들이 내무장관이 된 경우는 여럿 있었지만, 이익흥처럼 일제강점기에 경찰서장을 지낸 인물은 없었다. 이익흥은 자유당 정권 말기 이승만에 대한 아부·아첨의 대명사로, '사사오입' 못지않게 유행한 "각하! 시원하시겠습니다"의 주인공이기도 하다.

이승만은 26일에는 김종원을 경찰 총수인 치안국장에 임명해 또다시 세상을 놀라게 했다. 일본군 지원병 출신인 김종원은 여순사건 때 일본도를 휘둘러 수많은 사람을 죽였고, 보도연맹원 학살에도 관여한 것으로 알려진 인물이었다. 그는 거창 양민학살을 조사하기 위해 국회의원 조사단이 현지로 떠날 때 계엄사령부 민사부장으로 가짜 공비를 매복시켜 의원들을 되돌아가게 한 것이 탄로나면서 더 '유명'해졌다. 그는 고등군법회의에서 3년형을 선고받았으나 이승만의 특별 배려로 3개월 만에 사면되고 곧 복권되어 전북 경찰국장, 서남지구 전투사령관, 경남·경북·전남 경찰국장을 역임하며 부정선거로 화제가 된 인물이었다. 김종원을 치안국장에 발령한 이승만은 그에게 "김 대령, 자네를 내가 치안국장에 시켰네. 내무장관은 박병배를 추천했지만 내가 그렇게 한 것이야"라고 말했다. 그는 대통령이 왜 그렇게 말하는가 잘 알고 있었다.

1956년 5월 27일, 10개월 만에 가진 기자회견에서 이승만은 "이번 선거 결과로 친일하는 사람과 용공주의자들을 지지하는 사람이 많은 것 같다"라고 말해 유권자의 다수를 차지하는 신익희 지지자를 친일 행위자로, 조봉암 지지자를 용공주의자로 몰았다.

그는 또 인의 장막에 싸여 있어 민정을 잘 모른다는 말이 있다는 질문에 "그것은 반대파에서 선전 자료로 사용하던 이야기"라고 잘라 말했다. 그는 6월 3일에 발표한 담화에서 이번 선거에 실패한 것은 나부터도 충분히 후원치 않은 때문이고 다른 이유는 없다고 말했다. '충분한 후원'이란 얼마만큼의 부정선거를 의미하는 것일까?

신임 내무장관과 치안국장은 8월 8일 시·읍·면의회의원 선거와 8·13 서울특별시·도의회의원 선거에서 그 진가를 유감없이 발휘했다.

지방자치 선거일이 결정되자 야당계 입후보 예정자에 대한 검거 선풍이 불었다. 청소·문패·병역·야간통금 위반 등의 갖가지 경범죄로 구류 처벌을 받았다. 7월 1일부터 20일까지 경범죄로 검거된 인원이 3,558명으로 집계되었는데, 이 중 다수가 선거와 관계있는 것으로 추측된다.

등록 마감이 가까워지자 사복경찰이 출마 예상자 집을 방문해 조사했다. 각지에서 등록 서류를 강탈당하자 야당 측은 일부 지역에서 집단 등록이란 비상수단을 썼으나 그것도 수백 명의 괴한 앞에서는 실패했다. 부산시의회의원 후보로 등록한 민주당원은 겨우 세 명이었다.

사태가 이에 이르자 야당계 의원들은 7월 23일 '지방의회의원 및 시읍면장선거임시조치법안'을 만들었다. 입후보 절차를 취하지 못한 자에게 투표일 7일 전까지 등록 기회를 주자는 것이 골자였다. 그렇지만 자유당은 본회의 상정마저 봉쇄했다.

7월 26일 야당 각파 국민주권옹호투쟁위원회가 조직되었다. 다음 날 62명의 의원들은 "민권 없이 주권 없다" 등의 플래카드를 앞세우고 의사당을 나섰다. 사상 초유의 의원 데모였다. 김두한·이철승 의원 등 힘쓸 수 있는 사람을 앞세우고 3열 종대로 시위를 벌이자, 이익흥이 직접 의원들을 가리키며 "그놈 놓치지 마라, 놓치지 마라"라고 외치며 진두지휘했다. 그리고 치안국장에게 "김선태를 잡으라"라고 소리 질렀다. 의원과 경찰 사이에 난투극이 벌어졌다. 시민들은 경관들이 의원한테 폭행한다고 아우성이었다.

김종원은 속사포처럼 빠른 속도로 말하면서 자유당 정권을 공격하던 김선태 의원을 붙잡아 여러 차례 구타하고는 유치장에 집어넣었다. 7월 28일 국회는 김 의원 석방 결의안을 102 대 67로 가결했다. 그러나 내무장관은 김 의원의 용공 통비(通匪) 사실이 드러났다는 주장까지 펴며 석방을 거부했다. 김병로 대법원장은 국회가 결의했으면 석방시켜야 한다고 말했다. 8월 1일 김 의원이 석방되었다. 3일 이익흥 내무장관 불신임안은 가 86, 부 88로 부결되었다. 19명의 자유당 의원이 반란표를 던진 것으로 분석되었다.

8·8선거에 대해 8월 10일 한 신문은 사설에서 "생각될 수 있는 온갖 방법이 천하의 이목을 조금도 꺼려함이 없이 공공연히 대담하게 자행되었던 것"이라고 썼다. 대구시 칠성동의 한 어머니는 혼자서 4장을 찍었고, 둘째 아들은 7장을, 셋째 아들은 8장을 찍은 사실도 보도되었다.

8·13선거 결과는 예상대로였다. 충북과 제주도는 민주당 도의원이 한

명도 당선되지 않았고, 강원도는 1명 당선되었다. 야당세가 강한 경북과 경남은 각각 7명과 6명이었고(자유당은 각각 40명, 21명), 충남과 전남북 또한 이와 비슷했다. 그런데 경기도에서는 자유당이 14명인데 민주당은 22명이었다. 더욱 놀라운 현상은 서울에서 일어났다. 47명의 시의원 당선자 중 민주당이 40명을 차지했고, 자유당은 1명뿐이었다.

비교적 선거운동이 자유로운 서울에서 자유당이 참패할 것이라는 예상은 자유당원이 무소속으로 출마한 데에서도 짐작할 수 있었다. 자유당원이 무소속으로 나오자 무소속 출마자들은 자신들이 '순純무소속'이라고 주장하는 사태가 벌어졌다.

8·13선거에서는 이야기로만 떠돌던 투표함 바꿔치기가 사실이라는 것이 함평군과 정읍군에서 입증되었다. 정읍군의 박재표 순경은 투표함 이송 중 봉함지를 뜯어 투표용지를 다른 형사한테 넘기고 그 대신 다른 투표지가 든 보자기를 받아 투표함에 넣었다는 환표換票 사실을 동아일보사에 말해 허위사실 유포죄로 구속되어 10개월간 옥살이를 했다. 관련된 다른 경관은 조처를 하지 않았다. 김종원 치안국장은 함평 환표 사건을 폭로한 김의택 의원을 소환, 문초하겠다고 공언했다. 이 사건은 대법원 판결로 진실이 밝혀졌다.

『한국일보』는 4년 후를 예언하듯 8월 15일자 사설에서 "들어라! 국민의 절규를. 관권에 억눌리면 국민은 손발이 꼼짝도 못하는 것이며, 선거의 결과는 관권이 원하는 바에 의하여 제멋대로 좌우될 것이다. 그러나 기회가 있기만 하면 국민의 울분은 폭발하는 것"이라고 썼다.

두 차례의 지방의회 선거에서 자유당이 대승한 것을 보면서 8월 15일 이승만은 제3대 대통령에 취임했다. 이날 대통령은 남산에 세워진 그의 동상을 보면서도 흐뭇해했을 것이다. 남산에는 얼마 후 이승만의 호를 딴 우남정(지금의 팔각정)도 세워졌다. 그해 3월에는 81회 탄생 기념으로 파고다공원에 우람한 동상이 세워진 바 있었다.

한 해 전인 1955년 6월 15일 프란체스카 생일을 맞아서는 남한산성에 이승만 송수탑領壽塔이 세워졌다. 1955년 9월에는 이 대통령이 서울 이름을 바꾸라고 지시해 '우남'이 유력시되었으나, 잇단 선거로 미루어졌다가 서울시의원회가 민주당의 독무대가 됨으로써 유야무야되었다. 회관도 크게 지어 우남회관이라고 부르려 했지만 시의원의 반대로 그렇게 되지 못했고, 나중에 시민회관으로 불렸다.(지금의 세종문화회관)

1956년 8월 15일은 제4대 부통령 취임식이 있던 날이기도 했다. 그러나 장면 부통령은 취임사를 하지 못했다. 그뿐 아니라 이승만 대통령은 식전에 모인 사람들한테 3부 요인을 비롯하여 외국 대사까지 일일이 소개를 했는데, 자신과 함께 취임하는 부통령에 대해서는 소개하지 않았다. 장면을 부통령으로 인정하지 않겠다는 행위나 다름없었다.

'장면 부통령 죽이기'

취임식에서 자기 포부를 말할 수 없었던 장 부통령은 식이 끝난 후 성명을 발표했다. 그는 이 성명에서 "우리는 첫째로 불안으로부터 해방되어야겠다"라고 말해 정면으로 이승만의 철권통치를 비판했다. 그는 같은 날 UP 등 외신기자와의 회견에서도 일본과 관계 증진의 필요성을 강조하고, 이 대통령의 철권적 권력의 일부를 제거하기 위한 여론 조성에 나서겠다고 말했다. 대단히 강도 높은 발언이었다.

장 부통령의 발언이 문제가 된 것은 한참 후였다. 취임 후 첫 번째로 가진 9월 17일 기자회견에서 이 대통령은 장 부통령이 정부를 방해할 목적으로 정부를 훼손하는 성명을 발표했다고 지적했다. 그리고 그의 성명에는 건설적인 비평이 하나도 없었다고 논평했다.

이재학·한희석 등 자유당 간부들은 장 부통령이 대통령의 방침을 거부하고 국가의 기초를 뒤흔들려는 발언을 했다고 규탄했다. 그들은 '장 부통령의 외신기자회견 담화에 대한 경고결의안'을 제출했다. 이 결의안 원안에는 "국민에 대하여 공적으로 사과하는 동시에 금후 여사한 반국가적 언동을 중지할 것을 경고함"으로 되어 있었다. 이 결의안은 야당이 퇴장한 가운데 재석 의원 109명, 가 86, 부 5로 가결되었다.

이승만 정권은 이 경고결의안이 통과되기 훨씬 전부터 장 부통령을 음해하고 제거하기 위한 활동을 벌였다. 김종원이 치안국장에 취임한 지 일주일도 안 된 5월 말경 이익흥 내무장관은 서류뭉치를 보이며 이것이 장면이 관련된 국제공산당 사건 기록이니 수사하라고 강력히 지시했다. 1952년 부산정치파동 때 내각책임제 추진 국회의원들의 목을 조이기 위해 장 국무총리 비서실장 선우종원 등이 남로당 지령을 받아 이승만·이범석 등을 암살하고 장면을 대통령으로 추대하려고 했다고 내무부에서 발표한 이른바 국제공산당 사건을 다시 들춰내 장 부통령을 얽어매라는 황당한 지시였다.

이익흥은 "이거 위에서 내려온 지시야"라고 말하면서 독려했다. '위'가 누구를 가리키는지는 뻔했다. 치안국장은 사찰과장 박사일에게 맡겼다. 박사일은 대전·대구 등의 4개 형무소를 다니며 연루자를 조사했으나 도저히 사건이 안 돼 그만두었다. 선우종원이 일본에 있어 어떻게 할 수 없었던 것도 조사가 중지된 주요 이유였다.

장면을 살해하려다 실패한 장 부통령 저격 사건은 오랫동안 세인의 관심을 집중시켰다. 자유당 국회가 장 부통령 경고결의안을 통과시킨 다음 날인 9월 28일은 민주당 전당대회가 열린 날이었다. 전당대회가 끝나 장 부통령이 단상에서 내려오는데 총성이 울렸다. 범인 김상붕은 명중 여부조차 확인하지 못하고 당황해하며 도망치다 체포되었다.

장 부통령은 왼손에 탄환을 맞았는데, 응급치료를 받고 집으로 돌아갔다. 저격 사건 발생 30분쯤 되어 이기붕이 문병을 왔다. 매우 빨리도 온 문병이었다.

김상붕의 배후는 민주당원인 최훈이었다. 최훈의 배후도 얼마 후 탄로났다. 성동경찰서 사찰주임인 이덕신이었다. 당국은 최훈의 배후를 밝히는 데 성의가 없었고, 이덕신이 자금수수 문제로 배후임이 드러났을 때도 더 이상 확대되지 않기만 바랐다. 그러나 재판이 진행됨에 따라 이덕신 배후에 경찰 고위간부가 있다는 것이 알려졌다. 치안국장 김종원도 거론되었다. 일이 커지면서 이익흥 내무장관이 입에 오르내렸고, 국회에서는 책임을 물어 해임건의안을 냈으나 부결되었다.

내무장관 책임 문제가 불거지자 이 대통령은 1957년 1월 18일 "경찰

장면 부통령 저격미수 사건
1956년 9월 28일 민주당 전당대회에 참석했던 장면 부통령이 김상붕이라는 청년이 쏜 총에 맞아 왼손을 부상당하는 살인미수 사건이 일어났다. 이 사건은 81세의 고령으로 대통령에 당선된 이승만의 '유고' 시 자동적으로 대통령직을 계승하도록 되어 있는 장면 부통령을 제거하기 위해 이기붕의 측근들이 저지른 음모였다. 사진은 자택으로 돌아온 장면 부통령이 붕대를 감은 왼손을 들고 기자회견을 하고 있는 모습이다.

세 사람이 이 사건으로 거론되었다고 해서……내무장관이 파면되든지 사임하든지 해야 한다 하나, 수만 명 경찰이 있는 중에 그 몇 사람 부하의 잘못으로 내무장관이 책임을 지면 장관 할 사람이 없을 것"이라는 담화를 발표해 두고두고 문제가 되었다.

이 사건에서 김종원은 여러 차례 화제의 인물이 되었다. 재판정에 증인으로 나와서 사진 찍는 기자한테 호통을 치거나 폭언을 했기 때문이다. 1957년 3월에는 증인으로 나와 판사한테 "공정한 재판을 하시오"라고 소리 지른 것 등이 문제가 되어 법정모욕죄로 고발을 당했다. 결국 그는 3월 치안국장 자리에서 물러나지 않을 수 없었다.

장 부통령 저격 사건은 4월혁명 후 윤곽이 밝혀졌다. 사건 당시 자유당 총무부장이었던 임흥순과 이익흥, 김종원, 치안국 특수정보과장 장영복, 중앙사찰분실장 박사일, 시경 사찰과장 오충환이 이덕신 등의 상부선으로 알려졌다. 이기붕이 최고 지시자라는 증언도 나왔다. 4월혁명 후 2심 재판에서 이익흥·임흥순은 무기, 김종원은 15년형을 받았으나 5·16 군사정부에 의해 관계자들은 전원 석방되었다.

자유당은 내각책임제 개헌을 통해 장면을 부통령 직위에서 끌어내리려 했다. 내각제는 5·15정부통령 선거 직후부터 논의되었다. 그러나 당내 의견이 일치하지 않고, 이기붕도 신중한 자세를 보인 데다가 이승만이 1956년 9월 기자회견에서 반대해 무산되었다.

1957년의 개헌 논의는 구체적으로 진행되었다. 자유당에서는 2월부터 거론되었는데, 6월에 현 부통령의 임기가 끝나는 동시에 부통령제를 폐지하고 현 부통령에 대해서는 계승권을 삭제하는 것을 실질적인 골자로 하는 '내각제 개헌안'을 마련했다. 그렇지만 대통령에게 국무총리 임면권과 국무총리 제청에 의한 국무위원 임면권이 주어져 있었으므로 사실상 대통령제나 다름없었다.

이기붕 국회의장도 자유당의 분위기를 대통령에게 전하겠다고 발언했다. 그렇지만 7월 초 이기붕 등이 찾아갔을 때 대통령은 묵묵부답으로 찬성하지 않음을 밝혔다. 이승만은 장면이 아무리 밉다 해도 자신의 권한이 조금이라도 약화되는 것은 절대로 참을 수 없었다.

당시 부통령 공관에 드나드는 사람은 일일이 통제되었다. 장면은 밤낮으로 감시받았고, 비서조차 사복형사한테 무슨 일로 갔느냐고 봉변당하기 일쑤였다. 전화도 도청당했다. 시청에서 공관까지는 도로포장도 제외되었다.

1957년 9월 베트남의 고 딘 디엠 대통령이 방문했을 때에도 장면은 철저히 배제되었다. 고 딘 디엠은 가톨릭 신자여서 장면이 부통령이 아니었더라도 가톨릭계 대표 격인 그를 보고 싶어 했을 것이다. 국빈공식접반(接伴)은 정부 수립 후 고 딘 디엠이 처음이었는데, 대통령이 주최한 공식 환영만찬회에 김병로 대법원장과 부통령을 부르지 않았다. 참으로 말이 안 되는 짓이었다. 장 부통령은 끝내 고 딘 디엠 대통령을 만나지 못했다. 1958년 3월에는 검찰총장 명의로 전국검찰청감독관회의에 격려사를 써달라고 해서 보냈다. 그러나 회의 개최를 불과 얼마 앞두고 거절당했다. 부통령은 국무회의 참석도 '실현'하지 못했고, 대통령을 면회할 기회도 없었다. 현충일에는 국립묘지를 참배하려다 민주당 간부들한테 책망을 당했다. 신변 안전 때문이었다.

조봉암, 형장의 이슬로 사라지다

1956년 5·15정부통령 선거가 끝나자 조봉암은 진보당 결당에 박차를 가했다. 대통령 선거에서의 '바람'을 최대한 진보정당 창당의 동력으로 활용해야 한다는 계산이었다.

그렇지만 서상일 등 원로들은, 당의 문호를 널리 개방해 광범위하게 혁신세력을 규합하자는 주장을 내세워 빨리 창당을 하자는 주장에 제동을 걸었다. 그뿐만 아니라 서상일 측에서는 조봉암의 2선 후퇴를 요구했다. 당의 강령에서도 평화통일이 너무 위험한 주장이니 민주 방식에 의한 조국통일로 바꾸어야 한다고 강조했다.

조봉암 측은 서상일 측에서 혁신계 규합의 명분을 내세워 계속 시일을 끌자 독자적으로 창당을 추진했다. 1956년 10월 초에 서상일·이동화·김성숙·고정훈 등이 이탈했다. 이들은 후에 민주혁신당을 조직했으나 정치적인 영향력은 미약했다.

1956년 11월 10일 진보당 발당대회가 열렸다. 진보당추진위원회가 구성된 지 약 1년 만이었다. 조봉암은 개회사에서 자본주의 세계도 날로 수정되어 사회민주주의적인 전법을 쓰고 있고, 공산주의 세계도 날로 변해서 사회민주주의적인 방향으로 가고 있다는 수렴론을 펴면서 사회민주주의 사회로 가자고 호소했다. 그리고 '피해대중의 전위대'가 되자고 역설했다. 진보당은 21세기에 들어와 민주노동당이 국회에 들어가기 전까지 역사상 가장 영향력 있는 진보정당이었다.

진보당은 강령에서 사회민주주의자들이 반공산당 입장을 천명한 1951

년 프랑크푸르트선언에 기반을 둔 사회민주주의 정당임을 명시했지만, 진보당원의 대다수는 사회민주주의도 프랑크푸르트선언도 몰랐다. 일부 간부들은 용공세력으로 몰릴까봐 두려워했다. 그들은 조봉암을 지지하고 추종해서 참여한 것이었고 이념은 그다지 중요하게 생각하지 않았다. 그 점에서 우익과 별 차이가 없었다.

진보당은 위원장에 조봉암, 부위원장에 박기출·김달호를 선임했다. 간사장은 윤길중이었다. 진보당에는 통일문제연구위원회(위원장 송두한, 그 뒤 김기철이 됨)가 설치되어 있는 것이 특색이다. 당헌에는 특별(특수)당부를 둘 수 있었고 민주당처럼 비밀당원이 있었다. 청년학생들의 서클로는 여명회, 7인회 등이 결성되어 활동했다.

뭐니 뭐니 해도 진보당의 최대 특색은 평화통일에 있었다. 극우반공주의자들도 그것을 가장 두려워했다. 조봉암은 북진통일이 전혀 현실성이 없다고 지적하고, 두 번 다시 동족 간에 피 흘리는 전쟁을 해서는 안 된다고 역설했는데, 대단히 호소력이 있었다. 평화통일을 주장하는 것은 북진통일의 허구성을 폭로하고 긴장완화를 불러온다는 점에서 무서운 위력을 지니고 있었다.

진보당은 당사를 얻기도 힘들었지만, 지방당부 결성에서의 잇단 테러는 앞날을 어둡게 했다. 진보당은 1956년 12월 지지 기반이 강한 경남에서부터 지방당부 결성을 시작했다. 그러나 사복경관 등의 침입으로 유회되었고, 경북당부 결성대회도 당 대표만 선출하고 산회했다.

1957년 4월에 열린 서울특별시·경기도당 결성대회는 유지광 등이 이끈 테러단의 침입과 정복경찰대에 의해 중지되었다. 6월 전북도당 결성에 임박해서는 간부들에 대한 테러가 난무했다. 그중 가장 잔인한 테러는 7월 전남도당 결성대회 때 발생했다. 도당추진위원회 조직부장 집에 권총과 단도를 가진 괴한들이 쳐들어와 조직부장 부부를 난자해 심한 중상을 입혔다. 다른 간부들도 집에서 칼질을 당했다.

진보당 도당 결성대회는 정부 측의 악질적인 테러도 문제였지만, 야당과 언론인도 여당·정부와 별 차이가 없었다는 점에서 놀라움을 금할 수 없게 한다. 언론은 연이은 진보당에 대한 테러를 아예 언급하지 않거나 짧게 다루었고, 이는 진보당의 김달호 의원의 발언에 대해서도 마찬가지였다. 김달호 의원이 국회에서 진보당 도당 결성대회에 대한 테러 사건을 보고하자 김준연 등 민주당 의원들과 여당 의원들은 그것을 무시한 채 김 의원의 평화통일 발언이 대한민국 국시를 도끼로 찍는 것과 같다는 등 평화통일을 공격했고, 김 의원을 조치해줄 것을 의장에게 요구했다. 국회 내무위원회는 테러 사건을 조사한다고 했으나 그해 12월까지 별다른 활동을 하지 않았다.

진보당 테러에 대한 야당과 언론의 반응은 같은 시기에 발생한 장충단공원 강연회 방해 사건과 좋은 대조를 이룬다. 야당의 국민주권옹호투쟁위원회가 주최한 이 강연회에서 조병옥이 연설을 시작한 지 몇 분도 안 되어 정체불명의 괴한들이 나타나 돌과 빈병 등을 던지고 연단 책상을 뒤집어엎는 등 폭력을 휘두르고는 어느 누구의 방해도 받지 않고 유유히 사라졌다.

이들은 유지광의 화랑동지회 깡패였다. 이재학 국회부의장은 야당 분열로 일어난 일인 것처럼 말했다. 그러나 야당은 국회에서 여러 차례 대대적인 공세를 폈고, 언론들은 왜 깡패들을 잡지 않느냐고 추궁하면서 수개월 동안 머릿기사와 사설로 정부와 여당을 신랄히 비판했다.

보수야당은 왼쪽 눈은 감고 오른쪽 눈으로만 세상을 바라보라고 주장했다. 그들은 반쪽 자유민주주의자였다. 반 세기가 넘게 한눈팔이 민주주의를 외친 것은 극우반공 성향을 가졌으면서도 유권자의 표를 의식하지 않을 수 없어서였다. 슬픈 피에로라고나 할까.

테러가 몰아친 1957년 하반기에 조봉암의 주변은 죽음의 그림자가 어른거리고 있었다. 그가 1951년 신당을 결성하려고 하자 관계자들이 소위 대남간첩단 사건으로 일망타진되었다. 그의 선거사무차장 김성주는 헌병 총사령부 밀실에서 고문으로 죽었다. 1955년에는 조봉암을 서면으로 고발한 동해안 군반란 사건에 김준연이 연루될 뻔했으나 무사했다.

1957년 8월 정우갑 간첩 사건에 조봉암이 소환될 것이라고 보도되었다. 그 다음에는 김정제 간첩 사건에 오르내렸다. 11월에는 박정호 간첩 사건에 장건상과 함께 거론되었다. 한 신문은 줄 이은 간첩 사건 연루보도에 그가 허허 웃으며 원망하는 기색도 없었다고 보도했다.

당국의 혁신계 제거 작업은 '근민당 재건 사건'에서 시작되었다. 여운형이 이끌던 근로인민당의 전 간부 장건상·김성숙 등이 거물간첩 박정호로부터 거액을 받아 근민당을 재건하려고 했다는 사건이다.

이 사건은 일부 극우 언론이 당국과 짜고 여론몰이 재판을 했다는 점에서도 문제가 있었는데, 이는 곧이어 발생한 조봉암·진보당 사건에서도 마찬가지였다. 민주당과 연관 있는 한 언론은 장건상의 사진까지 여러 차례 게재하면서 당국의 혐의 사실을 그대로 인정한 것처럼 보도하고, 심지어 전향서를 썼다느니 전과를 뉘우치고 눈물을 흘렸다느니 등의 허위 기사까지 썼다. 근민당 재건 사건은 1심과 2심 모두 무죄판결을 받았다.

1958년 1월 12일 진보당 관련자들에 대한 일제 검거가 시작되었다. 그전에 피신을 권고받았던 조봉암은 13일 자진 출두하겠다고 말했다. 조봉암·진보당 사건이 터진 것이다. 이미 1월 11일 조인구 검사는 진보당 평화통일론을 북괴 남침구호로 단정했다. 신문들은 매일같이 조봉암이 북괴지령문을 보고 불태웠다느니 아무개아무개 간첩과 접선했다느니 조봉암 집에서 김일성에게 보내는 편지가 발견되었다느니 하고 대서특필했다. 동양통신사 정태영 기자가 쓴 강평서講評書는 북에서 내려보낸 비밀지령서라고 크게 보도되었고, 정 기자는 북의 연락담당관임이 확인되었다고 보도되었다. 어느 것이나 근민당 재건 사건과 똑같이 사실이 아니었다.

1958년 2월 25일 오재경 공보실장은 진보당 등록 취소를 발표했다. 그 이유는 세 가지였다. 첫째 진보당은 국법과 유엔 결의에 위반되는 통일방안을 주장했다는 것이다. 둘째는 진보당 간부들이 밀파간첩, 파괴공작조와 항상 접선했다는 것이다. 셋째는 공산당 비밀당원을 의원으로 당선시켜 대한민국을 파괴하려고 했다는 것이다. 세 번째는 황당무계한 거짓이고, 두 번째도 재판에서 입증이 안 되었다. 첫 번째 유엔 결의에 어긋나는 통일방안을 주장한 것은 다름 아닌 이승만 정권이었다.

조봉암·진보당 사건은 2월 28일 양명산이 조봉암과 북의 연락책이라는 사실이 발표되면서 전기를 맞았다. 조봉암은 상해 시절 알고 지냈던

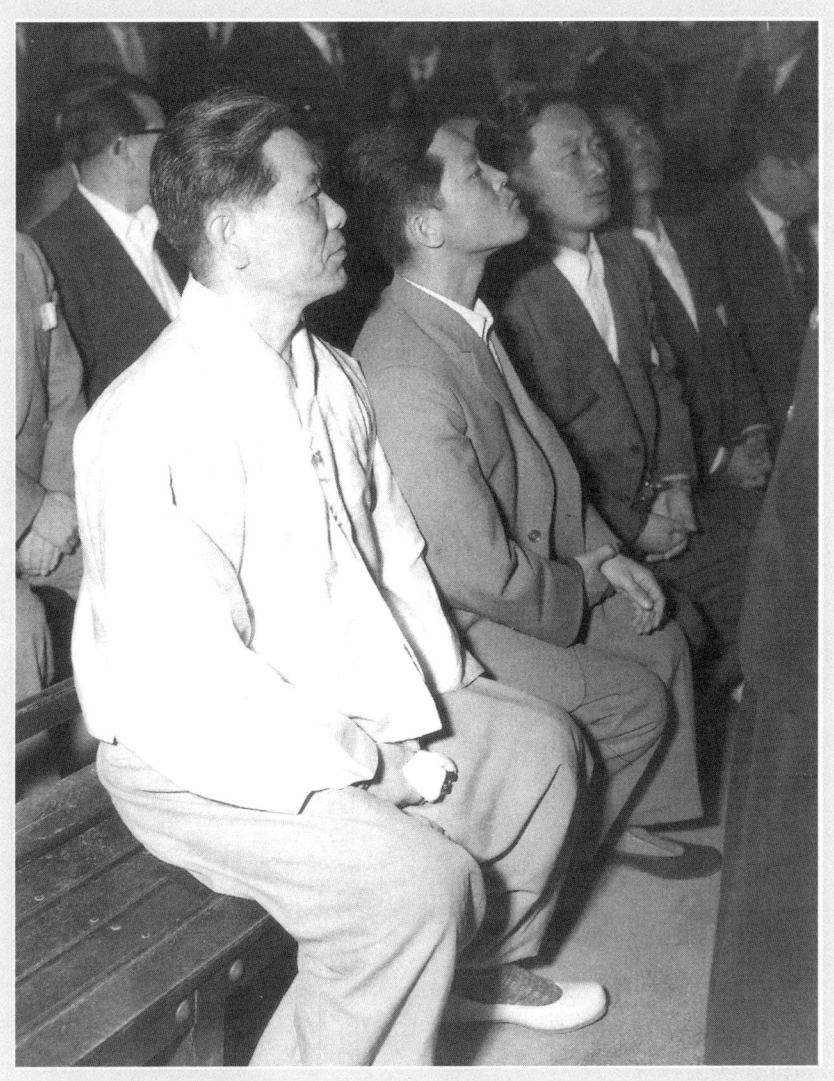

진보당 사건으로 공판을 받고 있는 조봉암

이승만은 1956년 5·15정부통령 선거를 통해 강력한 라이벌로 부상한 조봉암을 북의 주장과 유사한 평화통일론을 폈다는 이유로 1958년 초에 구속했다. 이른바 진보당 사건이 터진 것이다. 조봉암은 1심에서 불법 무기 소지죄로 5년형을 선고받았으나, 2심과 3심에서 간첩죄로 사형을 선고받고 1959년 7월 31일에 처형되었다. 사진은 1958년 10월 25일 재판 당시로, 맨 왼쪽에 앉아 있는 사람이 조봉암이다.

양명산이 만나자고 하여 만났고, 그이로부터 돈을 받았다는 것을 인정했다. 물론 양명산이 간첩이라는 것은 몰랐다고 주장했다. 4월 3일 정식 기소된 문제의 인물 양명산은 나중에 알려졌지만 특수부대인 육군 첩보부대HID의 대북첩보공작원이었고 북과 접촉하면서 남북 교역으로 돈을 벌었다. 그런 그가 법정에서 피고인이 되어 간첩으로 조봉암에게 접근했고 자금을 건넸다고 공소 사실을 인정한 것이다.

1958년 6월 검사는 조봉암과 양명산에게 중형을 구형했다. 7월 2일 유병진 판사는 불법 무기 소지 등으로 조봉암에게 5년을, 양명산도 국가보안법 위반 혐의로 5년을 선고하고, 나머지 진보당 간부들한테는 무죄를 선고했다. 조봉암·진보당에 대한 주요 혐의에 대해 무죄를 선고한 것이다.

판결 3일 후인 7월 5일 '반공청년'이라는 괴한 3백 명이 법원에 난입했다. 그들은 "친공 판사 유병진을 타도하자", "조봉암을 간첩죄로 처형하라"라고 외치며 시위했다. 처음 있는 법원 난입 사건이었다. 자유당은 산하 단체들로 하여금 친공판사규탄대책위원회를 구성케 하여 사법부를 위협했다.

이 사건에서도 김구 살해 사건처럼 많은 사람들이 이승만을 떠올렸다. 이와 관련해서 국무회의 회의록이 시사하는 바가 있다. 이승만은 1958년 1월 14일 국무회의에서 "조봉암은 벌써 조치되었어야 할 인물"이라고 지적했다.

1심 판결 후 처음 열린 국무회의에서 이승만은 분통을 터트렸다. 그러자 홍진기 법무장관이 차분하게 "제1심에 비하여 고법, 대법원의 판결이 검찰에 유리하게 될 것이 예상되는 차제에 공연히 판사들을 자극하는 것은 득책이 아니라고 생각한다"라고 말했다.

 2심 재판은 월남하여 사상검사로 활동한 오제도 등의 주선으로 판사가 된 김용진이 맡았다. 그는 1심과는 반대로 양명산이 혐의 사실을 부인했는데도 조봉암과 양명산에게 사형을 선고하고 진보당 간부들에게도 실형을 선고했다. 대법원 주심은 김갑수였다. 이 판결이 있기 전 홍 법무장관은 국무회의에서 김갑수 대법관 등은 신국가보안법에 대한 견해가 우리와 같고, 정부로서 그에 대해 특별한 대우를 해왔고, 본인으로서도 그를 설득시킬 자신이 있다고 말한 것으로 국무회의 기록에 쓰여 있다.

 1959년 2월에 있은 대법원 판결은 특이했다. 진보당의 평화통일 주장은 합법이지만, 조봉암은 이중첩자 양명산을 통해 간첩행위를 했다고 하여 사형을, 진보당 간부들에게는 무죄를 선고했다.

 미국은 이 사건을 주시했다. 다울링 주한미대사는 이기붕을 만나 영향력을 행사하고자 했다. 그렇지만 1980년대에 전두환·신군부가 김대중 사형 판결에 대해 보인 것과는 비교도 안 되게 소극적이었다. 조봉암은 미국한테 아무래도 위험한 인물로 비칠 수밖에 없었다. 그는 뛰어난 현실정치가였으나, 민족을 냉전보다 위에 놓고 냉전을 타넘고 가려고 했기 때문에 역풍逆風의 정치가라는 말을 들었다.

 재심을 청구했으나 상고심을 맡았던 재판부가 이를 다시 맡아 1959년 7월 30일 기각되었다. 변호사들은 다시 재심을 청구하려 했지만, 다음 날인 31일 조봉암은 전격적으로 처형되었다. 4월혁명을 8, 9개월 앞둔 시점이었다. 그는 형장에서 다음과 같이 유언했다.

나는 이 박사와 싸우다 졌으니 승자로부터 패자가 이렇게 죽음을 당하는 것은 흔히 있을 수 있는 일이다. 다만 내 죽음이 헛되지 않고 이 나라의 민주 발전에 도움이 되기 바랄 뿐이다.

자유당, 5·2총선에 총력 돌입하다

이승만과 자유당은 1960년의 정부통령 선거가 1956년 5·15정부통령 선거처럼 되어서는 안 된다고 생각했다. 그러기 위해서는 전초전인 1958년의 5·2민의원 선거를 잘 치르는 것이 중요했다. 개헌선을 확보하기 위해 반드시 민의원 선거에서 대승을 해야 했다.

1957년에 자유당은 여러 가지로 대비책을 세웠다. 말썽이 끊이지 않았지만 국민반 조직의 강화도 그중 하나였다. 자유당 통반 조직을 새로 정비하고, 국민회·노총·부인회 등 외곽단체와 국영기업체 등의 간부를 열성당원으로 교체하라는 지시도 내려갔다.

자유당은 특히 선거법 개정에 힘을 쏟았다. 선거운동과 언론보도 제한이 초점이었다. 민주당으로서는 참관인 문제를 해결하여 투개표 부정을 막는 것이 중요했다. 이렇게 해서 여야 간의 선거법 협상은 1957년 9월부터 구체화되었다. 그러나 언론사에서 언론규제 조항에 크게 반발했다.

돌파구는 그해 12월 20일에 있은 이기붕·조병옥·장택상 3거두 회담에서 열렸다. 이 회담에서는 조병옥이 새해 예산안과 선거법을 함께 통과시키자고 제의하여 구체화되었다. 이기붕과 조병옥은 혁신세력, 그중에서도 특히 진보당을 방치해서는 안 된다는 데 의견을 같이했다. 진보당의 국회 진출을 막는 것은 정부통령 선거에 대한 확실한 대비책이기도 했다. 12월 31일에 예산안이, 다음 날 1월 1일에 선거법이 통과되었다. 조봉암·진보당 사건이 나기 10여 일 전이었다.

협상 선거법은 민주당이 선거위원회 위원으로 참가할 수 있었고, 참관인의 권한이 확대되었다는 점에서 진일보한 선거법이었다. 그렇지만 허위보도 처벌 등의 언론규제 조항 외에도 선거공영제라는 미명 아래 선거운동에 많은 제한이 있었다. 선거운동원도 크게 제한되었고 호별 방문 등도 금지되어 있어 여당만이 자유롭게 선거자금을 사용하고 선거운동을 할 수 있었다. 50만 환 기탁금제도도 혁신계나 무소속의 출마를 어렵게 했다.

5·2민의원 선거에는 도지사·군수·면장·이장·학교장·교사 등 여당이 동원할 수 있는 공직자들이 대거 동원되었다. 대전시장이 민주당 선거위원을 여당위원으로 착각해 무더기표 준비도 잘 되어 있다고 말하는 진풍경도 연출되었다.

전국 각처에서 폭력배가 동원되는 등 관권과 폭력이 노골적으로 결탁했다. 야당 참관인은 자주 구타당했고, 나무 채취 등을 규제한 산림법 위반 등으로 구속되기 일쑤였다. 선거일에 지방에서는 3인조·5인조로 집단 투표를 하기도 했다. 서대문 을구에서는 기자들이 주먹들한테 뭇매를 맞았고, 유권자들도 이들한테 쫓겨나 투표를 하지 못했다.

한 신문의 5월 5일자 사설 제목이 '어찌 하늘이 무심하랴'였는데, 개표 부정도 갖가지였다. 개표 도중 전기를 끄고 부정 계표計票하는 올빼미 개표, 여당표 다발 중간에 야당표나 무효표를 끼워넣은 샌드위치표, 야당 참관인에게 수면제를 먹게 하고는 임의 개표한 닭죽개표, 개표 종사자가 야당표에 인주를 묻혀 무효표로 만든 빈대잡기표, 쌍가락지표, 그 외에도 피아노표, 무더기표 등등.

한 야당 의원은 하도 테러가 많아서 주권재민이 아니라 주권재경警, 주권재깽(깡패)이라고 비꼬고, 경찰이 국회의원 제조업을 청부받았다고 비난했다. 5·2선거는 소송 사태도 다른 선거와 비교도 안 되게 많았다. 선거 무효 및 당선 무효 소송이 105건이었고, 대법원에서 당선자가 다른 사람으로 바뀐 경우가 3개 선거구, 선거 무효 판결로 재선거한 곳이 8개 선거구였다.

선거사범과 관련해 홍진기 법무장관은 언론과 야당으로부터 호된 비판을 받았다. 대덕 등 여러 지역에서 현직 경찰관이 상부의 선거 '간섭'을 폭로했는데도 거의 방치하고, 선거자금은 4~5백만 환을 쓰게 되어 있는데 자유당이 기천만 환, 1~2억 환으로 공공연히 매수해도 방치하고, 보성에서 선거위원을 수면제 먹이고 위조투표용지를 인쇄하는 등 뚜렷한 선거 부정이 있어도 눈감아주었다는 것이다.

선거 결과 자유당은 360만여 표(42.1%)로 126석을 차지했고, 민주당은 293만여 표(34.2%)로 79석을 차지했다. 무소속은 27석밖에 안 되었다. 자유당은 개헌선에 못 미친 반면, 민주당은 호헌선을 확보했다. 전체 득표차도 67만 표밖에 안 되었다. 자유당으로서는 개헌선을 확보하기는커녕 전보다 강력한 야당 출현에 직면한 것이다. 무소속이 대폭 약화되어

양당정치가 가능하게 되었다고 볼 수 있지만, 진보세력이 배제된 상태에서의 보수양당제였다.

대체로 1980년대까지 계속된 보수양당제와 더불어 1985년 선거까지 흔히 볼 수 있었던 여촌야도與村野都 현상이 나타났다는 점에서 이 선거는 의미가 크다. 서울의 경우 16개 선거구에서 민주당이 14곳을 휩쓸었고, 자유당은 한 명만 당선되었다.(한 곳은 무소속이었다.) 얄궂게도 그곳은 이기붕의 지역구였던 서대문 을구였다. 그는 낙선될까 두려워 이천으로 옮겼다. 부산의 경우 10개 선거구 중 자유당이 3곳, 민주당이 7곳에서 승리했다. 대부분의 중소도시에서도 민주당이 당선되었다.

경찰과 공무원, 투개표 종사자는 부정선거에 중독이 되어가고 있었다. 그들한테는 부정선거가 비정상적이고 범죄행위라는 생각이 별반 들지 않았다. 경찰이나 공직자 가운데는 지시가 없어도 경우에 따라서는 앞질러 부정선거를 저지르는 자도 나타났다.

자유당은 5·15정부통령 선거에 이어 5·2민의원 선거에서 다시 낙담했다. 그들은 경찰·공무원과 폭력배 등을 최대한 동원했고, 투개표에서도 '할 만큼 했는데' 선거 결과는 기대와 너무 차이가 났다. 개헌 외에는 영구집권의 길이 없는데, 개헌은 이승만 때문에도 어려웠고, 5·2선거 결과를 보더라도 어려웠다. 이승만은 국내 신문은 잘 보지 않았어도 권력과 직결되는 선거에 대해서만은 예리하게 지켜보고 대응해나갔다. 그도 사태가 어렵게 되어가고 있다는 것을 직시했다.

5·2선거 후 치러진 9월 19일 영일 을구 보궐선거에서는 선거 분위기는 차치하고 무더기표, 대리표, 3인조·9인조의 릴레이표 등이 등장했다.

야당 찍을 사람은 투표를 못하게 막기도 했다. 물론 여당이 승리했으나 예상대로 법원에서는 재선거 판결이 또 나왔다. 그런데 그 직후인 10월 초에 치러진 대구시장 선거에서 민주당 후보는 9만 8,780표를 얻었지만 자유당 후보는 1만 5,890표에 불과했다. 이승만·자유당은 간담이 서늘했다.

1960년 정부통령 선거를 향해

1958년 12월 24일 국가보안법 개정안과 지방자치법 개정안이 통과되었다. 두 법의 개정은 1960년에 치러질 정부통령 선거 대비책이었다.

일반적으로 24정치파동은 주로 국가보안법 개정안을 둘러싸고 일어났기 때문에 (신)국가보안법파동이라고 부르기도 한다. 하지만 정부통령 선거와 관련해 국무위원, 특히 내무부 고위 간부들은 두 법 가운데 지방자치법 개정에 주목했다. 선거제로 되어 있던 시·읍·면장을 임명제로 하고 동·이장까지 임명제로 한 것은 민심이 정부나 여당에서 너무 심각하게 떠나 있고 행정도 약화된 데 대한 대비책이었다. 정부통령 선거에서 지방 공무원을 장악하기 위해서는 여당계 인물로 교체하는 것이 중요하다고 판단했던 것이다.

1957년 11월에 정부가 국가보안법 개정을 추진했을 때에는 평화통일론 엄단이 주목적이었다. 국보법 개정은 1958년 6월경부터 재론되었다. 그리하여 다시 법안이 제출되었으나 1958년 11월 7일 정부에서 철회했다. 국보법 개정안은 11월 초까지는 그다지 문제가 되지 않았다. 개정안에는 피의자 구류 기간을 30일에서 10일 더 연장할 수 있었고, 사법경찰관 조서를 증거로 채택할 수 있는 등 죄형법정주의에 위배되는 심각한 문제 조항이 있었다. 국가 기밀의 범위가 정치·군사적인 것에서 경제·사회·문화 영역으로까지 확대되었고, 그것을 전달하지 않고 수집만 해도 처벌할 수 있게 한 것도 문제였다. 특히 예비·음모를 기수범과 같이 중벌에 처하게 한 것은 국보법 남용을 불러올 수 있었다. 1970년대와 80년대에 반독재 민주화운동을 벌이다 국보법으로 걸려들어간 경우에는 대개 이 조항이 적용되었다.

그럼에도 불구하고 언론이나 야당이 이를 크게 문제 삼지 않은 것은 주 대상이 진보세력일 것이라고 보았기 때문이다. 그렇지만 새 개정안이 11월 18일 국회에 제출되자 언론은 벌떼같이 일어섰다. "공연히 허위의 사실을 허위인 줄 알면서 적시 또는 유포하거나 사실을 고의로 왜곡하여 적시 또는 유포함으로써 민심을 혹란케 하여 적을 이롭게 한 자"를 처벌하는 언론 조항이 들어간 것이다. 대통령·국회의장 등 헌법상 기관에 대해 명예를 훼손하는 자를 처벌한다는 조항도 비판의 표적이 되었다. 언론이 강하게 나오니까 야당도 투쟁 강도를 높였다.

이승만·자유당 정권은 언론 때문에 민심이 이반하여 5·15선거, 5·2선거 같은 사태가 발생했다고 생각했다. 이 때문에 여러 차례 언론을 규제하려고 했다. 1958년 8월에는 함석헌이 『사상계』에 쓴 「생각하는 사람이라야 한다」라는 글로 구속되었고, 『코리아타임스』에 쓴 글로 장수영이, 『동아일보』 기사로 최원각 기자가 구속되었다.

임철호·장경근 등 자유당 강경파는 국보법안 처리에서 다수결의 원칙이 관철되어야 한다고 주장했다. 소수한테 밀려서는 안 된다는 주장이었다. 이재학 등 온건파는 뒤따라갔다. 정부와 여당은 국보법안 통과에 총력을 기울였다.

24파동 또는 (신)국가보안법파동은 정부가 법안을 제출하면서 막이 올랐다. 여야가 팽팽히 맞선 가운데 1958년 11월 27일 치안국장은 모든 옥외집회를 금지한다고 말했다. 12월 6일 민주당 공청회가 괴한들에 의해 무산되었다.

12월 19일 민주당 의원들이 점심식사 등으로 자리를 비운 사이 법사위원회가 자유당 의원만으로 열렸다. 김의준 위원장의 개회 선포에서 통과까지 3분이 걸려 최단 기록을 세웠다. 이날부터 야당 의원들은 의사당에서 철야농성을 했다. 12월 20일에 경위들과 야당 의원들 간에 난투극이 벌어지고 한 의원이 병원에 실려 간 것은 일종의 전초전이었다.

12월 24일 자유당 의원들이 의사당에 들어온 직후 한희석 부의장의 경호권 발동으로 3백여 명의 경위들이 의사당 내로 들어왔다. 이들은 유도·검도 등 무술에 능한 경관들로 각 도에서 차출되어 바로 국회 경위로 임용되었다. 의사당 안은 순식간에 난장판이 되었다. 농성 중인 야당 의원들이 심한 몸싸움을 벌이면서 개 끌려가듯 끌려나갔다. 8명의 의원은 병원으로 실려갔다.

곧이어 한희석 부의장이 들어왔고 국무위원도 착석했다. 국가보안법 개정안과 지방자치법 개정안이 삽시간에 통과되었다. 전 대법원장 김병

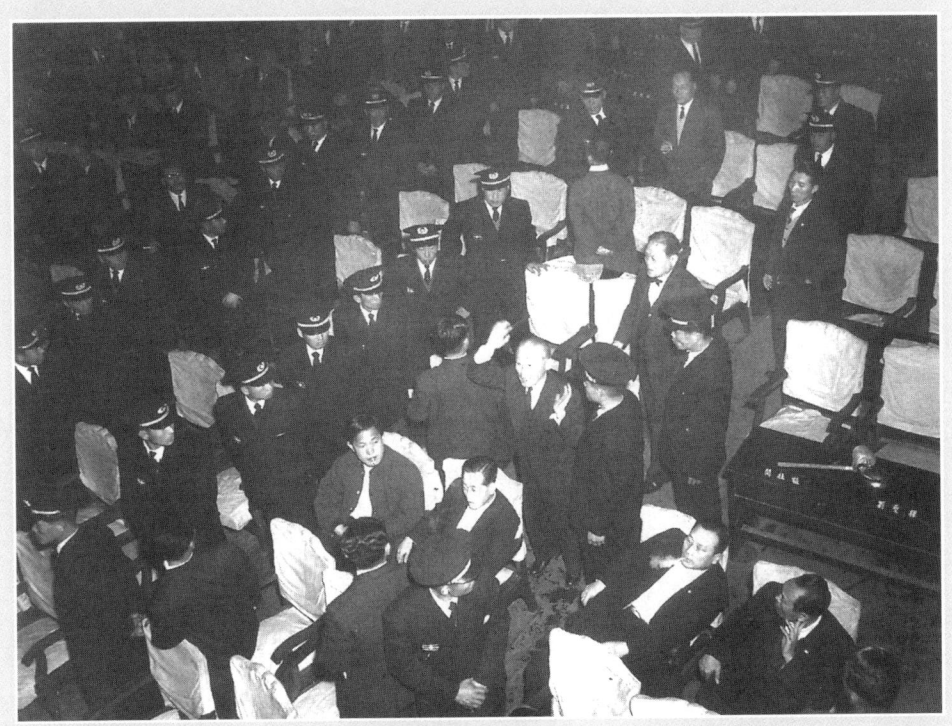

국가보안법 날치기 통과
1958년 12월 24일 자유당은 국회 경호권을 발동하여 농성 중인 야당 의원들을 강제로 끌어내 지하 휴게실과 식당에 감금한 채 국가보안법 개정안과 지방자치법 개정안을 삼시간에 통과시켰다. 정부는 야당 의원들을 진압하기 위해 유도와 검도 등 무술에 능한 경관을 각 도에서 차출해와 국회 경위로 임명했다. 야당과 언론을 탄압하기 위해 보안법을 통과시킨 이승만 정권은 1959년 4월 30일 장면 부통령을 지지하는 가톨릭계 신문인 『경향신문』을 폐간시켰다.

로는 악법도 법이라고 하는 것은 적법 절차에 따라 제정된 법을 가리키는데, 야당 의원들을 농성 참가 여부도 묻지 않고 무더기로 납치해 감금해놓고 여당 의원만으로 통과시킨 것은 법 효력이 없다는 논리를 폈다. 한 정치평론지는 자유당은 강경책을 버리려고 해도 버릴 수 없는 정당이 되어버렸다고 논평했다.

12월 24일 이후 국회는 공전을 거듭했고, 1959년 5월 20일 민주당이 투쟁 방향을 전환한다는 성명을 낼 때까지 단 한 건의 법안도 상정되지 못했다. 그렇다고 민주당이 강경투쟁을 벌인 것은 아니었다. 1959년 2월부터 시작된 재일교포 북송반대운동은 민주당의 공세를 둔화시켰다. 민주당은 슬며시 초당외교라는 것을 내세워 북송반대운동에 합류했다. 미국 또한 소극적인 태도였고, 오히려 민주당에 타협을 종용했다.

한때는 김창숙 등 재야인사들이 신국가보안법 반대운동에 더 앞장을 섰다. 재야에서는 국민대회 등을 열려고 했으나 경찰의 철통 같은 저지 앞에 힘을 쓸 수 없었다. 서울 도심과 지방에서의 산발적인 시위도 대체로 1959년 2월을 고비로 약화되었다.

신국가보안법과 관련한 첫 번째 큰 사건은, 수순이 너무 잘 맞아떨어지는 것 같지만, 장면 부통령을 지지하는 가톨릭계의 『경향신문』 폐간이었다. 1959년 4월 30일 공보실은 신문발간허가취소통지서를 경향신문사에 송달했다. 1월 11일자 사설 '정부와 여당의 지리멸렬상'에 허위사실을 보도했고, 2월 5일 조간 '여적餘滴'란을 통해 폭동을 선전했으며, 2월 16일에 모 사단의 유류 부정 사건을 허위보도하는 등 미군정 법률 88호를 어겼다는 것이다.

경향신문사는 행정처분에 대한 효력정지의 가처분신청을 고등법원에 냈다. 6월 26일 고법은 '경향신문 행정처분 집행정지 가처분' 결정을 내렸으며, 경향신문은 다시 신문을 낼 수 있게 되었다. 그래서 기사를 쓰고 윤전기를 돌리는데, 바로 그날 밤 10시 15분 공보실로부터 정간 처분 쪽지가 날아왔다. 법원 판결이 난 지 7시간 만이었다. 57일 만에 나온 속간호는 영영 독자의 손에 넘어가지 못했다.

6월 28일 경향신문사는 즉각 다시 고등법원에 행정소송을 냈으나 패소했다. 그렇지만 굴복하지 않고 이번에는 대법원에 항고했다. 대법원은 1960년 2월 헌법위원회에 넘겼다. 헌법위원회는 위원회를 한동안 구성조차 못하다가 3월 23일 활동에 들어갔다. 결국 이승만이 대통령 하야 성명을 낸 지 4시간 반쯤 된 4월 26일 오후 3시 대법원은 행정처분 집행을 정지하는 결정을 내렸다.『경향신문』은 1960년 4월 27일 조간부터 다시 세상에 나왔다.『경향신문』이 말해주는 한국 민주주의 애사哀史였다.

여성들 경제 제1선에 나서다

한국전쟁은 전쟁고아도 많이 생겨나게 했지만 남성 못지않게, 경우에 따라서는 더 가혹하게 여성에게 큰 고통을 주었다. 전쟁으로 수많은 전쟁미망인이 발생했다. 군경 전쟁미망인도 있었고, 빨치산 의용군 전쟁미망인도 있었다. 보도연맹원 대량학살 등으로 미망인이 된 여성도 많았다.

이데올로기 전쟁이기도 했기 때문에 남편의 월북·납북으로 미망인이나 다름없는 여성도 많았다. 남편이 부역자로 감옥에 갔기 때문에 생긴 미망인 아닌 미망인도 있었다. 노동을 할 수 없는 군경 부상자들 부인도 많았다. 군대가 급격히 팽창했던바, 그 때문에 3~5년 동안 남편이 부재인 경우, 1년이나 그 이상 복무하는 유엔군 노역 등으로 남편이 부재인 경우도 꽤 있었다.

전쟁미망인이 얼마나 되는지 알 수 있는 자료는 적다. 한 자료에는 1953년 12월 말 현재 군경 미망인을 포함해 전쟁으로 인해 발생한 미망인이 29만 3,852명이라고 기록되어 있고, 다른 자료에는 전쟁미망인이 1955년 말 현재 약 10만여 명이라고 나와 있다.

전쟁고아도 그랬지만, 군경 전쟁미망인들의 경우도 국가의 보호를 받지 못했다. 1955년 말의 경우 전쟁미망인 10만여 명 중 4만 5천 명이 연금법에 의해 한 해에 2만 4천 환을 받을 뿐이었고, 시설도 41개소에 4천여 명이 수용되었을 뿐이다. 1959년 6월 말에는 공사립 모자원이 62개소, 자매원이 4개소로 1만여 명을 수용한 것으로 나와 있다.

대부분의 전쟁미망인과 준*전쟁미망인이 스스로 자신과 노(시)부모, 어린 자식들의 생계를 책임져야 했다. 한국에서는 오랫동안 여성에게 경제권이 거의 없었다. 일제강점기에 남부여대男負女戴하여 만주 등으로 떠날 때 중국의 노동자와는 달리 거의 대부분 부부가 함께 떠났던 가장 큰 이유도 여성에게 자립해서 살 수 있는 경제권이 없었기 때문이다. 그러나 전쟁은 이 모든 것을 바꾸어놓아 여성들을 생활전선에 뛰어들게 했다. 대부분의 전쟁미망인은 농촌에 거주했기 때문에 품팔이 등 농업노동자로 나서는 경우가 많았고, 장이나 읍내에 나가 행상을 하기도 했다. 떡장사와 음식장사같이 밑천 없이 할 수 있는 일이 대부분이었다. 도시의 경우 행상이 가장 많았다. 동대문시장·남대문시장에서 콩나물장사, 양담배장사를 하는 여성, 달러장사를 하는 여성도 많았다. 상설시장에서 양단 등 포목점이나 옷가게를 운영하는 여성도 많아졌다.

여성이 가정의 울타리를 벗어나고 촌락을 떠나 활동한 것은 평준화 현상과 함께 사회에 동태성動態性을 불어넣었다. 여전히 남존여비 풍조가 심했고, 아들을 낳기 위해 첩을 두는 사람도 드물지 않았지만, 여성의 경제활동은 점차 여성의 지위를 높여주었다.

1950, 60년대 여성의 경제활동에 빠질 수 없는 필수품이 계였다. 농촌 여성들도 행상들도 서민 주부들도 너 나 없이 하나 내지 둘 이상의 계에 들었다. 계는 때때로 가정 풍파를 불러왔고, 광주계 소동 같은 사회적 물의도 몰고 왔으나, 당시에는 여성이 목돈을 만드는 유일한 방법이었다. 계는 특권층·부유층 부인들이 극성맞게 했다. 이들은 학교 등에서 치맛바람을 일으켜 눈총을 받았다. 당시는 가난한 사람들이 너무 많았기 때문에 이들의 복색이나 생활은 미움의 표적이 되었다.

1950, 60년대의 여성활동가, 여성단체는 특권층·상류층의 호사가들로 간주되기도 했다. 이들은 여당이나 관변에 밀착되어 활동했고, 이승만 정권을 지지하는 경우가 많았다. 이들 다수는 기독교인이었고, 이화여대와 관련 있는 여성이 적지 않았다.

1950년대 가장 큰 사회문제의 하나가 축첩 문제였다. 1954년 5월에 개소한 여성문제상의소相議所의 상담 내용 중 4할이 축첩 문제였다. 이임하의 『여성, 전쟁을 넘어 일어서다』(2004)라는 책에는 처첩 간의 갈등과 첩으로 인해 가정이 파괴되는 사례가 여럿 인용되어 있다. 조선시대에는 양반 등 세력가들이 첩을 많이 두었고 일제강점기에는 지주 등 부유층에서 첩을 두었는데, 1950년대에는 지방 유지와 특권층 외에도 경찰 간부와 군인들이 첩을 많이 두었다. 이는 이 시기의 유력자가 누구였는가를 잘 보여준다. 신문에는 총경이나 고급 장교가 첩을 두어 파면되었다는 기사가 종종 오르내렸다.

　1950년대에 첩 문제가 심각한 사회문제를 야기했다는 것은 그만큼 인권이나 여성 지위가 향상된 면도 있었음을 뜻한다. 첩이 되는 이유도 여러 가지였다. 경제적으로 살아갈 수 없는 여성들이 첩이 되는 경우도 꽤 있었고, 전쟁미망인들은 20~30대가 많았는데 성적 욕구를 해결하는 데 재혼이 어려워 첩이 되는 경우도 있었다.

　1950년대는 간통이 첩 문제와 중첩되는 사례가 상당히 있었다. 사실 공공연한 축첩의 관행이 존재하는 상황에서 간통 문제가 제대로 다루어지기는 어려웠다. 그렇지만 간통의 경우 여성이 일방적으로 당하는 것을 막기 위해 쌍벌죄가 적용되어야 한다는 여론이 높았다. 국회에서는 수차례 격론을 벌여 1953년 10월에 간통쌍벌죄가 공포되기에 이르렀다.

　일본 민법을 의용依用하다가 1958년 2월에 (신)민법이 공포되어 1960년 1월 1일부터 시행된 것은 1950년대에 이룩한 중요한 성과 중의 하나였다. 민법만큼 국회에서 오랫동안 논의한 경우도 드물었다. 또 민법은 여야로 확연히 갈라져서 싸운 것도 아니었다.

민법 제정 과정에서 논란이 된 것은 역시 동성동본 결혼 문제였다. 그렇지만 이 시기만 해도 동성동본 결혼을 허용해야 한다는 목소리는 미약했다. 호주제를 폐지해야 한다는 주장도 약하지만 있기는 했다. 자식에 대한 친권 행사에서 부모 공동주의를 취하지 않고 아버지 우선주의를 채택한 데 대한 비판도 나왔다. 여성의 지위와 관련해 많은 문제가 있었지만, 새 민법은 전에 비하면 진일보했다는 평가를 여성계로부터도 받았다.

이혼의 문이 넓어졌다. 상대적 원인 조항을 설치해 서로 협의해서 이혼이 안 되면 법에 호소할 수 있게 된 것이다. 구 민법에서 남자는 아무리 간통을 해도 형벌을 받지 않으면 괜찮고 여자는 한 번만 간통해도 이혼이 성립했던 것도 여성한테 유리하게 바뀌었다. 재산에 대해서도 구 민법에서는 아예 재산을 남편이 관리하고 그 이익을 차지할 수도 있었는데, 이제는 여성이 자기 재산을 가질 수 있었고 스스로 처리할 수도 있게 되었다. 성년자의 경우 약혼이 자유로워졌다.

새 민법은 법률혼주의를 채택하고 거식혼擧式婚(식장에서의 혼인 서약)주의를 인정하지 않았는데, 당시에는 결혼식을 하면 혼인이 성립되는 줄 알고 혼인 신고를 하지 않은 경우가 적지 않게 있었다. 이 때문에 사실혼 관계에 있던 여성들이 피해를 보기도 했다. 심하면 첩이 처가 되고 처가 첩이 되었다.

스페셜 테마

성 모럴의 변화와 '자유부인'

전쟁으로 인한 수차례의 피난 행렬도 성 도덕을 바꾸는 데 기여했지만, 수십만 미군의 존재는 어쨌든 성 관념을 변화시키는 데 일조했다. 미군이 있는 곳에는 '유엔 마담', '유엔 사모님', '양공주', 심지어 '양갈보'라는 말을 들었던 성매매 여성들이 있었다. 한 자료에는 1952년 5월 30일 현재 '유엔 마담'이 2만 5,479명으로 나와 있다. 비슷한 시기 다른 자료에는 검진을 받는 여성이 댄서 2만 997명, 위안부 22만 7,387명, 접대부 2만 4,950명, 밀창(密娼) 2만 6,623명, 기타 1만 532명으로 나와 있다.

미군과 함께 수입된 새 풍속도가 댄스였다. 한국은 예전에는 남녀가 껴안고 추는 춤이 없었다. 그런데 1950, 60년대에는 댄스를 모르면 문화에 뒤떨어진다는 농담도 나올 만큼 퍼져갔다. 여기저기 무허가 강습소가 생겨났다. 경찰에 의한 비밀댄스홀 습격도 종종 보도되었다.

처첩 간에 일어난 사건 재판에도 여성들이 높은 관심을 보였고, 1959년 전 부흥부차관 부인 간통죄 사건에도 여성들이 대거 몰려들어 피고인 여성을 성원했는데, 1955년에 일어난 박인수 사건도 여성 인파가 재판 때마다 쇄도해 재판이 한동안 지연되기도 했다.

　박인수 사건은 춤바람이 난 여자 70여 명을 짧은 기간에 한 남자가 간통했다는 것도 흥미를 끌게 했지만, 피고인이 계속 '당당하게' 댄스홀에 나오는 여자 중에 진짜 처녀는 없다고 단언하고, 춤추고 나면 4~5명씩 여관에 가는 것은 다반사라고 주장해 화제가 되었다. 상대 여자 중에 이화여대생도 있어 더욱 화제였는데, 그만큼 여대생이 드물어 대단하게 보이는 시기였기에 그랬을 것이다. 1심에서 재판장이 "법은 정숙한 여인의 건전하고 순결한 정조만을 보호"할 수 있다고 하면서 간음죄 무죄선고를 내린 판결은 더욱더 입에 오르내렸다.

　근엄한 대학교수의 부인이 젊은 대학생과 부둥켜안고 댄스를 하고 뭇 남성과 다방이나 그릴을 드나드는 장면 등이 자주 나오는 정비석의 소설 『자유부인』은 한 시대를 풍미하듯 흥미와 논란의 대상이 되었다. 1954년 1월 1일부터 『서울신문』에 연재된 이 소설에 관심이 집중된 데는 서울대 황산덕 교수가 이 소설이 대학교수를 모독했다는 글을 써 공방전이 벌어진 것도 적지 않게 작용했다.

　『자유부인』을 둘러싼 공방전에는 문인·법조인뿐만 아니라 일반 독자까지도 투고를 하거나 직접 작가에게 글을 보내 참여했다. 탈선을 조장한다는 여성의 편지도 현실을 그대로 반영한 것이 아니냐는 목사의 글도 있었다.

　여성단체에서는 이 작품이 전 여성을 모독했다며 서울시경에 고발했다. 정비석은 치안국과 모 기관에도 끌려가 남한의 어두운 면을 그린 것은 이북으로부터 공작금을 받는 등 모종의 관계가 있기 때문이 아니냐는 취조를 받았다. 폐쇄적이고 억눌려 있던 성 문화가 해방, 특히 미군이 참전한 전쟁을 겪으면서 급격히 변해가고 있었는데, 『자유부인』은 이와 같이 '자유부인'이 출현할 수 있는 상황에서 감각적으로 엮어나간 대중소설이었다.

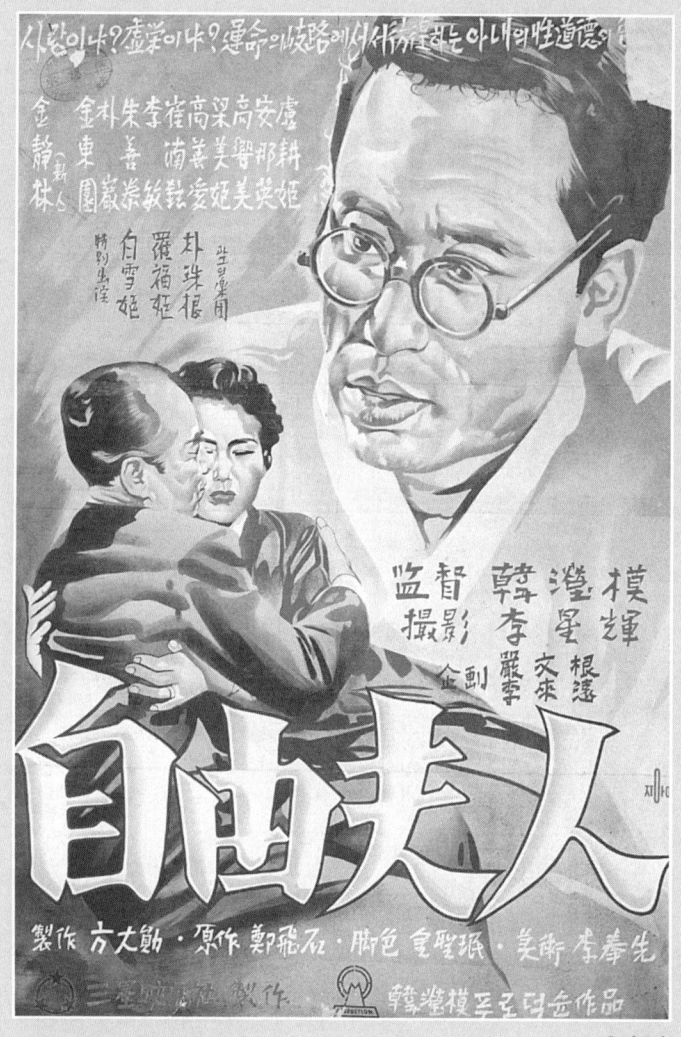

ⓒ 정종화

영화 〈자유부인〉 포스터

1954년 『서울신문』에 8개월 동안 연재된 정비석의 소설 『자유부인』은 여성의 탈선을 조장한다는 사회 각계의 비난을 받았으나 단행본이 14만 부나 팔려나갈 정도로 인기가 있었으며, 영화로도 제작되었다. 1956년 한형모 감독이 만든 이 영화는 사회적 물의를 일으킨다는 이유 때문에 교수 부인과 대학생의 키스신과 포옹 장면 등의 러브신을 들어내고서야 상영되었다.

『자유부인』은 단행본으로 14만여 권이 팔려나갔다. 영한사전류나 『명심보감』 같은 장기 베스트셀러를 제외한다면 당시로서는 드물게 잘 나간 책이었다. 『자유부인』은 영화로도 13만여 명이나 끌어들여 대단한 인기를 누렸다. 그렇지만 이 영화가 상영되기까지는 어려움이 있었다. 키스신 때문이었다.

최초의 키스신이 나온 영화는 1954년 한형모 감독의 반공영화 〈운명의 손〉이었으나, 논쟁은 1956년에 역시 한 감독의 작품인 〈자유부인〉을 둘러싸고 일어났다. 교수 부인과 대학생의 키스신 및 포옹 장면 등이 사회 도덕 기준과 너무도 어긋나 있다는 이유 때문이었다. 이 영화는 교수 부인과 대학생의 러브신을 들어내고 상영되었다.

〈자유부인〉의 키스신에 대해 한 신문은 일부 국회의원과 가정주부들이 반대했지만 찬성이 지배적이라고 보도했다. 그러나 1950년대에 미스코리아를 선발하는 등 '진취적'인 신문이었던 『한국일보』에 실린 1956년 11월의 한 칼럼에는 "외국 영화에서 키스를 자주 한다고 한국 영화에서도 이성끼리 만나면 껴안아야 된다고 생각하면 큰 잘못일 것이다.…… 풍기문란한 것도 안 됐지만 갓 쓰고 댄스 하는 류의 작품을 만들어도 가관이 아닐 수 없겠다"라고 쓰여 있다. 당시의 성 문화가 어디쯤 와 있는지 읽을 수 있는 대목이다.

1955년에 이강천 감독이 만든 영화 〈피아골〉이나 4월혁명기에 나온 유현목 감독의 〈오발탄〉은 뛰어난 작품으로 평가받는데, 〈자유부인〉과는 다른 이유로 둘 다 상영이 중단된 적이 있었다. 전자는 지리산을 무대로 활동한 빨치산의 사상투쟁과 빨치산으로부터의 탈출 과정을 리얼하게 묘사했는데, 빨치산이 "위대한 우리 영도자 김일성 장군"이라고 말했다는 등 반공의식을 문제 삼았다. 장면 정부 말기에 상영된 〈오발탄〉은 월남한 늙은 어머니가 실성하여 "가자!"라고 외친 것이 "북으로 돌아가자"로 해석될 수 있고, 너무 어둡게 현실을 그렸다는 것이 5·16쿠데타 정권의 재검열 이유였다.

1950년대에는 극장·당구장·다방이 문화의 3대 시설이라는 말이 나돌 정도로 황량한 시기였다. 대학생이나 청년 실업자들이 극장에 가 미국 서부영화를 보는 것이 문화생활의 전부인 경우가 적지 않았다. 이런 상황에서 국산 영화가 조금씩 발을 내밀었고, 〈피아골〉, 〈오발탄〉 같은 수작도 나왔으나 당국은 저열한 반공의식으로 검열의 칼을 들이댔다.

구공탄이 연료혁명의 불을 지피고 있을 때 '나이롱'(나일론)은 의류혁명의 총아가 되었다. 거미줄처럼 가볍고 철사처럼 질겨 헤진 옷 깁는 것이 중요한 밤일처럼 된 주부들한테 대환영을 받았다. 1954년경부터 나일론은 여성 옷감으로도 인기였다. 가격은 치마저고리 한 감에 1만 환 정도여서 감당할 만했으나 대개가 일본에서 들여온 밀수품이라는 데 문제가 있었다.

상공부는 1954년 6월 무늬 없는 단색은 사치품이 아닐 터이므로 수입을 허가하겠다고 하자, 사회부는 생활개선위원회에서 사치품이라고 규정해 착용을 삼가도록 계몽하고 있다는 점을 들어 이의를 제기하기도 했다. 1954년도에 '서울 거리를 휩쓰는 나이롱 선풍'이라는 말을 듣던 나일론은 1955년부터 국산품이 나오기 시작했다.

1950년대 중반에 선풍적인 인기를 누린 것은 나일론보다 비로드(벨벳)였다. 멋 부리는 여성들은 일제 비로드 치마에 일제 양단 저고리를 걸치는 것이 최대의 소망이었다. 그러나 1957년경부터는 양단 저고리에 나일론 치마가 더 인기였다. 1956에는 패션쇼도 열렸다. 한국 여성들의 서양식 복장 착용이 점차 늘어갔다.

남성의 양복도 유행이 바뀌었다. 양단 등이 일본에서 밀수해온 것이라면, 남성

양복지는 대부분 홍콩이나 마카오에서 밀수해온 것이었다. 마카오 신사복에 홍콩에서 밀수한 시계를 차야 멋쟁이 남성이었다. 그래서 '마카오 신사'라는 말이 유행했다. 노동귀족들도 마카오 양복을 빼입었다. 『동아일보』 1955년 9월 7일자에 "마카오 양복 입고 고급 요정에서 태평세월을 노래하는 신사 양반들이" 노동자 이름을 팔며 노동운동한다고 다닌다는 기사가 실리자 대한노총은 『동아일보』 신문 수송을 거부하고 송전을 중단하는 행패를 부렸다.

05

▶ **이승만 정권은** 24파동 와중에 최인규를 선거 주무 장관에 임명했다. 자유당에서는 최인규에 대해 1960년 정부통령 선거에서 이기기 위해 '최후로 써먹을 총알'이라는 말들이 오갔지만, 그를 내무장관에 앉힌 것은 다가오는 정부통령 선거에 이승만이 얼마나 각별히 신경 쓰고 있는지를 단적으로 보여주는 예였다.

운명의 3월 15일 정부통령 선거는 최인규가 기획한 대로 진행되었다. 곳곳에서 대리투표가 공공연히 저질러졌다. 일부 지방에서 사전투표가 발각되었고 3인조

아! 4월혁명, 백색독재 무너뜨리다

투표도 각지에서 행해졌다. 그날 마산에서는 대규모 시위가 벌어졌다. 마산 시민·학생의 3·15항쟁은 휴전 이후 최대의 사건이었다. 그렇지만 제2차 마산항쟁이 없었더라면 4·19는 늦추어질 수 있었고, 그만큼 이승만 정권의 붕괴는 지연될 수 있었다. 4월 11일 왼쪽 눈에 최루탄이 박힌 참혹한 모습의 김주열 시신이 발견된 이후 마산에서는 또다시 시민항쟁이 일어났다. 제2차 마산항쟁은 사태를 새로운 단계로 몰고 갔다. 숨 막힐 것 같은 상황이었지만 대학생들은 더 이상 좌시할 수 없었다. 서서히 폭풍이 몰아치고 있었다.

최인규, 부정선거를 기획하다

이승만 대통령은 1959년 3월 20일 5개 부서 장관을 경질했는데, 43세의 최인규를 내무장관에 임명한 것은 비상한 관심을 모았다. 이승만 정권은 1960년 정부통령 선거에 대비해 무술경관을 동원해 야당 의원들을 의사당에서 끌어낸 뒤 국가보안법 개정안과 지방자치법 개정안을 통과시키는 초강수를 두어 정국이 회오리바람에 휩싸여 있었는데, 이 24파동의 와중에서 최인규를 정부통령 선거 주무장관에 임명한 것이다.

3장에서 언급한 대로 최인규는 1954년 총선에서 차기 대통령 후보로 나서게 될 신익희를 낙선시키기 위해 경기도 광주에 출마한 바 있었다. 그 뒤 1956년에 외자청장에 임명되었고, 1958년 민의원 선거에서 당선되자마자 예산결산위원회 위원장이라는 요직을 맡았다. 그리고 그 직을 맡자마자 교통장관에 임명되었다. 초고속 등용이었다. 자유당에서는 최인규에 대해 1960년 정부통령 선거에서 이기기 위해 '최후로 써먹을 총알'이라는 말들이 오갔지만, 그를 내무장관에 앉힌 것은 다가오는 정부통령 선거에 이승만이 얼마나 각별히 신경 쓰고 있는지를 단적으로 보여주는 예였다. 『동아일보』는 다음과 같은 입각평을 썼다.

> 강력한 의지의 소유자로 한번 마음먹은 일은 기어이 해내는 성격. 어떤 목표를 달성키 위해서는 수단 방법을 가리지 않는다. 자유당 내의 어느 파에도 가담치 않고 다만 경무대와 이 의장에게만 충성을 바쳤다.

같은 달인 3월 외무·내무·재무·법무·교통·체신장관으로 구성된 6인위원회가 탄생했다.(후에 교통장관 대신 농림장관이, 1960년 1월 외무장관이 사임하자 김정열 국방장관이 들어왔다.) 6인위원회는 대통령 특명 사항과 공무원 선거대책 등 '중요 사항'을 맡았는데, 이승만의 수족으로 구성되어 주로 1960년에 치를 선거 관계 결정을 내리는 '내각 속의 내각'이었다.

최인규 임명은 이승만의 기대에 조금도 어긋나지 않았다는 것이 즉각 드러났다. 최인규는 3월 23일 내무장관 취임사에서 정부통령 선거를 어떻게 치를 것인가에 대해 이렇게 말했다.

> 지금 형편으로는 이승만 대통령 각하께서 이 나라에 안 계신다고 하면 나라는 망하고 만다는 결론밖에 나오지 아니하는 것입니다.……(선거에 대비해)……경찰관이나 일반 공무원이 열성과 지혜를 가지고 일을 다 해서 이 대통령 각하를 도웁는 동시에……이 대통령 각하를 위하여 오늘부터 나서서 일하는 것이 거룩한 일이

기 때문에······.

　이승만을 위하는 일은 거룩한 일이라고 전제하고 공무원의 선거 개입을 독려한 취임사였다. 그는 야당과 언론의 비판에 아랑곳하지 않았다.
　최인규는 인사를 대폭 단행했다. 1959년 3월 27일 치안국장 이성우를 내무차관으로, 불과 35세밖에 안 된 서울시경 국장 이강학을 경찰 총수인 치안국장으로, 경남 경찰국장 유충열을 서울시경 국장으로 영전시켜 선거의 핵심 본부를 차리고 각 도 경찰국장도 바꾸었다. 이어서 대규모로 총경급 인사를 단행했다. 역대 어느 내무장관도 손 못 댄 대폭적인 이동이었다. 5월 13일에는 7개 도지사가 바뀌었는데, 정치인들이 다수 기용된 것이 특색이었다.
　1959년 6월에 최인규는 일종의 예행연습 기회를 가졌다. 대법원 판결로 6월 5일 영덕과 인제에서, 6월 23일 울산 을구와 월성 을구에서 재선거 또는 일부 재선거가 있었는데, 특히 울산 을구와 월성 을구는 경찰이 공공연하게 선거를 지휘했다. 어느 지역에서나 자유당이 압승했다.
　민주당은 이 선거에 책임을 물어 7월 3일 최 내무에 대한 불신임안을 표결에 붙였는데 가 107표, 부 107표, 기권 6표, 무효 2표로 부결되었다. 자유당 의원 약 20명이 반란표를 던졌는데, 그런 것에 기죽지 않고 최인규는 더욱 강경 일변도로 경찰을 내몰았다.
　이승만과 이기붕은 최인규 등을 독려하면서 조기 후보지명으로 야당을 제압코자 했다. 6월 29일 자유당 전당대회가 열리는 날 아침 이기붕은 자유당 핵심 간부들한테 오늘 대회에서 후보지명을 하자고 제안했다. 그리하여 대통령 후보에 이승만을 지명 추대했고, 이승만은 부통령 후보에 병중에 있어 국회의사당에도 거의 나오지 못하는 이기붕을 지명했다.

전과 달리 이승만은 대통령 후보로 나서지 않겠다는 소동도 피우지 않았고, 부통령 후보도 쉽게 정해주었다. 자유당 정부통령 후보지명이 있은 지 한 달이 지난 1959년 7월 31일 유력한 경쟁자인 조봉암이 교수형에 처해졌다.

민주당은 자유당에서 정부통령 후보를 지명했는데도 수개월이나 심각한 내분에서 헤어나지 못했다. 사이가 나빠질 대로 나빠져 있었던 신파(장면 지지파)와 구파(조병옥 지지파)는 정부통령 후보 문제를 둘러싸고 끝없이 이전투구를 벌였다.

신파로서는 부통령 후보가 더 좋을 수 있지만, 양파는 마치 적대자끼리의 판가리싸움 또는 세력싸움처럼 정부통령 후보 경쟁에 나서고 있었다. 10월 중순에는 당분규수습10인위원회까지 만들어졌다. 그 후 한 달이 지난 11월 26일 후보지명대회를 가졌다.

결과는 조병옥 484표, 장면 481표로 3표차로 조병옥이 대통령 후보, 장면이 부통령 후보가 되었다. 다음 날 열린 전당대회에서는 장면 518표, 조병옥 447표로 장면이 당대표최고위원에 선출되었다. 구파의 불만은 대단했다. 신파와 구파는 심각한 불신과 갈등을 안고 1960년 정부통령 선거를 맞이했다.

이승만 정권은 자유당 정부통령 지명대회가 있은 후 선거 계획을 착착 진행시켰다. 1959년 10월경 6인위원회는 자신들의 사전 의결을 거친

후 전체 국무위원 합의를 받아 전국 각 도·시·읍·면 단위로 공무원친목회를 조직해 선거운동을 벌이게 했다. 이승만 및 이기붕 등 자유당 간부들은 민주당 내분을 유심히 들여다보면서 한편으로는 지독한 부정선거를 치르지 않고 계속 집권할 수 있는 방안도 모색했다. 하지만 그들은 박정희의 유신 쿠데타와 같은 친위 쿠데타를 일으키는 방법은 고려하지 못했다.

이승만과 자유당 간부들은 고전적인 방식인 개헌을 통한 집권 방법을 다시 거론했다. 자유당 간부들은 대통령간선제를 포함한 외형상의 내각책임제 개헌이 자신들의 영구집권을 보장해주는 확실한 방안이라고 생각했지만, 이승만의 태도가 관건이었다. 이 시기 그들은 또한 미국처럼 같은 정당의 대통령과 부통령이 동반 당선되는 정부통령 동일티켓제도 생각해냈다.

민주당에서도 구파를 중심으로 동일티켓제, 국무총리제 부활 등의 개헌 주장이 제기되어 신파를 긴장케 했다. 이승만은 12월 21일 기자회견에서 동일티켓의 개헌 필요성을 강조하고 선거는 농번기를 피하겠다고 언명했다. 개헌 논의가 제기되면서 민주당 의원들이 매수되어 자유당으로 넘어가는 사례가 잇달아 보도되었다.

이승만·자유당의 개헌론은 1960년 1월을 고비로 자취를 감췄다. 자유당으로서는 이승만이 계속 국무총리제 부활을 반대하고 있어 동일티켓제밖에 선택할 길이 없었다. 자유당에서는 동일티켓제를 입법으로 처리하려고도 했으나 개헌을 하기 위해서는 민주당 구파에게 큰 양보를 해야 했다. 그것은 이승만도 달가워하지 않았다.

이승만은 부정선거 말고도 정부통령 선거에서 승리하기 위한 또 하나의 계책이 있었다. 그는 1959년 12월 21일 기자회견에서 크게 주목받지는 못했지만 중요한 사안을 말한 바 있었다. 농번기를 피해 선거를 하겠다는 것이 그것이다.

그때까지의 선거는 국회의원 선거든 정부통령 선거든 발췌개헌 직후의 선거를 제외하고는 모두 5월에 했다. 5월 초는 언론에서 떼지어 주장했듯이 농번기라고 보기 어려웠다. 그렇지만 정부는 이 대통령 의중에 맞춰 3월 선거론을 들고 나왔다. 최인규는 1960년 1월 23일에 3월 중 선거를 치르겠다고 말했고, 여기에 못을 박듯 27일 이 대통령은 농번기 전의 선거가 나의 수년 동안의 지론이라고 재차 강조했다.

이승만이 3월 선거론을 들고나온 중요한 속내는 조병옥 병세와 관련이 있었다. 조병옥은 정초부터 미 8군병원 등에서 입원 치료를 받았으나 병세가 악화되어 1월 29일 "낫는 대로 지체 없이 달려오겠다"라는 성명을 내고 미국으로 떠났다. 조병옥은 미 월터리드 육군병원에서 3월 조기선거는 등 뒤에다 총을 쏘는 격이라고 비난하고 반대했으나, 정부와 여당은 2월 1일에 3월 실시를 확정했다.

2월 3일 정부는 3월 15일에 선거를 치른다고 공고했다. 2월 5일 이승만과 이기붕이 각각 자유당의 대통령 후보, 부통령 후보로 등록했다. 민주당의 정부통령 후보는 2월 7일 등록했다.

자유당은 3월 선거에 맞춰 이미 1월 21일 정부통령선거대책위원회 임원 등을 결정해 발표했다. 자유당 선거대책위원회 지도위원에는 김두헌(숙명여대)·김연준(한양대)·김활란(이화여대)·백낙준(연세대)·백성욱(동국대)·이선근(성균관대)·조동식(동덕여대)·조영식(경희대) 등 서울 주요 대학 총·학장이 거의 망라되다시피 포함돼 있었고, 김말봉·박종화·모윤숙 등 문인들도 들어 있어, 당시 지식인·문화인 사회의 흉한 단면을 보여주었다.

조병옥 민주당 대통령 후보는 끝내 미 육군병원에서 2월 15일 사거했다. 1956년의 선거에서는 민주당의 신익희 후보가 격전 중에 사거했는데, 조 후보는 전장에 나가보지도 못한 채 눈을 감았다. 민주당은 즉각 정부에 선거 연기를 요청했으나 귀 기울일 리 만무했다. 이로써 이승만은 유일한 대통령 후보가 되었다.

이승만은 발췌개헌, 사사오입개헌, 5·30선거, 8·5선거, 5·20선거, 5·15선거 등 권력 변동을 가져오는 사안마다 그것을 주도하면서 헌법과 법률을 유린하는 행위를 하거나 페어플레이 정신에서 대단히 거리가 먼 행태를 보여주었는데, 그 점은 1960년 정부통령 선거에서도 비슷했다. 조병옥의 병세가 위중한데 3월 선거를 강행한 것도 그렇지만, 선거를 한 달 앞둔 2월 13일의 발언은 특히 그러했다.

2월 11일과 그 이튿날 최인규는 기자들한테 민주당은 정권을 담당할 능력이 없다고 단언하고, 공무원의 선거운동이 가능하다고 하면서 위법이어도 자신이 처벌하지 않겠다고 발언해 가뜩이나 움츠러든 서민들을 더욱 졸아들게 했다. 후보 등록을 마감하는 2월 13일 이승만은 그것 못지않게 강도 높은 발언을 했다. 정부통령은 꼭 동일 정당에서 나와야 하고, 그렇지 않으면 피선되어도 응종應從치 않겠다는 담화를 발표한 것이다.

85세의 노대통령 발언은 헌법을 유린하는 주장이라는 점에서도 문제지만, 더 중요한 것은 그의 추종자들이 이 발언을 심상치 않은 지병으로 기동하는 데에도 어려움을 겪고 있는 이기붕을 반드시 부통령으로 당선시켜야 한다는 지엄한 명령으로 받아들일 수 있었다는 점이다. 최내무 등 국무위원과 자유당 간부들은 한층 어깨가 무거워지지 않을 수 없었다.

　최인규 등은 이미 정부통령 선거를 위해 맹렬히 뛰고 있었다. 그는 이성우 내무차관, 이강학 치안국장 등을 대동하고 1959년 11월 28일부터 12월 20일경까지, 1960년 1월 초순경부터 2월 초순경까지 거의 매일같이 각 시·도 경찰국장, 사찰과장 및 경찰서장, 시장·군수·구청장 등을 불러 "세계 역사상 대통령 선거에 소송이 제기된 일이 있느냐, 법은 나중이니 우선 당선시켜야 한다. 콩밥을 먹어도 내가 먹고 징역을 살아도 내가 산다"라고 말하고, '국가대업' 수행을 차질 없이 할 것을 당부했다. 그리고 그 방법으로 4할 사전투표, 3인조·9인조 공개투표, 완장 착용, 민주당 참관인 매수·축출 등을 제시했다.

　이강학 치안국장 또한 각 시·도 경찰국장 회의 및 각 시·도 사찰과 간부 연석회의에서 최인규가 지시한 구체적 방법과 함께 투표함 바꿔치기(환표), 표바꿔치기(혼표) 등의 수법을 말하고, 자유당 후보가 80% 이상을 득표하도록 해야 한다고 지시했다.

　최인규·이강학 등은 1960년 1월 23일에 치러진 영주 영일 을구 재선거에서 무더기투표, 3인조 공개투표, 대리투표, 사전투표, 민주당 측 참관인 축출 등의 방법을 사용해 자유당 후보가 압도적으로 당선토록 했다.

2월 24일 서울 반도호텔에서는 산업은행이 자금융자를 빌미로 갹출한 선거자금 11억 1천만 원을 자유당 간부 한희석과 박용익이 최인규·이강학에게 넘겨주었다. 경찰국에서 파출소까지 일정한 금액을 일일이 넘겨주도록 되어 있었다. 28일에는 각 시·도 내무국장, 시장, 구청장, 군수, 읍·면장, 교육감 등에게 넘겨질 돈이 건네졌다.

이승만 정권의 부정선거 계획은 3월 3일 민주당에 의해 상세히 폭로되었다. 민주당이 폭로한 자료는 자유당의 경찰·공무원 선거대책 비밀공문이었는데, 그 내용은 최 내무와 이 치안국장이 경찰 간부들에게 말한 방법 거의 그대로였다.

신문에 부정선거 계획이 상세히 또 대대적으로 보도되었다고 해서 놀라거나 그만둘 이승만 정권이 아니었다. 이성우 내무차관과 이강학 치안국장은 3월 7일 대전 모 부대에서 비밀리에 열린 전국경찰국장회의에서 4할 사전투표 등을 기존 방침대로 하라고 지시하고 경찰국장의 '모가지'는 장관과 대통령이 책임진다고 강조했다.

자유당은 외곽단체도 동원했다. 제일 큰 것으로는 지부 회원수가 131만여 명에 이르는 반공청년단(단장 신도환)이 있었다. 임화수 등 깡패를 주축으로 만든 반공예술인단도 선거운동에 나섰다. 심지어 접대부 단체인 전국여성예인藝人구락부도 나섰다. 박종화·이헌구·김광섭·김말봉·모윤숙·김동리 등 문인들은 이승만과 이기붕을 찬양하는 글을 신문에 썼다. 만송晩松(이기붕의 호)족이 출현한 것이다. 자유당은 심지어 국민학교 아동들에게 '우리 대통령' 등 이승만과 이기붕을 찬양하는 노래를 부르게 했다.

학생들 시위에 나서다
—2·28학생시위에서 3·15마산시민항쟁으로

1960년 2월 28일 오후 1시경 대구 경북고 학생위원회 부위원장 이대우가 운동장 조회단에서 결의문을 읽은 뒤 8백여 학생들이 교문을 나서서 "횃불을 밝혀라, 동방의 별들아", "학원의 자유를 달라", "학원을 정치도구화하지 말라", "학원 내에 미치는 정치세력 배제하자" 등의 구호를 외치며 시위를 벌였다.

경북고 학생들의 2·28시위는 새로운 학생운동의 첫출발이었다는 점에서 의의가 크다. 학생들은 이승만 정권이 수립된 이래 학도호국단으로 묶여 권력이 요구하는 관제 시위를 벌였다. 1950년대 내내 북진멸공·반공방일 시위에 동원되었고, 고위 관료가 행차를 해도 연도에 늘어서서 박수를 쳐야 했다. 그런 학생들이 현실을 비판하는 반정부 시위를 벌인 것이다.

1950년대에 학생들의 비판적인 시위가 없었던 것은 아니다. 1956년 5월 5일 민주당의 신익희 후보가 돌연히 사망해 운구가 서울역에서 효자동 자택으로 옮겨질 때 격렬한 시위가 발생해 7백여 명이 연행됐는데, 이 시위에 대학생들이 다수 가담했다. 1957년 4월에는 이기붕의 장자로 이승만의 양자가 된 이강석이 입학시험 없이 등록하자 서울대 법대생들이 며칠간 동맹휴학을 한 바 있었다. 그렇지만 학생들은 학도호국단에 묶여 있었고, 이승만 정권에 항거한다는 것은 어불성설이었다. 1959년 가을에는 학도호국단 운영위원장들로 구성된 전국대학생구국총연맹이

경북고생들의 2·28데모

4월혁명은 1960년 2월 28일 경북고생들의 시위로부터 시작되었다. 장면 후보의 유세 연설에 학생들이 참여하는 것을 막기 위해 일요일인 2월 28일에 학기말 시험을 보도록 한 학교 당국의 처사에 반발하여 학생들은 교문을 뛰쳐나가 도청에서 시위를 벌였다. 2·28학생시위를 시작으로 시위는 서울, 대전, 수원 등 전국으로 확대되었다.

자유당 후보 선거운동에 나서는 실정이었다.

　죽은 것 같았던 학생들은 성난 사자로 살아났다. 이처럼 대구 지역 학생들이 들고일어난 것은 직접적으로는 민주당의 장면 후보가 일요일인 2월 28일 대구에서 유세를 벌이자 당국이 학생·공무원·노동자·시민들이 유세장에 나가지 못하게 엉뚱한 짓을 했기 때문이다. 경북고의 경우 2월 25일에 3월 3일 치르게 되어 있는 학기말 시험(당시에는 3월이 아니라 4월에 새학기가 시작되었다)을 일요일인 2월 28일 치르겠다고 했다. 28일 대구고교는 토끼사냥을, 대구상고는 졸업생 송별회를, 경북대 사대부고는 임시수업을 하기로 했다.

　경북고 학생들은 오후 1시 30분경 도청에 들어가 시위를 벌였다. 학생들은 연행되면서 3시경까지 데모를 했으며, 120여 명이 연행되었다. 대구고교는 2시부터 30분 동안 시위를 벌였다. 경북대 사대부고는 학생들을 강당에 가두었고 경북여고는 교문을 걸어 잠갔으나 일부 학생들은 시위를 벌였다.

　2월 28일 이후 학생들은 30여 년 동안 불의와 부정, 독재, 민족문제, 민중생존 문제에 대해 시위 등을 통해 발언을 했다. 극우반공체제에서 진보적 정치세력이 활동할 수 없게 되자 학생들이 앞으로 30여 년 동안 그 역할을 대신 떠맡는 세계 역사상 희귀한 사례가 시작되고 있었다.

　2월 29일에도 경북여고·대구여고·대구상고의 일부 학생들이 데모를 했다. 3월 2일 이강학 치안국장은 학생들이 북괴에 이용당하고 있다고 주장했다.

　학생시위는 서울 한복판에서도 일어났다. 3월 5일 장면 부통령 후보가 서울운동장(지금의 동대문운동장)에서 유세를 한 뒤 퍼레이드를 벌일 때 학생 1천여 명이 비를 맞으며 그 뒤를 따랐다. 학생들은 인사동 부근에서 경찰이 저지하자 "부정선거 배격하자", "썩은 정치 갈아보자" 등의 구호를 외치며 시위를 벌였다.

격렬한 시위는 3월 8일 대전고에서도 일어났다. 학생들은 그동안 『서울신문』을 강제 구독시키고 수업시간에 이승만 연설을 틀어주고 이기붕에 관한 뉴스영화를 보여주는 데 불만이 많았는데, 3월 8일의 민주당 강연회에 가지 말라는 지시가 내려오면서 거사를 계획했다. 학생 1천여 명은 8일 스크럼을 짜고 장면 후보 강연회가 열리는 대전 공설운동장으로 "학생을 정치도구화하지 말라" 등의 구호를 외치며 줄달음치다가 무장경관이 곤봉 등으로 난타하면서 난투극이 벌어졌다. 이 시위로 학생 간부들과 50여 명이 연행되었다. 10일에는 대전상고생들이 시위를 벌였다.

3월 10일에는 수원농고생, 충주고교생도 데모를 했다. 이날 전남 광산군 송정읍에서 3인조·5인조 공개투표 모의훈련 끝에 민주당 비밀당원이 반공청년단장에게 살해되었다. 12일 부산 해동고교생들이 학도호국단가를 부르며 시위를 벌였고, 청주고교생도 시위에 나섰다. 3월 13일에는 서울시청 앞, 명동 입구 등 여러 곳에서 산발적으로 학생시위가 있었다. 학생들이 시위할 때 전국대학생구국총연맹과 국정연구회에서는 가두선전차를 타고 "학생들은 자중하라"라고 소리 질렀다.

3·15정부통령 선거가 다가오면서 고교생 시위는 한층 더 확대되었다. 3월 14일자 석간에서 한 신문은 "폭력에 떠는 3·15 분위기"라는 기사를 통해 도처에서 칼과 주먹이 난무했고, 그 와중에 김포에서 민주당 참관

인이 중상을 입었다고 보도했다. 이날 14일에는 포항고교생, 인천 송도 고교생, 원주농고생이 데모를 하는 등 시위가 많았다. 부산에서는 동래고교·부산상고·항도고교·북부산고교·혜화여고·데레사여고 등이 시위하면서, "우리 선배는 썩었다", "우리가 민주제단을 지키자" 등의 구호를 외쳤다. 대학생들을 불신하면서 고교생들이 민주주의를 지킬 수밖에 없다는 처절한 외침이었다.

무장헌병들이 교통순경을 대체해 교통정리를 했던 서울에서도 3월 14일 밤 늦게 시위가 일어났다. 정각 9시쯤 화신백화점 일대에서 대동상고·균명·중동·강문·보인고생 약 2백 명이 쏟아져나와 노트 쪽지에 펜으로 "살인선거 물러가라", "대한민국은 민주공화국이다"라고 쓴 삐라를 뿌리면서 데모를 감행했다. 유신체제 붕괴 직전에 벌어진 광화문 야간 시위를 연상시키는 연합시위였다.

운명의 3월 15일이 왔다. 이날 투표는 최인규가 기획한 대로 진행되었다. 곳곳에서 대리투표가 공공연히 저질러졌다. 일부 지방에서 사전투표가 발각되었고, 3인조 투표도 각지에서 행해졌다. 곳곳에서 자유당 완장부대가 경찰·청년단원 등과 함께 공포 분위기를 조성했다. 민주당 참관인은 도처에서 내쫓겼다. 민주당은 전남과 경남에서 일찌감치 선거를 포기했다.

민주당 중앙당은 투표가 끝나기 전인 오후 4시 30분에 3·15선거는 선거의 이름 아래 이루어진 국민주권에 대한 포악한 강도행위라고 규정하고, 3·15정부통령 선거가 전적으로 불법·무효임을 선언했다. 민주당은 참관인도 철수시켰다.

1960년 3·15부정선거 당시 여당과 야당의 선거 벽보
당시의 선거 분위기를 짐작하듯 야당인 민주당의 선거 벽보가 심하게 찢겨 있다. 자유당 선거 포스터에 쓰인 "나라 위한 팔십 평생 합심하여 또 모시자"와, 1956년 5·15정부통령 선거에서 부통령 후보 이기붕이 패배한 것을 상기시키듯 "이번에는 속지 말고 바로 뽑자 부통령"이라는 선거구호가 인상적이다.

한희석 선거대책위원장 겸 기획위원장 등 자유당 간부들은 개표 상황을 지켜보다가 대구에서 이기붕 5천 표, 장면 32표라는 보고를 받고 놀랐다. 대구는 대표적인 야당 도시였다. 한희석은 최인규에게 전화를 걸었다. 국무위원들도 일부 지역의 개표 상황을 지켜보면서 자유당 후보가 95% 또는 97%를 넘지 않을까 '걱정'을 했다. 최인규·이강학 등은 한밤중에 경비전화로 이승만은 80%, 이기붕은 70~75% 선으로 조정하라고 지시했다. 각지에서는 부랴부랴 감표에 들어갔는데, 일부 지방에서는 최병환 내무부 지방국장이 50% 선 조정을 지시해 혼란을 빚었다.

  그 결과 이승만은 유효투표수의 88.7%에 해당하는 963만 3,376표를 얻은 것으로 발표되었다. 부통령의 경우 이기붕이 유효투표수의 79%에 해당하는 833만 7,059표, 장면이 184만 3,758표로 발표되었다. 이런 득표가 어떻게 해서 나왔는가는 이승만·이기붕은 말할 나위도 없고 세 살 먹은 어린애도 알 수 있는 상황이었다.

  3·15부정선거에 항의해 진주에서 민주당원 10여 명이 무언의 시위를 했다. 광주에서는 50여 명의 당원들이 "민주주의는 죽었다"라고 외치면서 시위에 들어갔다. 그렇지만 마산에서 시민들이 격렬한 투쟁을 벌이지 않았더라면 한국인은 3·15와 같은 부정선거에도 방관하는 사람들이라는 비판을 면치 못했을 것이다.

  야당성이 강한 마산에서는 3월 15일 오전 7시 투표 시간이 시작되면서 실랑이가 벌어졌다. 민주당 참관인들이 투표소에 들어가는 것을 막아버린 것이다. 47개 투표소 중 민주당 참관인이 들어간 곳은 3개소뿐이었다. 그러던 중 시청 옆 한 투표소에서 민주당 참관인이 사전투표를 한 투표함을 발견했다.

시민들은 투표할 번호표를 받지 못했다고 민주당 당사 앞에 몰려들어 번호표를 찾아달라고 아우성쳤다. 투표소 시설 또한 장막 뒤에서 감시하는 내통식이어서 비밀투표를 할 수 없었다. 3인조 투표는 물론이고, 투표지를 뒤집어 선관위원에게 보일 것을 강요당했다. 민주당 마산시당은 중앙당이나 경남도당과 상의 없이 오전 10시 30분 선거 포기를 선언하고 참관인·선거위원·운동원을 모두 철수시켰다. 민주당 경남도당은 오후 1시 30분에 선거 무효를 선언했다.

마산시 민주당원들은 오후 3시 40분경 데모에 나섰다. 도의원 정남규 등이 앞장서고 30여 명이 뒤따랐다. 그들은 "부정선거 다시 하자"라는 플래카드를 들고 시위를 벌였다. 정남규 등이 연행되었지만 시위대는 계속 늘어났다. 데모대는 일단 오후 6시에 해산했다.

오후 7시 30분경 약 1만 명의 시민·학생이 마산시청 일대에 모였다. 그때 소방차 한 대가 시위대를 향해 오다가 돌팔매를 맞아 운전수는 뛰어내리고 차는 전신주 두 개를 들이받아 정전이 되었다. 정전과 거의 동시에 최루탄이 발사되고 뒤이어 총성이 울리면서 중학생이 쓰러졌다. 일부 시민들이 북마산 쪽으로 방향을 돌려 파출소를 에워쌌을 때 또 총소리가 울렸다. 밤 9시 30분 날아온 돌에 석유램프가 쓰러져 북마산파출소에 불이 붙었고, 곧 전소되었다.

그 무렵부터 흥분한 시위대는 여러 갈래로 떼를 지어 곳곳에서 분노를 터뜨렸다. 민주당으로 입후보해 당선되었다가 자유당으로 간 허윤수의 집이 파괴되었고, 서울신문사·자유당선거대책위원회·국민회 등이 들어 있는 건물과 두 개의 파출소가 파괴되었다. 시위대는 밤 11시 반경 해산했다. 이날 8명이 사망하고 70여 명이 부상당하고 2백여 명이 연행되었다.

제2차 마산항쟁으로 돌이킬 수 없는 사태 맞아

마산 시민·학생의 3·15항쟁은 휴전 이후 최대의 사건이었다. 그렇지만 제2차 마산항쟁이 없었더라면 4·19는 늦추어질 수 있었고, 그만큼 이승만 정권의 붕괴는 지연될 수 있었다. 제2차 마산항쟁이 여러 날에 걸쳐 대규모로 격렬하게 일어난 것은 정부의 3·15마산항쟁에 대한 처리에 불만과 분노가 쌓일 대로 쌓여 있었기 때문이다.

이승만 대통령, 국무위원들이나 자유당 간부들은 마산사태만 없었어도 3·15부정선거를 1958년의 5·2총선, 그 이후의 재선거에서 있었던 부정선거를 처리했던 것과 비슷한 방식으로 넘어가려고 했지만, 3·15마산항쟁으로 그렇게 처리하기가 쉽지 않게 되었음을 감지했다. 3·15마산항쟁은 1960년 정부통령 선거에서 자신들이 무슨 '범죄'를 저질렀는가를 어렴풋이나마 알게 했다. 그렇지만 이승만·자유당 정권은 민심을 수습하는 방향으로 처리할 수 있는 유연성을 지니고 있지 않았다.

3월 16일 오전 이 대통령은 국무위원으로부터 마산사건을 보고받고,

"이것은 지금까지의 학생 데모에 관대하게 조치함으로써 일어난 것이 아닌가? 철저히 배후 관계를 규명하여 의법 처단하라"라고 말한 것으로 알려졌다. 같은 날 최인규는 마산사건은 폭동·방화·소요 사건이며, 공산당이 개재되었다면 내란에 속한다고 말하고, 민주당 경남도당부 혹은 공산당의 지령·사주인지, 단독으로 감행된 것인지를 철저히 조사하라고 지시했다. 한 발 더 나아가 이강학 치안국장은 17일에 마산사건은 공산당의 수법과 비슷하다고 언명했다. 이기붕 국회의장이 기자회견에서 총은 '쏘라고'(일부 기자는 '쓰라고'로 들었다고 한다) 준 것이라고 말한 것은 두고두고 비난의 표적이 되었다. 이승만은 3월 19일 정부 입장을 다음과 같이 정리했다.

> 마산에서 일어난 난동에는 철없는 어린아이들을 앞장세워 돌진을 하고 경찰을 습격하여 방화하며 가옥을 파괴한 것은 민주주의 국가에서는 있을 수 없는 일이며…… 이번 선거 일을 맡아하는 사람들이 많이 노력하여 잘되어 나가다가 마지막에 이런 부끄러운 일이 일어났으니 두 번 다시 이러한 난동이 없게 하여야 할 것이다.

최인규는 3월 18일 사표를 냈다. 토사구팽兎死狗烹이라는 말이 있지만 자신의 임무가 일단 끝났기 때문이다. 다음 날 내무차관 이성우, 치안국장 이강학이 사표를 냈다. 이 대통령은 23일 홍진기 법무장관을 내무장관에 임명했다. 과거의 경우를 볼 때 이례적으로 신속히 처리한 것이다. 최인규 임명 이후 3·15선거가 어떤 과정을 거쳐 어떻게 치러졌는지를 인식하고 있었기 때문임과 동시에, 더 이상 정부통령 당선에 대해 왈가왈부하지 말라는 의도가 들어 있었다고 봐야 할 것이다.

3월 16일 마산에서는 이른 새벽부터 무장경관이 삼엄한 경계를 폈고, 학생들과 청년들을 마구 잡아들였다. 경찰들은 무차별적으로 연행했을 뿐 아니라 심한 고문을 가했다. 총상 또는 경찰의 구타로 각 병원에 입원 중인 환자를 면회하러 오거나 행방불명자 소식을 문의할 때에도 경찰은 너도 빨갱이냐고 폭언을 했다.

경찰은 항쟁을 계획된 폭동이자 배후에 공산당이 개재한 것으로 만들려고 했다. 그들은 총에 맞아 도립병원에 옮겨진 세 명의 청소년 시체에서 "이승만을 죽여라", "인민공화국 만세" 등의 글이 쓰인 삐라를 발견했다고 주장하고, 심지어 도립병원장에게 죽은 세 청소년한테서 불온문서가 나왔다고 사망진단서에 기입할 것을 강요했다. 경찰은 북마산파출소가 불탄 것도 민주당 도의원 정남규 등이 모의해 방화한 것으로 조작하려고 했다.

언론도 마산사태를 상세히 보도했고, 대한변호사협회도 조사단을 보내 진상을 조사하여 공표했다. 몇몇 검사도 경찰의 사건 조작을 반대했다. 3월 25일 경찰관 5명이 발포 혐의로 구속되기에 이르렀다. 30일 소진섭 대검 차장검사는 마산사건에서 공산당 연관의 확증을 잡지 못했다고 발표했다. 마산사태는 일단락되는 듯했다.

마산사태의 충격 때문인지 3월 15일 선거가 끝나고 제2의 마산항쟁이 있기까지 학생시위는 소강상태에 들어갔다. 그러나 3월 16일에는 서울 민주당사 일대에서 고교생들이 주축이 되어 한동안 시위가 일어났다.

성남고 학생 4백 명은 17일 "마산사건의 책임은 경찰에 있다" 등의 구호를 외치며 영등포 일대에서 경찰과 맞서면서 시위를 벌였다. 마산 부근의 진해에서는 16일 진해여고생이 시위를 벌인 데 이어 17일 진해고 교생도 거리로 나섰다.

3월 14일에 여러 남녀 고교생들이 쏟아져나왔던 부산에서는 3월 24, 25일 잇달아 데모가 일어났다. 마산에서 가까운 부산 시내 중고교에 조기 봄방학이 시작된 3월 24일에는 부산 고교생 9백 명이 시위를 벌였다. 25일에는 부산 동성중고교생·경남공고생·데레사여고생이 폭우 속에서 시위를 했고, 경남고생·혜화여고생도 합류해 밤까지 시위했다.

민주당 간부들은 3월 18일에 의사당 부근에서 데모했는데, 4월 6일에는 민주당과 재야단체가 3·15선거는 전적으로 불법이며 무효라는 선언식을 가진 뒤 시위에 들어갔다. 정치인들은 두 시간여 데모를 하다가 해산했지만 학생들은 시민의 성원을 받으며 계속 시위를 벌였다. 시위대는 "3·15선거는 불법이다 무효다", "이승만 정부는 물러가라", "정부통령 선거 다시 하라", "살인선거 책임자들을 처단하라"는 등 심상치 않은 구호를 외쳤다.

중앙당 시위에 자극을 받아서인지 4월 8일에는 민주당 경남도당과 강원도당에서 농성을 벌였고, 이튿날에는 시위에 들어갔다. 지방의 야당 당원들은 경찰 탄압의 표적이었고, 생계조차 어려운 사람들이 많았다.

한국근현대사에는 한 사람의 죽음이 중대한 결과를 초래한 경우가 여럿 있다. 3·1운동, 6·10만세운동도 그러했고, 박종철의 죽음은 6월항쟁을 불러일으켰다. 제2차 마산항쟁이 일어난 직접적인 계기는 마산상고

학생 김주열의 죽음이었다.

4월 11일 11시 20분경 마산 중앙부두 앞바다에 시체가 떠올랐다. 머리와 눈에 최루탄이 박힌 참혹한 모습이었다. 어머니가 매일 거리를 돌아다니며 찾아다녔던 그 김주열이었다. 어머니는 아들의 시체가 발견되기 세 시간 전 고향으로 떠났다. 그의 시신은 도립병원에 안치되었다.

시민들은 시체가 인양될 때부터 몰려들었다. 도립병원 안팎에서 웅성거리던 학생·시민들이 거리로 쏟아져나갔다. 오후 6시경에는 약 3만 명이 시위에 나섰다. 이날 시위에는 특히 부인들이 많았다. 그들은 "죽은 내 자식을 내놓아라", "나도 죽여 달라"면서 그동안 보복이 무서워 참았던 분노와 울음을 한꺼번에 터뜨렸다. 1789년 프랑스혁명 때 베르사유 궁전에서 루이 16세와 마리 앙투아네트 왕비를 파리로 끌고 와 혁명을 크게 확산시킨 데에는 부인들의 역할이 컸는데, 그 점은 제2차 마산항쟁에서도 비슷했다.

오후 6시가 조금 지나면서부터 시위대는 "시체를 내놓아라", "살인선거 물리치자" 등의 구호를 외치며 도처에서 관공서를 파괴했다. 마산 곳곳에서 시위가 벌어졌다. 자유당 마산시당부, 국민회 마산지부, 서울신문 마산지사, 허윤수 집 등이 3·15시위 때보다 더욱 크게 파괴되었고, 시청과 남성동 파출소 등 여러 파출소가 습격당했다. 9시 50분경 경찰 발포로 2명이 사망하고 여러 명이 중경상을 입었다. 시위는 다음 날 1시 50분경까지 계속되었다.

4월 12일 날이 새자 마산 시민들은 경찰서·시청·도립병원 등으로 몰려들었다. 오전 10시경 마산공고 학생들이 교문을 나섰고, 뒤이어 창신고

혁명의 도화선이 된 김주열의 시신
1960년 4월 11일 3·15부정선거 규탄 시위 때 행방불명되었던 마산상고생 김주열의 주검이 한 달 만에 머리와 눈에 최루탄이 박힌 처참한 모습으로 마산 중앙부두 앞바다에 떠올랐다. 이 사실에 분노한 마산 시민들은 제2차 마산항쟁을 일으켰으며, 항쟁의 거센 불길은 마침내 4월혁명의 도화선이 되었다.

·마산여고·마산고와 여러 여학교 학생들이 시위에 나섰다. 뒤따르던 시민들은 "자식을 지키자"라고 외쳤다. 학생들 시위는 오후 3시 반경 끝났다. 한편 도립병원에서 김주열의 시신 해부가 지연되자 부인들이 경찰의 잔인성을 비난하며 아우성쳤다. 시체 안치소 일대는 인산인해였다.

어둠이 깔리면서 사태는 더욱 악화되었다. 밤 7시 통금 사이렌이 울리면서 몰려든 1만여 명의 성난 군중들은 시위에 나섰고, 경찰서에 투석했다. 야간시위에는 부인들이 많았다. 군중과 경찰은 밤 11시경까지 공방전을 폈다. 경찰은 이날 밤은 신중했다.

같은 날 국회에서 홍진기 내무장관은 마산은 공산운동으로 유명했던 곳이라면서 마산소요에 좌익이 움직인 혐의가 있다고 밝혔다. 이날 밤 홍 내무와 신언한 법무차관 공동 명의로 마산사태에 적색마수赤色魔手가 개재된 혐의가 있으니 부화뇌동하지 말라는 담화문을 발표했다.

4월 13일 오전 10시부터 다시 시위가 시작되었다. 해인대 학생들과 마산여중고·성지여중고·마산제일여고 학생들이 시위에 나섰다. 여학생들은 김주열 시체에 덮어주겠다고 꽃다발을 앞세우고 시위했다. 상가는 전날에 이어 철시했고 관공서의 행정사무도 마비되었다.

이승만은 4월 13일 발표한 특별담화에서 "이 난동에는 뒤에 공산당이 있다는 혐의도 있어서 지금 조사 중"이라고 협박했다. 이날 정부는 적색분자를 색출하기 위해 오제도 검사, 조인구 치안국장, 하갑청 육군특무부대장으로 대공3부합동수사위원회를 설치했다. 이 같은 강경 방침에 따라 마산에서는 검거 선풍이 불었고, 30여 명이 구속되었다.

4월 15일 이승만은 "해내해외에서 들어오는 소식은 마산에서 일어난 폭동이 공산당이 들어와 뒤에서 있다고 하는 것"이라고 말하는 등 이틀 전보다 여러 면에서 한층 강도 높은 담화를 발표해 정부가 사태를 어떻게 처리하려고 하는가를 짐작케 했다. 이날 조인구는 공산당이 개입한 모종의 중대 정보를 입수했다고 말했다. 그렇지만 이정용 경남 경찰국장은 16일 국회에서 공산당 사주의 증거가 없다고 증언했다.

제1차 마산항쟁이 있은 뒤 한동안 소강상태여서 이승만 정권은 적당히 밀고 가면 되겠다고 생각하고 있었다. 그러나 제2차 마산항쟁은 사태를 새로운 단계로 몰고 갔다. 숨 막힐 것 같은 상황이었지만 대학생들은 더 이상 좌시할 수 없었다. 서서히 폭풍이 몰아치고 있었다.

3일간의 마산항쟁에 이어 진주 민주당원이 4월 14일에서 17일에 걸쳐 여러 차례 시위했고, 하동과 창녕의 민주당원도 가세했다. 전주와 인천의 민주당원도 거리로 나왔다. 15일에는 마산고와 마산상고생이 시위했는데, 정부 처사에 대한 반발이 작용했다. 17일에는 청주공고생이 시위했다. 18일에는 데모 규모가 눈에 띄게 커졌다. 부산·진해·진주 등 마산 주위 도시가 동요하는 가운데 동래고생 1천여 명이 거리로 뛰쳐나왔다. 청주고·청주상고·청주공고·청주여고에서도 2천여 명이 쏟아져나왔다. 무엇보다도 4월 18일이 기억되는 것은 이날부터 대학생 데모가 거세게 일어났기 때문이다. 그 이전에는 마산에서의 해인대 시위를 제외하면 소수 대학생이 그때그때 시위에 개별적으로 참가한 정도였다.

4월 18일은 고려대 학생 데모의 날로 영원히 남아 있다. 4월 1일 개학할 때부터 고대 학생들은 데모에 대한 의견을 주고받았다. 4월 11일 마산에서 항쟁이 폭발하자 학생들은 더 이상 늦출 수 없다고 생각해 신입생 환영회가 있을 16일에 거사하기로 하고 준비를 했다. 눈치를 챈 경찰은 연일 학교에 들어왔고 학교는 신입생 환영회를 18일로 연기했다.

18일 12시 50분경 학생들은 "인촌(김성수의 호)동상 앞으로"라고 외치면서 모였다. 3천여 명이었다. 그 자리에서 후에 4·18고대선언문으로 알려진 선언문이 낭독되었다. "자유와 존엄을 사수하기 위하여 멸공전선의 전위적 대열에 섰으나 오늘은 진정한 민주이념의 쟁취를 위한 반항의 봉화를 높이 들어야 하겠다"면서 총궐기를 호소한 선언문에 이어 "마산사건의 책임자를 즉시 처단하라" 등 5개항의 구호를 낭독했다. 부정선거에 대한 추궁은 없었다.

학생들은 교문을 박차고 나섰다. 여러 차례 경찰의 저지를 받으며 오후 2시 20분경 1천여 명의 학생들이 덕수궁에서 경복궁 쪽으로 100m쯤 떨어진 국회의사당 앞에서 연좌시위를 벌였다. 그곳에서 대정부 건의문을 결의했다. 4시경 유진오 총장이 해산을 종용했으나 연행된 학생들이 6시경 석방될 때까지 농성하다가 6시 40분경 연좌를 풀고 귀갓길에 올랐다. 그 뒤를 수많은 시민과 고교생들이 뒤따랐다.

운명의 사건은 그 뒤에 일어났다. 학생들이 청계천 4가 천일백화점 앞에 이르렀을 때 갑자기 40명쯤 되는 괴한들이 몰려나와 쇠망치·도끼자루·벽돌·몽둥이 등으로 닥치는 대로 학생들을 구타했다. 순식간에 수십 명의 학생과 두 명의 사진기자가 쓰러졌다. 따라오던 학생들이 "깡패들의 습격이다, 흩어지지 말고 집결하자"라고 외치며 대항하려 하자 깡패들은 골목으로 달아났다. 그때가 저녁 7시 20분경이었다. 불과 10분밖에 안 되는 시간이었다.

고대생 데모
1960년 4월 18일 고대생 3천여 명은 국회의사당 앞에서 질서 정연한 시위를 마치고 귀가하던 중 청계천 4가 부근에서 반공청년단 종로구단 특별단부 소속 40여 명의 깡패들에게 기습을 받고 피를 흘리며 쓰러졌다. 다음 날

아침에 깡패들에게 얻어맞고 쓰러진 학생들의 충격적인 사진을 담은 신문기사가 보도되자 학생과 시민들은 분노했다. 이 사건을 계기로 4월혁명은 폭발적으로 일어났다.

괴한들은 반공청년단 종로구단(단장 임화수) 특별단부 소속(화랑동지회 소속이기도 했다. 책임자 유지광) 폭력배였다. 이들 폭력배는 경무대 경무관 곽영주와 연결되어 있었고, 경찰도 잘 알고 있었다. 그런데 이 사건이 얼마나 큰 파장을 일으킬지는 쓰러진 학생들도 습격한 깡패들도 당장에는 알지 못했다.

'피의 화요일' 4·19

수많은 사람들이 '오늘 일이 나겠구나' 하고 똑같이 예감하는 경우가 있다. 4월 19일 조간신문을 받아든 사람들의 심정이 그러했다. 정말 4·19와 같은 엄청난 폭발이 있으리라고는 생각 못했지만, 마산항쟁이 아직도 잊혀지지 않았는데, 큼지막하게 고대 시위 기사가 실렸고, 그뿐만 아니라 괴한들의 습격 기사와 함께 흉기에 쓰러진 학생들의 모습을 담은 사진이 충격적으로 실린 것을 보았을 때, 다수의 학생들은 오늘은 가만히 있을 수 없다는 생각이 들지 않을 수 없었다. 신문기사에는 고대생 한 명이 깡패에게 맞아 절명한 것 같다는, 나중에 오보로 밝혀진 미확인 보도도 있었다. 시민들도 일이 날 것이라는 느낌이 들었다. 이승만·자유당 정권은 신문한테 자주 두드려 맞았지만, 4·19가 난 데에는 신문의 역할이 컸다.

고대뿐만 아니라 서울대·동국대·연세대 등 여러 대학이 4월 개학 이후 시위를 추진해왔다. 서울대에서는 15, 16일부터 구체적인 작업에 들어갔다. 논의를 해오던 연세대·동국대·한양대·중앙대 학생 간부들은 고대 시위 소식을 듣고 그날 밤에 모임을 가졌다.

4월 19일 오전 8시 50분경 종로구 동숭동에 위치한 서울대 문리대에 격문이 붙었다. 이웃한 법대·의대 등에도 붙어 있었다. 격문을 읽고 있던 문리대 학생들은 오전 8시 30분 교문을 나선 대광고 학생들이 종로 5가에서 혜화동 쪽으로 달려오자 그것이 신호나 되는 것처럼 마로니에 앞에 모였고, "민주주의를 위장한 백색전제에의 항의를 가장 높은 영광으로 우리는 자부한다.······ 우리는 캄캄한 밤의 침묵에 자유의 종을 난타하는······"이라고 쓰인 선언문과 격문 구호 등이 배부되었다.

문리대생들이 9시 20분 교문을 나서자 법대·미대 등 부근의 서울대 단과대학 학생들이 합세했다. 한 학생이 "이승만 정부 물러가라", "대통령 선거 다시하자"라고 외치자 주동 학생이 제지했다. 3천여 명의 서울대생들은 10시 30분경 국회의사당 앞에 도착했고, 뒤이어 서울대 사대와 상대, 건국대 학생들이 달려왔다. 비슷한 시간에 동성고, 고대생들이 거리로 나왔다.

동국대생 약 2천 명은 11시경 교문을 나섰다. 같은 시기 성균관대생 3천여 명이 창경궁 쪽으로 나왔다. 연대생들은 12시경에 시위에 돌입했는데 교문에서 몇백 명에 불과했던 인원이 신촌로터리에 이르렀을 때는 3천 명으로 불어났다. 그러나 이승만 정권에 협력했던 김활란이 총장이고 박마리아가 부총장인 이화여대는 끝내 합류하지 못했다. 중앙대생 3천 명은 12시 조금 지나 흑석동을 나와 한강 인도교를 넘어 국회의사당으로 향했다. 홍익대·경기대·외국어대·단국대·국학대·국민대·서라벌예술대도 나섰고, 서울대 의대·세브란스의대·가톨릭의대 학생들은 흰 가운을 입고 시위를 벌였다. 많은 중고교 학생들도 참여했다.

4월 19일 투쟁은 학생들이 경무대 쪽으로 향하면서 양상이 바뀌었다. 동국대생들은 국회의사당 앞에서 서울대생들이 중심이 되어 진로를 왈가왈부하는 것을 보고 11시 50분경 1천여 명이 조선총독부 청사였던 중앙청·경무대 쪽으로 달려갔다. 그 뒤를 서울대 사대생과 동성고생, 성대생이 따랐다. 이때쯤 "이승만 물러가라!", "독재정권 물러가라!"라는 구호가 나왔다. 구호 내용도 달라지고 있었다.

시위대는 수산업·해양경비 등을 담당하는 해무청과 통의동 파출소 앞의 경찰 저지선을 뚫고 효자동 전차 종점으로 육박했다. 오후 1시 5분경이었다. 뒤에서는 계속 후속 부대가 따라왔다. 구두닦이·실업자·껌팔이·신문팔이·거지들도 뛰쳐나와 데모대에 가담했다. 시위대는 전차 종점의 저지선을 뚫고 소방차를 앞세우고 경무대 앞의 최후 저지선으로 진출했다. 시위대와 경찰의 거리가 10여 미터로 좁혀졌을 때 경찰이 일제히 발사했다. 오후 1시 40분경이었다. 동국대생들이 맨 앞에 있었고 그 뒤에 동성고생들이 있었다. 고교생들이 더 전투적이었다. 이들이 다시 돌진하려 하자 경찰은 콩 볶듯 총을 발사했다. 새로 도착한 연대생들도 충격을 받았다.

학생들은 피신하기 시작했고, 경찰은 살기등등하여 이 집 저 집을 뒤지고 다녔다. 집 주인들은 숨겨주었지만, 경찰한테 붙잡힌 학생들은 사정없이 걷어차이고 총 개머리판에 얻어맞으면서 질질 끌려나왔다. 경무대 어귀에서 총 맞아 사망한 사람은 21명, 부상자는 172명이었다.

경무대 어귀에서 후퇴한 시위대와 뒤따르던 시위대는 중앙청 앞과 그 부근의 경기도청 건너편 서울시경 무기고 앞에서 연좌시위를 벌였다. 학생들은 "죄 없는 학생 죽인 살인경관 죽이자"라고 외쳤다. 일부 시위대는 중앙청 돌담을 뛰어넘어 문교부·부흥부 건물 유리창을 깼다.

무기고 앞 데모대가 점점 흥분해 무기고 안으로 육박했다. 긴박한 순간이었다. 2시 50분경 총성이 울렸고, 경찰의 무차별 사격에 8명이 숨졌다.

성난 시위대의 또 하나의 표적은 이기붕 국회의장이었다. 성대생들이 앞장선 시위대는 이기붕 집 정문에 부정선거를 규탄하는 플래카드를 걸고 "이 의장은 사퇴하라" 등의 구호를 외치며 이기붕이 나올 때까지 시위를 계속하겠다고 버텼다. 이때 이기붕 부부는 비서 집으로 피신했다가 안심이 안 돼 6군단 사령부로 들어갔다. 이기붕은 혼자 몸을 가누지 못하는 병자였다. 이기붕의 집앞에 모인 시위대는 구호를 외치며 시위를 벌였다. 많을 때는 5천 명 가까이 되었다. 대치하고 있던 경찰은 4시 반경 최루탄 발사에 이어 일제히 사격을 가해 2명이 사망했다.

오후 1시경 중고교생들이 쏟아져나와 시위대에 합류하면서 시위 군중은 10만 명을 넘는 것 같더니 2시 반경에는 20만 명이 되었다. 도심지는 온통 사람 물결이었다. 그렇지만 알 만한 야당 인사들은 어디에서도 찾아볼 수 없었다. 어떤 정치인도 책임 있는 행동을 하지 않았다.

데모대는 차량만 보면 징발했다. 오후 3시 서울신문사에서 폭음과 함께 연기가 치솟았다. 3대의 소방차도 불태워졌다. 3시 30분경 반공청년단이 들어 있는 반공회관에 불이 치솟았다. 이날 서울에서 건물 26개소

종로의 시위 행렬

4월 19일 마침내 서울대를 비롯하여 서울 시내의 주요 대학 학생들이 일제히 교문을 나섰고, 뒤이어 중고생들도 시위에 참여했다. 이날 서울 일원에는 비상계엄이 선포되었고, 시위로 인해 사망한 사람은 경찰 3명을 포함해 모두 104명이었다. 같은 날 서울뿐 아니라 광주, 부산, 대구 등에서도 시위가 격렬하게 전개되었다.

가 파괴되었고 23대의 차량이 피해를 입었다.

  이승만 정권은 오후 2시 40분경 서울 일원에 경비계엄령을 선포했다. 주목할 것은 홍진기 내무장관의 제의로 오후 1시에 계엄령이 발동된 것으로 '소급'했다는 점이다. 이른바 '소급'해서 '발동'한 것은 분명히 오후 2시 40분 이전에 총기 발사로 다수가 사망한 데 대한 책임 문제와 관련이 있었다. 계엄사령관은 육군 참모총장 송요찬 중장이었다. 오후 4시 반에는 부산·대구·광주·대전 등 4개 도시에도 경비계엄이 추가 선포되었고, 5시에는 추가로 5개 도시에 비상계엄이 선포되었다. 서울의 경우 통금시간이 오후 7시부터 새벽 5시로 바뀌었다.

  서울 지역에 출동 명령을 받은 군대는 15사단(사단장 조재미)이었다. 15사단 병력은 탱크 22대와 함께 밤 8시에 서울 중랑교 부근에 집결했다. 이들은 이동하면서 처음으로 데모 진압훈련을 받았는데, 고작해야 공포탄을 지급받으면서 발포하지 말라는 지시 정도였다. 계엄군은 밤 10시에 헤드라이트를 켜고 사이렌을 울리며 동대문과 종로를 거쳐 중앙청으로 들어갔다.

  여기저기서 총을 쏘던 경찰은 오후 5시경 경무대·중앙청 일대에 집결했고, 무장경관 3백여 명은 장갑차를 앞세우고 총을 쏘면서 세종로 쪽으로 진출했다. 경찰은 계엄령이 선포되었다고 방송했다. 흰 가운을 입은 의대생들이 경찰의 위협과 욕설을 들으며 사상자를 실어 날랐다.

  5시 20분경 반도호텔 부근에서 경찰은 고립된 1천여 명의 데모대를 향해 무차별 난사를 했다. 7명이 사망했다. 소방차와 트럭에 탄 시위대가 동대문경찰서 앞을 지날 때 경찰 사격으로 10여 명의 사상자가 발생했다. 차량에 탄 시위대가 성북경찰서 앞을 지날 때도 사상자가 나왔다.
　차량에 탄 약 3백 명의 시위대는 밤 8시경부터 동대문과 청량리 일대의 파출소를 불태우고 총기를 탈취했다. 한성여중 2년생 진영숙은 데모버스를 타고 구호를 외치다가 미아리 부근에서 파출소에서 날아온 총알에 숨졌다. 그는 '피의 화요일'에 유일하게 유서를 남겼다.

> 어머니, 데모에 나간 저를 책하지 마시옵소서. 우리들이 아니면 누구가 데모를 하겠습니까.…… 데모하다 죽어도 원이 없습니다.…… 온 겨레의 앞날과 민족의 해방을 위하여 기뻐해주세요. 이미 저의 마음은 거리로 나가 있습니다.

　이날 서울에서 시위로 인해 사망한 사람은 부상자 사망을 포함해 21일까지의 집계에 따르면 104명(경찰 3명 포함)이었다.
　사람들은 대개 4·19 하면 서울을 떠올리지만, 4·19는 서울의 4·19일 뿐 아니라 광주의 4·19, 부산의 4·19이기도 했다.
　부산에서는 4월 19일 오전 11시 15분경 경남공고생 6백여 명이 뛰쳐나와 부산진경찰서로 행진했다. 얼마 후 데레사여고생들이 합세했다. 무장경찰이 사정없이 학생들을 구타해 부상자가 속출했다. 경남공고생 일부는 시내로 향했고, 많은 시민과 학생들이 그 뒤를 따랐다. 자성대 앞에서 1백여 명의 무장경찰이 바리케이드를 쌓았다. 오후부터 비가 내렸다. 시위대는 소방차와 경찰 지프차를 뒤엎어 불을 질렀다. 3시경 경찰이 정면에서 사격을 했다. 7~8명의 젊은이가 쓰러졌다. 시위대는 더욱 분노했다. 구두닦이·껌팔이·실업자 등이 합류했다. 학생들은 '전우의 시체를 넘고 넘어'를 부르며 싸웠다. 군중들이 동부산경찰서로 몰려들었을 때 기관총이 불을 뿜었다. 오후 5시 계엄령이 선포되었다는 방송이 스피커에서 흘러나왔다. 경찰은 통금이 저녁 8시라고 알렸고, 7시경에는 시내 각 관공서에 무장군인들이 탱크를 앞세우고 경비를 섰다. 부산에서 이날 시위로 인해 죽은 사람은 22일까지의 집계에 의하면 13명(부상자 사망 포함), 부상자 60여 명이었다. 계엄령이 내리면서 경찰은 수백 명을 연행해 마구 구타했다.

광주에서는 19일 오전 10시 40분 광주고생들이 "협잡선거 다시 하자" 등의 구호를 외치며 교문을 뛰쳐나갔다. 그중 80여 명이 먼저 동쪽 판자문을 넘어뜨리고 거리로 나섰고, 그것에 호응해 광주여고생도 나섰다. 약 5백 명의 광주공고생, 전남대부고생, 광주상고생도 합류했다. 학생들은 금남로 일대에서 경찰과 심한 몸싸움을 벌였다. 이 와중에 학생들이 경찰 백차 등을 부쉈다. 금남로는 조선대부고생과 숭일고생까지 합세해 꽉 들어찼다. 5천 명쯤 되는 시위대를 위해 시민들은 물을 나르며 성원했다. 오후 5시경 시위대는 자유당 도당 사무실을 박살냈고, 서울신문사 지국과 광주시장 집에 투석했다. 6시 경찰은 계엄령이 선포되고 야간 통금시간이 밤 8시임을 알리고 다녔다. 밤 8시 20분 1만 명의 시위대가 지방에서 지원나온 경찰과 격전을 벌였다. 9시 20분 경찰이 총을 마구 쏘아 6명이 사망하고(경찰 1명도 사망) 70여 명이 부상을 입었다.

19일 오후 3시경 대구에서는 경북대생 2천여 명이 '전우의 시체를 넘고 넘어'를 부르며 스크럼을 짜고 경북도청 앞에 도착해 농성을 벌였다. 5시 조금 지나 도지사가 계엄령이 선포되었다고 말했다. 청구대생

야간부 약 1천5백 명은 오후 7시 10분경 시위에 들어가 경찰과 충돌했다. 9시 통금시간이 되자 경찰이 뒤따르는 시민들을 해산시켰고, 학생들은 11시 지나서 교정에서 해산했다. 이날 민주당원 10여 명도 시위를 했다. 19일 농기구를 든 청주농고생 5백여 명도, 인천공고생 3백여 명도 시위를 했다.

'피의 화요일' 4월 19일은 무척 긴 하루였다.

대학교수 시위로 학생·시민항쟁 다시 불붙어

아무도 예측하지 못했던 학생·시민의 대규모 항쟁이었다. 어느 누구도 그렇게 엄청나게 폭발할 줄은 몰랐다. 어쩌면 한국 역사상 처음 있는 일로, 이와 유사한 시위는 1980년 광주항쟁에서, 그리고 1987년 6월항쟁에서 다시 만날 뿐이었다.

4월 19일의 시위 물결을 보면서 어느 누구도 앞으로 어떤 일이 생길지 예상할 수 없었다. 이승만 정권이 어떻게 될지 당사자들도 학생·시민도 미국도 아무도 몰랐다. 무언가 달라져도 크게 달라지는 것이 아닐까 하는 생각이 들 정도라고 할까.

4·19와 그 이후 이승만은 절대권력에 대한 집념과 1950년 한국전쟁이 발발할 때 보여주었던 유약함 사이에서 왔다갔다 했다. 그렇지만 1950년과 달리 그는 너무 늙어 있었다. 자유당 간부도 국무위원도 좋은 면에

서든 나쁜 면에서든 누구 한 사람 책임지고 사태를 수습하려고 하지 않았다. 이승만 정권은 어디로 가는지 짐작하기도 어려운 상태에서 파도에 휩쓸려 떠밀려가고 있었다.

서울에서 4·19는 그날 자정으로 끝난 것이 아니었다. 계엄군이 진주하면서 대부분의 시위대는 흩어졌으나, 일부는 20여 대의 차량에 분승해 의정부 쪽으로 가다가 계엄군과 경찰의 협공으로 고려대 뒷산으로 밀렸다. 이들 중 일부는 무장을 하고 있었다.

4월 20일 새벽 1시경 탱크를 앞세운 계엄군은 공포를 쏘면서 압박해 시위대는 고대 구내로 들어갔다. 시민까지 포함해 1천5백 명 정도였다. 군은 대화를 종용했고, 조재미 사단장이 고대 안으로 들어갔다.

조 사단장은 시위대가 메고 다니던 시체에 조의를 표했고 이것을 본 시위대원들은 눈물을 흘렸다. 사단장은 대표를 뽑으면 고위 당국자들과 만나게 해 그들의 의사를 전달할 수 있게 하겠다고 약속했다. 이때 나이 어린 일부 시위대가 고대를 빠져나와 과격한 시위를 벌이다가 오전 7시 20분경 해산했다.

조 사단장은 4명의 시위대 대표를 데리고 중앙청으로 갔으나 국무위원들은 폭도를 만날 수 없다고 사단장과의 면접조차 거부했다. 그는 송요찬 계엄사령관에게 자초지종을 말했다. 송 사령관은 조 사단장에게 학생 신분이 확실한 자는 모두 석방하고 방화·살인한 자는 연행하라고 지시해, 30명을 제외하고 모두 석방되었다.

송 사령관은 아침 9시경 이 대통령에게 평화적인 수습을 위해 시위대 대표들을 만나 요구조건을 듣는 것이 좋겠다고 '진언'했다. 이승만은 응낙했지만 만나주지 않았다. 이승만은 유사시에 자신의 권력을 지켜주리라 믿었던 계엄사령관이 시위대와 자신 사이에서 조정 역할을 하는 것을 보고 분노했지만, 한편으로는 자신의 권력 한 귀퉁이가 무너져내리는 것을 느끼지 않을 수 없었다. 송 사령관으로서는 면담이 성사되지 않아 체면을 잃었을 뿐만 아니라, 폭도를 석방했다고 모 장관과 차관으로부터 핀잔을 들었다.

이승만을 굳건히 지지했던 미국도 규모 면이나 성격 면에서 그 이전과는 크게 다른 4·19시위를 목도하고 그때부터 태도가 달라졌다. 아이젠하워 미국 대통령은 3·15마산항쟁과 관련해 선거 기간 중의 모든 폭력행위에 대해 개탄한다고 말했다. 그러나 그는 개인의 투표권 침해 사례가 있었다는 소식은 접하지 못했다고 주장했다. 미국은 24파동이나 재선거에 대해 사실상 눈감으며 여야 타협을 주장해왔는데, 3·15부정선거와 마산시위에 대해서도 비슷한 행태를 보였다.

미국이 이승만을 지지하고 있다는 것 — 이는 3·15부정선거에 승복하라는 시사이기도 하지만 — 은 제2차 마산항쟁이 3일째 계속되고 있던 4월 13일자 조간신문에 미국 대통령이 예정대로 6월 22일 한국을 방문하겠다고 크게 보도된 기사를 통해서도 확인할 수 있었다. 4월 17일에는 아이젠하워 방한 준비반이 서울에 들어왔다.

4·19시위를 목격하고 미국은 태도를 바꾸었다. 주한미대사 매카나기는 19일 정당한 불만의 해결을 희망한다는 요지의 공식성명을 발표했고, 오후 8시 경무대를 방문했다. 허터 미국무장관은 양유찬 주미대사를 불러 시위가 자유국가에 적합하지 않은 선거 행위와 탄압 수단에 대

한 민중의 불만을 반영하는 것임을 지적했다. 미대사관 등 외국 공관원은 부상당한 학생들로부터 의견을 청취하려고 병원을 드나들었다. 20일 미국무부는 민주화를 촉구하는 성명서를 발표했다.

4월 20일 오후 5시가 되어서야 이승만은 담화를 발표했다. 그는 "어제 일어난 난동으로 본인과 정부 각료들은 심대한 충격을 받았다"라고 말하고, 불평의 주요 원인이 있으면 다 시정될 것이라고 피력했다. 제1차, 제2차 마산항쟁에 대한 태도와는 약간 달랐지만, 부정선거를 인정하지 않았고 사태에 대한 대책도 제시하지 않았다. 자유당은 이날도 반성의 기색이 보이지 않았다. 김병로 등 재야인사 13명은 계엄 해제와 구속자 석방을 주장했다.

20일 완전무장한 군인들이 경계를 펴고 있는데, 오전 10시 지나 시위대 수천 명이 광주역 앞에서 데모를 했다. 그들은 헌병과 경찰이 최루탄을 발사하는데도 "군대는 학생을 옹호하라!", "살인경찰 잡아 죽여라!"라고 외쳤다. 학생들이 군인들에게 돌을 던지고 벽돌로 때려 군인들은 위협 사격을 했다. 전북 익산에서는 남녀 중고생 및 대학생 2천 명이 시위를 했고, 전주에서는 전북대생 약 5백 명이 구보 데모를 했다. 수원농고생, 경주고생도 시위를 했다. 이 밖에 전북 임실, 인천, 대구 등지에서도 시위가 있었다.

국무위원들과 자유당 당무위원들은 이렇다 할 수습책을 제시하지 않은 채 21일 일괄 사표를 냈다. 장면 부통령은 10개 방안을 발표했는데, 그중 열 번째로 "3·15부정선거를 취소하고 정부통령 선거를 다시 할 것"을 제시했다. 매카나기 대사도 경무대를 방문해 요담했다.

4월 22일이 되어서야 해결 방안이라는 것이 모색되었다. 일부 국무위원이 이기붕의 부통령 당선 사퇴를 제의했고, 21일 6군단에서 돌아온 이기붕은 즉각 환영했다. 그것은 이승만의 뜻이기도 했다. 그는 자신의 당선 사퇴는 고려하지 않았다. 이승만은 국무총리서리였던 허정과 전 국무총리 변영태를 불러들였다. 허정은 ① 이기붕은 부통령 당선을 사퇴하고 즉각 재선거할 것, ② 이승만은 자유당 총재직을 사퇴할 것, ③ 거국내각을 구성할 것을 제의했다. 변영태도 비슷한 제의를 했다.

4월 20일 이후에도 소규모 시위가 계속되었다. 21일에는 인천 인하공대생 1백여 명이, 22일 군산에서 10개교 남녀 중고교생 1천2백 명이 시위를 했고, 인천·익산·포항에서도 시위가 있었다. 23일 인천에서 3천여 명의 중고생이 시위를 벌였으며, 국민학교 학생들도 가담했다. 국민학교 학생들은 제2차 마산항쟁, 4·19시위에도 가세한 바 있었다. 이날 군산여상도 데모를 했다.

4월 23일 이기붕은 묘한 사퇴서를 발표해 파문을 일으켰다. 당선 사퇴를 '고려'한다는 문구 때문이었다. 한희석 등이 주장해 고려라는 말이 들어간 것으로 알려졌다. 이날 장면이 부통령 사임을 발표했다. 이승만이 물러나면 대통령이 되어야 할 사람이 책임을 회피했다고 볼 수도 있지만, 이승만은 워낙 장 부통령을 미워했기 때문에 장면이 대통령직을 계승하게 될 경우 더욱더 물러나지 않으려고 했을 것이다. 이날 이승만은 자유당 총재직을 떠나겠다고 밝혔다.

4월 24일부터 시위는 다시 격화되었다. 전주에서는 약 3천 명의 학생·시민이 도청에 들어가 도지사보고 사표 내라고 윽박지르고 서울신문사 지국과 자유당 지부를 파괴했다. 마산에서도 데모가 있었고, 인천에서는 1천여 명의 학생이 시위를 벌였다.

4월 24일 이기붕은 부통령 당선 사퇴와 모든 공직 사퇴를 발표했다. 그런데 같은 날 이승만의 수습 방안은 결코 수습 방안이라고 할 만한 것이 아니었다. 장관을 새 사람으로 임명하고 정당에 초연하겠다는 것이었다. 발포에 대한 책임 문제도, 부정선거 책임 문제도, 부정선거 취소와 재선거도, 개헌도 거론하지 않았다. 그뿐만 아니라 그는 이 참변을 통해 몸을 바쳐 일하고자 하는 결심을 더욱 굳게 했다고 천명해 추호도 물러날 의사가 없음을 명백히 했다. 그는 다음 날 무슨 일이 있을지 전혀 예측하지 못한 채 모든 책임을 이기붕과 자유당, 국무위원에게 떠넘기고 자신의 권력을 계속 유지하고자 했다.

4월 25일 민주당은 이승만 하야 및 정부통령 재선거 실시안을 국회에 긴급동의로 제출했다. 19일부터 합숙해온 국무위원들은 수습이 돼간다고 판단해 오전에 해산했다. 부산 등 4개 도시는 비상계엄이 경비계엄으로 바뀌었고, 서울은 26일에 경비계엄으로 바뀐다고 발표했다. 그러나 이날 또다시 엄청난 폭풍이 불어올 것은 이승만도 국무위원도 민주당도 예측하지 못했다.

이미 그렇게 될 수 있는 상태에 이르렀기 때문이지만, 하나의 행위가 사태를 결정적 국면으로 몰고 가는 경우가 있다. 대학교수의 데모가 그러했다. 더욱이 교수 또는 지식인이나 문화인들의 경우 어용은 활개를 쳤어도 이승만·자유당 정권이나 3·15부정선거에 대해 말 한마디 제대로 하지 못했기 때문에 나약하고 무력하다는 얘기를 줄곧 들었다. 그래서

3~4월 항쟁에서도 중고교생들은 "선배들은 썩었다"라고 외쳤고, 대학생들은 "지식인들은 썩었다"라고 외쳤기에 교수 데모는 한층 더 소중했다. 중고교생 시위에 이어 대학생 시위가 일어났고, 이제 교수들도 나선 것이다. 교수 데모는 4·19가 이런 식으로 끝나서는 안 된다고 하면서 무언가 계기가 있기를 기다렸던 학생·시민들의 열정에 불을 지피는 역할을 했다.

교수들은 4·19에 큰 자극을 받았다. 4월 20일 고대 교수 이상은 등은 행동으로 학생들한테 보답해야 하지 않겠느냐는 의견을 교환했다. 22일 정석해·이종우·이상은 등이 모여 상의했는데, 좀 더 시국을 정관하기로 했다. 24일 교수들은 빈번히 연락을 취하며 서울대 교수 월급날인 25일에 허가 없이 집회를 갖기로 합의했다. 시국선언문 초안은 이상은이 맡았다.

4월 25일 오후 3시 서울대 의대에 있는 교수회관에 당초 예상보다 훨씬 많은 3백 명에 가까운 교수들이 모였다. 3시 30분 회의를 열어 임시의장에 정석해를 선출한 뒤 갑론을박 끝에 5시 35분경에야 시국선언문을 채택했다. 이날 야당도 이승만의 하야를 촉구했지만, 교수 시국선언문은 3~4월 항쟁을 최초로 평가했고, 그때까지의 요구사항을 대체로 전향적으로 집약했다는 점에서 의의가 있다. 시국선언문에는 258명의 교수가 서명했다.

교수들은 시국선언문에서 학생 데모를 불의부정에 항거한 민족정기의 발로로 규정하고, 대통령·국회의원·대법관 등이 책임을 지고 물러나지 않으면 분노가 가라앉지 않을 것이라고 지적했다. 그리고 정부통령

학생들의 피에 보답한 대학교수들의 시위

4월 25일 학생들의 시위에 자극받은 대학교수들은 서울대에서 시국선언문을 발표하고 "학생의 피에 보답하라"라고 쓴 플래카드를 들고 가두시위를 벌였다. 대학교수단의 시위는 꺼져가던 4월혁명의 불길을 다시 당기는 결정적인 계기가 되었다.

선거의 재실시, 부정선거 원흉의 처단을 요구했다. 마지막으로 학생들은 흥분을 진정하고 학업의 본분으로 돌아오라고 호소했다.

교수회의가 시국선언문 채택으로 끝났다면 '승리의 화요일'은 늦춰졌을지도 모른다. 그렇지만 일부 교수의 주장이 채택되어 교수들은 "재경 각 대학교수단"이라고 크게 쓰고 그 밑에 작은 글씨로 "학생의 피에 보답하라"라고 쓴 플래카드를 들고 오후 5시 50분경 시위에 나섰다.

교수들이 "3·15선거를 규탄한다", "이 대통령은 즉시 물러가라"라는 구호를 외치며 시위를 하자, 기다렸다는 듯이 학생들이 합류해 종각을 지날 때에는 1만여 명으로 불어났다. 거리의 모습이 급변하기 시작했다. 시위대가 국회의사당 앞에 도착했을 때는 4~5만 명의 인파였다.

교수들이 6시 50분경 해산할 때 중앙청 쪽에서 탱크가 출동했고, 그러자 의사당 앞 군중들이 우르르 그쪽으로 쏠렸다. 한 학생이 웃옷을 벗은 채 탱크 포문 앞으로 걸어가 "쏠 테면 쏴라!"고 외치자 탱크는 방향을 돌렸다. 광화문 일대에서 1개 대대로 추산되는 군대가 5대의 탱크를 앞세우고 진격했으나, "군대는 우리 편이다"라고 외치는 군중의 아우성에 어쩌지 못했다. 밤 8시경 몇몇 병사들이 엉엉 울었고, 현장을 지휘하던 사단장과 연대장은 최루탄 발사 중지를 명령했다.

그 무렵 이승만은 허정이 제안한 대로 외무에 허정, 내무에 이호, 법무에 권승렬을 발령냈다. 이승만은 자신은 전혀 의도하지 않았고 예상하지 못했지만, 그것은 최후 수순의 바로 앞 단계가 될 수 있었다. 허정은 수석국무위원이었고 부통령이 사퇴했기 때문에 이승만이 물러나면 대통령 권한대행을 맡아 과도내각을 이끌어야 했다.

밤 8시 40분경 일부 시위대는 이기붕의 집으로 향했다. 그러나 이기붕 일가는 이미 뒷문으로 빠져나가 다시 6군단으로 향한 후였다. 시위는 밤 11시 40분경이 되었을 때 가라앉기 시작했다. 어린 학생들이 많았는데, 4월 26일 새벽 2시경에는 백 명도 안 되는 인원이 연좌농성을 벌이고 있었다. 25일 마산·춘천·진주에서 또 시위가 있었다.

'승리의 화요일'
— 드디어 이승만 정권 무너지다

동틀 무렵이자 통금 해제시간인 26일 새벽 5시경부터 데모의 기세가 나타나기 시작했다. 서울은 비상계엄이 경비계엄으로 바뀔 사이도 없이 이날 5시를 기해 국무원 공고 87호로 비상계엄령이 선포되었고, 모든 차량의 운행을 중지시켰다. 계엄군은 일찍부터 남대문·시청·중앙청 앞에 바리케이드를 치고 삼엄한 경계를 폈지만, 누가 모이라고도 시위하자고도 하지 않았는데 학생들과 시민들은 세종로 또는 국회의사당 쪽으로 계속 가고 있었다.

아침 6시 가까이 되자 군중은 "선거 다시 하라!", "이승만 정권 물러가라!"는 구호를 외쳤다. 오전 8시경 종로 입구에서 동대문 일대에 걸쳐 군중들이 가득 찼다. 서울 지역 계엄사령관 조재미 준장은 2개 중대로 하여금 군중을 밀어붙이려고 했으나, 오히려 사단장 자신이 파고다공원 부근에서 시위대한테 포위되었고, 병사들도 행방불명이 되었다.

오전 9시경에는 이미 3만여 명이 광화문 일대를 가득 메웠고, 이들은 계엄군 저지선에 다가섰다. 어디서 왔는지 트럭 여러 대를 타고 질주해 온 소년 데모대가 "군인들은 우리 편이다"라고 외치며 광화문 네거리에 배치된 3대의 탱크 위에 빼곡히 올라탔다. 군인들은 방임 상태였다. 9시 30분경 일부 군중은 이기붕 집을 습격했다. 무방비 상태였다. 수박덩이 ― 그 당시로는 먹기 힘든 철 이른 수박이어서 오랫동안 화제가 되었다 ― 가 내동댕이쳐졌고, 인삼·설탕포대·양탄자·침대 등이 불길에 던져졌다. 9시 45분경 파고다공원에 몰려든 수많은 데모 군중이 이승만 동상의 목에 철사줄을 걸어 쓰러뜨렸다. 독재·부정선거·냉전의 상징이 와르르 무너지는 순간이었다. 군중들은 철사줄에 맨 동상을 질질 끌며 종로 2가에서 세종로 쪽으로 갔다.

군인들은 몸이 굳어 있는 것 같았고, 군중들은 이들에게 박수를 보냈다. 소년 데모대 등 약 5천 명의 군중이 "경무대로 가자"면서 중앙청으로 향하자 광화문 바리케이드에서 최루탄이 발사되었다. 시위대가 다시 대오를 갖춰 나아가자 10시경부터 콩 볶듯 공포를 무수히 발사했다.

아침 일찍 허정이 불길한 예감에 사로잡힌 채 경무대로 갔을 때 김정열 국방장관이 이승만 대통령의 하야를 강경히 진언했다. 허정도 같은 의견을 말하니 이승만은 하야를 결심하려는 눈치를 보였다.

김정열은 경무대에 도착하기 전인 오전 9시 10분경 매카나기로부터 대통령을 신속히 만나고 싶다는 전화를 받은 바 있었다. 매카나기는 대통령이 군이 요구하는 학생 대표와의 면담을 받아들이고, 재선거 실시

문제에 관한 성명을 발표하고, 대통령의 장래 역할에 대해 숙고하도록 건의해야 한다고 말했다.

노독재자 이승만의 권력을 지켜주려는 사람은 아무도, 어느 곳에도 없었다. 눈치 빠른 프란체스카도 결심을 하라고 속삭였다. 한참 동안 말 없이 듣고만 있던 이승만은 "그럼 내가 물러나지"라고 뜻을 밝혔다. 박찬일 비서가 받아썼다.

곧이어 매카나기 주한미대사와 매그루더 주한유엔군사령관을 불렀다. 이들은 대통령 하야는 중대한 문제이기 때문에 매카나기 대사, 매그루더 사령관과 의논해야 한다고 생각했다.

그러나 두 사람이 오기 전에 밖의 사정이 급하니 빨리 성명을 내보내야 한다는 연락이 왔다. 이 급보가 전해진 몇 분 후 송요찬 계엄사령관이 시민·학생 대표 5명을 데리고 들어왔다. 대통령은 불신의 눈초리로 송요찬을 바라봤다.

시민·학생 대표는 이승만에게 사임을 요구했다. 바깥에서는 무언가를 발사하는 소리가 들렸다. 대표들은 다시 사임을 요구했다. 이승만은 국민이 원하면 사임하겠다고 말하고, 잠시 후 떨리는 목소리로 망명을 원하느냐고 물었다. 대표들은 이 나라를 구하기 위해서는 그것이(사임인 듯 — 필자) 유일한 길이라고 답변했다. 오전 10시경 이승만은 대표들에게 다음과 같은 하야 성명서를 보여주었다.

1. 국민이 원한다면 대통령직을 사임하겠다.
2. 3·15정부통령 선거에 많은 부정이 있었다 하니 선거를 다시 하도록 지시하

겠다.
3. 선거로 인한 모든 불미스러운 것을 없게 하기 위하여 이미 이기붕 의장에게 모든 공직에서 완전히 물러나도록 하였다.
4. 내가 이미 합의를 준 것이지만 만일 국민이 원한다면 내각책임제 개헌을 하겠다.

　가장 중요한 대통령직 사임에 대해 '국민이 원한다면'이라는 단서가 붙어 있는 것이 주목된다. 그것은 대통령직 사임에 대해 미련을 남기는 것으로 해석될 수 있었다. 2항에서 "3·15정부통령 선거에 많은 부정이 있었다 하니"라고 표현한 것은 분명히 자신의 잘못을 절대로 시인하지 않는 이승만 특유의 책임 회피였다. 3·15부정선거에 가장 큰 책임이 있는 자가 4월 26일의 시점에서도 3·15선거가 부정선거였다는 것을 제대로 인정하지 않고 있을 뿐만 아니라 마치 자신은 전혀 책임이 없는 것처럼 궤변을 늘어놓고 있는 것이다. 부통령 선거 결과 하나만 놓고 보더라도 아주 심한 부정선거가 있었다는 것은 어린아이도 알 수 있었다.
　거의 반 시간에 걸친 시민·학생 대표와의 면담이 끝난 후 이승만은 이미 와 있는 매카나기와 매그루더를 만났다. 매카나기는 이승만의 사임 얘기를 듣고 그에게 한국의 조지 워싱턴이라고 찬사를 던지고는 "국민이 원한다면"이 무슨 뜻이냐고 물었다. 이승만은 불쾌한 표정이었다. 이날 오후 허정 수석국무위원은 이재학 국회부의장에게 "국민이 원한다면"은 자구상 문제이지 하야는 확정적이라고 설명했다.
　10시 20분경 또는 그보다 약간 늦게 계엄군의 조재미 사단장과 시민

·학생 대표들, 계엄사 선무반은 이승만의 하야를 방송하면서 더 이상 피를 흘리지 말자고 호소했다. 10시 30분 중대 발표를 예고하던 라디오에서는 이승만의 사임 성명이 발표되었다.

갑자기 거리는 터질 듯한 감격의 소용돌이에 휩싸였다. "무어라고 했죠?" 하며 다시 묻고 확인했다. 신이 나서 두 손바닥으로 지프차를 두드리는 사람도 덩실덩실 춤을 추는 사람도 있었다. 이 날짜의 한 신문은 "이 소식에 접한 국민들은 홀연 천지를 진동케 하는 환호성을 폭발시켜 온 거리를 축하와 감격의 도가니로 화하게 했다"라고 썼다.

사임 성명 이후에도 혼란과 흥분은 계속되었다. 11시 15분경 고대생 시위대를 습격한 깡패들이 수용되어 있는 동대문경찰서에 군중들이 몰려들자 경찰은 무차별 사격을 가해 4명이 즉사하고 30여 명이 부상당했다. 격분한 군중들은 경찰서를 불질렀다. 최인규의 양옥집도 불에 탔다.

광화문에서 중앙청에 이르는 일대에 십만여 명이 길을 가득 메우고 있었던 11시 45분경 4·19 때 동급생을 잃었던 수송국민학교 어린이 1백여 명이 "국군 아저씨들, 부모형제들에게 총부리를 대지 말라"라고 쓴 플래카드를 앞세우고 어깨를 나란히 하며 애절한 시위를 벌였다.

4·26은 4·19와 닮은 점이 많았다. 학생·시민들이 기다렸다는 듯이 대거 시위에 참여한 것도 그렇지만, 지방에서 동시다발적으로 시위가 전개되었다는 점에서도 비슷하다.

부산에서는 오전에 94세 된 노인을 선두로 시위가 시작되어 곧 수십만 인파로 불어났다. 부산시청·경남도청 앞은 인산인해였다. 데모대 앞에는 초등학생들이 내달았다. 시내 교통은 삽시간에 차단되었다.

탱크 위에서 환호하는 시민들

1960년 4월 26일 오전 10시 30분 라디오 방송을 통해 이승만의 사임 성명이 발표되자 갑자기 거리는 터질 듯한 감격의 소용돌이에 휩싸였다. 신이 난 시민들은 두 손바닥으로 지프차를 두드리고 덩실덩실 춤을 추었으며, 계엄군의 탱크 위에 올라가서 민주주의의 승리에 환호했다.

이승만의 사임 소식을 들은 시위대는 여러 경찰서 유리창을 부수었고, 부산 중부경찰서 유치장에 갇혀 있던 죄수들을 내보냈다. 경찰들은 어디론가 사라졌다. 도청 문짝도 부서졌고 자유당 사무실, 반공청년단 건물 등이 계속 파괴당했으며, 부산시장 배상갑의 집이 불살라졌다. 그와 함께 역전 일대를 중심으로 질서찾기운동이 벌어졌다.

이승만 사임 방송이 있은 지 얼마 후인 오후 1시 대구의 경북대 교수들과 학생들이 시위를 벌였고, 청구대 교수들은 2시 30분경 거리로 나왔다. 수천 명의 시위대는 오임근 경북지사로 하여금 나와서 사과하도록 했다. 이날 밤 반공청년단장이자 민의원인 신도환 집과 자유당계 사람들의 집이 파괴되었고, 일부 파출소가 전파 또는 반파되었다.

포항에서도 학생시위가 있었다. 김천의 시위대는 김철안 의원 등의 집을 습격했다. 그 밖에 울산·밀양·안동·상주·경주 등지에서도 시위대들이 자유당·반공청년단·서울신문사 지국 등의 건물을 파괴했다.

대전의 학생들은 오후 4시경부터 시위에 들어갔다. 이들은 도청에 몰려가 김학응 지사와 경찰국장, 대전시장의 사임을 요구했다. 시위대는 자유당 사무실 등을 파괴하고 두 곳의 경찰서 및 일부 파출소를 습격했다. 시위는 밤 12시까지 계속되었다. 공주의 학생들과 천안농고생 및 강경·조치원·예산 등지의 학생들도 시위를 벌였다. 인천·목포·여수·임실·원주·제천·묵호 등지에서도 시위가 있었다. 계엄사령부는 이날의 시위로 24명이 사망하고 113명이 부상했다고 발표했다.

중상을 당해 1960년 7월 19일까지 사망한 희생자를 포함해 1960년 3~4월 시위에서 사망한 사람은 모두 185명이다. 이 중 남자가 173명,

여자가 12명이다. 나이별로 보면 19세까지가 81명, 20~29세가 81명으로, 29세 이하가 대다수이며 특히 10대가 많은 것이 눈에 띈다. 30~39세는 10명, 40~49세는 6명, 50세 이상은 3명이고, 4명은 나이를 알 수 없다. 이 중 초중고생이 54명이나 되고, 전문대생과 대학생은 22명이다.

4월 26일 오후 국회는 여야 의원 54명으로 구성된 시국수습을 위한 특별대책위원회에서 제시한 "① 이승만 대통령은 즉시 하야한다. ② 3·15 정부통령 선거는 무효로 하고 재선거를 실시한다. ③ 과도내각하에 완전 내각책임제 개헌을 단행한다. ④ 개헌 통과 후 민의원을 해산하고 총선거를 즉시 실시한다"라는 결의안을 통과시켰다. 이로써 이승만의 사임은 빼도 박도 못하게 되었다. 그에 앞서 오후 1시 국회의사당 앞 광장에 수만 명이 참석하여 열린 국민대회에서도 이와 비슷한 결의를 한 바 있었다.

서울대 등 서울 시내 26개 학생 대표들로 구성된 4·19의거학생대책위원회에서는 3·15부정선거의 원흉인 한희석·최인규·임철호·장경근·이존화 등을 즉시 체포하여 엄중 처단하고 국제 여론을 오도하는 주미대사 양유찬과 주일대사 유태하를 즉시 파면할 것, 국가보안법과 지방자치법을 조속히 개정할 것 등을 요구했다. 이와 함께 학생들은 거리의 정돈과 청소에 나섰다. 26일도 19일처럼 매우 긴 하루였다.

누가 봐도 이승만의 대통령 사임은 돌이킬 수 없는 기정사실이었고, 어느 누구도 이승만의 권력 유지를 위해 애쓰지 않았지만, 이승만은 최후의 안간힘을 다했다. 27일 비서들이 국회에 제출할 사임서를 초안해 내밀자 이승만은 서명을 거부했다. 여러 비서들이 서명하지 않을 수 없다고 말했지만 그는 단호했다. 자신이 사임하자마자 혼란이 일어날 것이라고 우겼다. 허정과 김정열이 번갈아 설득했지만, 자신이 사임하면 온 국가가 혼란에 빠질 것이 확실하다고 막무가내로 설명했다. 허정이 질서유지를 장담하자 결국 굴복해 다음과 같은 사직서를 국회에 제출했다.

> 나 이승만은 국회 결의를 존중하여 대통령직을 사임하고 물러앉아서 국민의 한 사람으로서 나의 여생을 국가와 민족을 위하여 바치고자 하는 바이다.

 4월 28일 새벽 경무대 관사 36호실에서 이기붕과 그의 부인 박마리아, 그의 큰아들이자 이승만·프란체스카의 양자인 강석, 둘째 아들 강욱이 자살했다. 이기붕은 26일 밤 서울로 돌아왔었다. 30일 간소한 조사도 없이 15분도 안 되는 영결식을 마치고 값싼 목관에 허술한 수의를 입은 채 망우리로 갔다. 28일 이승만은 경무대를 떠나 그의 사저인 이화장으로 갔다. 29일 최인규가 구속되었고, 잇달아 국무위원·자유당 간부들이 구속되었다.

 5월 29일 아침 6시 50분경 이승만 부부를 태운 승용차가 김포공항으로 향했다. 공항에는 허정이 기다리고 있었다. 이승만은 왼쪽 눈을 잘 뜨지 못했고 안면 주름살이 쉴 새 없이 떨려 마주보기가 민망했다. 여행 목적은 휴양이었다. 그의 망명은 매카나기가 주선했다. 그는 일시적으로 하와이로 떠난다고 생각했지만, 그의 귀국은 용납될 수 없었다. 그는 1965년 90세로 하와이에서 눈을 감았다.

06

▶ **이승만 정권** 말기나 박정희 정권 말기는 겉모습과는 달리 대단히 불안했고 언제 폭발할지 모르는 화산 같았다. 따라서 비록 4·19나 부마항쟁·김재규 거사가 없었다고 하더라도 얼마 후 폭발적 사태가 일어나 두 정권이 무너졌을 가능성이 높았다. 3~4월 항쟁에서 언론이 학생 다음으로 중요한 역할을 했다는 지적도 있지만, 이 정권과 박 정권은 언론 포섭에서 큰 차이가 있었다. 이 정권은 야당보다도 언론으로부터 더욱 시달렸다. 기실 야당이 여당을 공격하는 데는 언론의 뒷받침이 컸다.

_글을 맺으며

왜 이승만 권력은 쉽게 무너졌나

—10·26 직전 박정희와의 비교

이승만 권력이 쉽게 내려앉은 가장 큰 이유는 나이였다. 1956년 선거를 치렀을 때 이승만은 81세였다. 자유당 간부 및 국무위원들은 언제 죽을지 모르는, 멍한 상태에 빠지곤 했던 85세의 노인과 국회에도 출석을 못하고 3·15선거에서도 유세 한번 제대로 할 수 없었던 불치의 환자를 당선시키기 위해 부정선거를 저질렀다. 세상에 어떻게 이런 기막힌 일이 일어날 수 있느냐고 반문하겠지만, 1980년대 전반까지 권력의 마력은 상상을 초월했다. 이승만과 박정희, 전두환만 제정신이 아닌 것이 아니었다. 크고 작은 권력을 쥔 모두가 그러했다.

"이미 저의 마음은 거리로 나가 있습니다"

4월혁명 직후 김성태 교수는 4·19데모에 참가한 학생들은 참으려야 참을 수 없는 공통된 분노를 특정 대상에 대해 가지고 있었으며, 이 분노를 일시에 비조직적으로 데모라는 행동 양식으로 표출했다고 분석했다.

확실히 2월 28일에서 3월 14일 사이에 있었던 고교생들의 시위나 2차에 걸친 마산시위는 자연발생적인 성격이 강했다. 예컨대 2월 28일 대구에서의 고교생 시위는 며칠 전부터 준비한 것은 사실이지만, 시위 전개에 대한 구체적 방법이나 시위 효과, 지속적인 투쟁 방안 등이 충분히 논의되지도 계획되지도 않았다는 점에서 일시적이고 자연발생적인 성격이 강하다고 볼 수 있다. 다른 시위는 더 일시적이고 자연발생적인 성격이 강했다.

앞에서 기술한 대로 4월 19일 이전에 여러 대학이 시위 문제를 논의하고 준비도 했지만, 그리고 4월 19일 조간신문에서 전날 깡패들의 고려대생 폭행 기사를 보고 시위가 일어날 것이라는 예감을 가졌지만, 아무도 그렇게 큰 규모의 시위가 있으리라고는 예상하지 못했고, 무차별 발사가 있기 전에는 그렇게 많은 사상자가 발생하리라고 예상하지 못했다. 대학교수들 데모도 일시적이었고, 자연발생적인 성격이 강했다. 4월 26일의 시위는 그런 성격이 아주 강했다.

무엇이 두 차례에 걸쳐 마산에서, 4월 19일에, 그리고 4월 25일 오후와 26일 오전에 그토록 엄청난 폭발력으로 거리에 나서게 했을까? 앞장에서 인용한 한성여중 2학년생 진영숙이 어머니에게 남긴 글은 무언가 단서를 제공해준다.

> 저는 생명을 바쳐 싸우려고 합니다. 데모하다 죽어도 원이 없습니다. 어머님 저를 사랑하시는 마음으로 무척 비통하게 생각하시겠지마는 온 겨레의 앞날과 민족의 해방을 위하여 기뻐해주세요. 이미 저의 마음은 거리로 나가 있습니다. 너무도 조급하여 손이 잘 놀려지지 않는군요.

수송국민학교 4학년생인 강명희가 4월 23일 이전 모 신문사에 맡긴 시에는 "나는 알아요. 우리는 알아요. / 엄마 아빠 아무 말 안 해도 / 오빠와 언니들이 / 왜 피를 흘렸는지"라는 구절이 있다.

초등학생조차 안다는 피를 흘린 이유는 무엇일까? 14세의 소녀는 무엇 때문에 생명을 바칠 결심으로, 그리고 손이 잘 놀려지지 않을 정도로 조급히 거리로 달려나가 시위에 참여했을까? 3~4월 항쟁에서 나온 각

시위에 나선 서울 수송국민학교 학생들
1960년 4월 26일 광화문에서 중앙청에 이르는 일대에 십만여 명이 길을 가득 메우고 있었던 11시 45분경, 4·19 때 동급생을 잃었던 수송국민학교 어린이 1백여 명이 "국군 아저씨들, 부모형제들에게 총부리를 대지 말라"라고 쓴 플래카드를 앞세우고 어깨를 나란히 하며 애절한 시위를 벌였다. 수송국민학교 4학년 강명희는 "나는 알아요. 우리는 알아요. / 엄마 아빠 아무 말 안 해도 / 오빠와 언니들이 / 왜 피를 흘렸는지"라는 시를 쓰기도 했다.

급 학교의 선언문이나 결의문, 구호는 꼭 일치하는 것도 명확한 것도 아닙니다.

그렇다면 가장 많이 나온 구호인 학원의 자유를 위해 이미 마음이 거리로 나가 있고, 피를 흘렸다고 볼 수 있을까? 4월 19일 주요 도시의 시내를 가득 메운 인파는 분명히 그 이상을 요구하고 있었다.

4월혁명은 주권투쟁이었다. 두 차례에 걸친 마산시위나 4·19, 4·25, 4·26에서는 부정선거 규탄과 배격이 큰 비중을 차지했다. 그리고 4월 19일 시위대가 "경무대로 가자"라고 외쳤을 때, 시위대는 부정선거의 최고 책임자로 명백히 이승만을 지목하고 그에게 책임을 묻겠다는 의사를 나타낸 것이었다. 그 점은 4·25, 4·26의 주된 구호인 "이승만은 물러가라"라는 절규와 맥을 같이하고 있다.

3·15부정선거는 이승만·이기붕을 압도적인 득표로 당선시키기 위해 저질러졌다. 이승만·이기붕을 압도적인 득표로 당선시켜야 할 책임을 진 최인규·한희석 등은 권위의식·국부의식이 병적으로 강했던 이승만이 1956년 5·15선거로 얼마나 심각하게 자존심에 상처를 입었는지를, 또 장면이 부통령에 당선됨으로 인해 자유당이 얼마나 심각하게 위기의식을 가졌는지를 잘 알고 있었기 때문에 3·15부정선거를 기획했다. 그렇지만 3·15부정선거에 대한 최고 책임은 시위대가 외친 바 그대로 명백히 이승만한테 있었다.

이승만은 1959년 3월, 1960년에 치러질 선거에 교통장관이 된 지 6개월밖에 되지 않은 최인규를 선거주무장관에 임명했다. 최인규는 취임사에서부터 이승만·이기붕의 기대에 어긋나지 않게 파격적으로 행동했다. 이어서 이승만은 6월 자유당 전당대회에서 정부통령 후보를 지명케 했다. 너무나 빠른 지명이어서 자유당 간부도 예상하지 못한 일이었다.

이승만은 또한 5월에 치르던 선거를 앞당겨 3월에 치르게 했다. 설령 병세가 위중한 조병옥이 1960년 2월에 사거하지 않았더라도 3월에 선거를 치르면 야당은 대통령 선거운동을 하기가 어려웠다.

이승만은 1960년 2월 정부통령 후보 등록 마감일에, 1956년처럼 부통령에 타당 후보가 당선되면 자신은 피선을 받아들이지 않겠다는 헌법 유린 발언을 서슴지 않고 해 최인규 등을 압박했다. 최인규 등은 반드시 이기붕을 당선시키지 않으면 안 되게 되었다.

이승만은 특히 1960년 정부통령 선거에 유난히 깊은 관심을 기울였지만, 그 이전에도 선거를 파행적으로 이끈 장본인이었다. 1950년 5·30선거의 경우 중도파 민족주의자들에게 투표를 해서는 안 된다고 경고했고, 당선될 경우 소환할 수 있다고까지 말했다. 최초의 정부통령 선거인 1952년 8·5선거에서는 계속 집권하기 위해 부산정치파동을 일으키면서 대통령 후보에 출마하지 않겠다고 해 출마탄원운동을 대대적으로 벌이게 했고, 국무총리·내무장관으로 하여금 자유당 부통령 후보 대신 무명의 함태영을 당선시키도록 했다. 1954년 5·20선거에서는 중임 제한 철폐를 위한 개헌에 찬성하는 자에 한해 공천을 했다. 이 선거는 노골적인 경찰 선거로 악명이 높았다. 1956년 5·15정부통령 선거는 4년 전보다도 훨씬 더 큰 규모로 출마탄원운동을 벌이게 해 거듭 파렴치한 방법으로 사전 선거운동을 했다.

김성태 교수의 조사에 의하면, 3월과 4월의 시위에서 세 번째로 많이 나온 요구사항은 부패와 독재 배격이었다. 이승만이 정부통령 선거와 국회의원 선거에 각별히 신경을 집중시켜서 중대한 문제는 자신이 결정한 후 밑에서 '알아서' 잘 처리하도록 한 것은 독재권력 구축, 그것을 위한 개헌은 선거를 통하지 않으면 안 되게 되어 있었기 때문이다.

그는 2인자를 전혀 필요로 하지 않았다. 8·5정부통령 선거에서 자유당의 부통령 후보를 떨어뜨린 것도 그 이유 때문이었다. 그는 함태영의 경우처럼 이기붕이 자신한테 절대적으로 복종했기 때문에 부통령으로 만들려고 했을 뿐이고, 자신의 뒤를 이어 대통령이 될 만한 사람이라고는 결코 생각하지 않았다.

그는 단 한 사람 자기만의 절대권력을 추구했기 때문에 자유당이 심각한 부정선거를 치르지 않고도 집권할 수 있다고 판단한 사이비 내각제를 끝까지 받아들이지 않아 자유당과 정부 추종자들로 하여금 부정선거라는 마지막 남은 선택을 하게 했다.

부패·독재와 긴밀히 연결되어 있는 것이 친일파다. 4·19 직후 있었던 한 학생좌담회에서는 "왜놈들의 앞잡이들이 해방 이후 다시 우리나라의 관리가 되고 또한 자유당의 앞잡이가 되었어요", "정치 담당자 중에는 일본 사람들 밑에서 밤낮 추종하는 아부 근성을 가진 사람이 있다는 것" 등등의 불만을 토로하는 대목이 의외로 많이 나온다. 이들의 표현을 빌리면, 1950년대에는 아부만 일삼는 자, 낯 두꺼운 자들만이 대로를 활보했다.

친일파 등용은 이승만 정권 말기로 갈수록 심해졌다. 그들이 사리사욕을 위해 권력자에게 맹종한다는 것을 이승만은 잘 알고 있었다. 1954

년 5·20선거에서 친일파들이 대거 자유당 간부가 되는 것은 개헌 및 독재와 연관이 있었다.

관리들의 이력을 보면, 1960년 1월 현재 국무위원 11명(외무장관 결원) 가운데 일제강점기 의료계에 있었던 두 명과 보험회사 과장이었던 최인규를 제외하면 군수, 판사나 장교, 일제금융계 간부였다. 부정선거를 직접 지휘한 치안국의 경우 치안국장 이강학이 육군 소위였고, 2명의 경무관 중 1명은 일본군 군조, 1명은 순사부장이었다. 서울시경 국장과 각도 경찰국장은 1명이 토목사무소 회계주임인 것을 제외하면 모두 다 경찰(6명), 군인(3명), 관리였다. 이런 사람들이 선거를 공정하게 집행하기를 바란다는 것은 연목구어緣木求魚나 다름없었다.

데모대가 네 번째로 많이 주장한 경찰의 포학 규탄도 당시 경찰의 성격과 최고 권력자가 경찰에 요구한 것에서 자연스럽게 이해될 수 있다. 이승만·자유당 정권을 떠받혀준 친일파는 부패와 부정, 비리, 횡포에 얼룩져 있었다.

이와 같이 14세 소녀 진영숙의 마음을 거리로 달려나가게 한 것은 선거부정, 독재, 경찰의 포학함, 이승만 정권의 부정·부패·비리임이 틀림없다. 그런데 그 소녀는 어머니에게 "겨레의 앞날과 민족의 해방을 위하여 기뻐해주세요"라고 당부하면서 거리로 달려나갔다. '겨레의 앞날'은 선거부정, 독재, 포학함, 부정과 부패, 비리가 없는 세상이라고 일단 생각한다면, '민족의 해방'은 무엇을 가리킬까?

해방은 독재와 직결되어 있는 압제에서 벗어나는 것을 의미한다. 문제는 압제다. 압제는 무엇을 가리킬까? 그중 하나는 서울대의 4·19선언문에 잘 나와 있다. 학생들은 이 선언문에서 민주주의를 위장한 백색전제에 항의한다고 소리 높여 외치고, "캄캄한 밤의 침묵에 자유의 종을 난타하는 타수의 일익임을 자랑한다"라고 주장했다.

이승만 정권의 가장 중요한 압제 수단은 백색독재, 곧 극우반공독재였다. 친일경찰은 극우반공주의의 보호색을 만들어 친일파 처단을 유야무야하게 만들었고, 민중 앞에 군림했다. 그들은 국부로 이승만을 모시고 국시로 극우반공주의를 내세워 자유를 압살했다. 그래서 4·19 직후의 좌담회에서 한 학생은 이승만 정권이 반공을 들고 나와 빨갱이 누명을 씌웠다고 지적하고는 폭정에 대한 울분이 12년 동안 쌓인 것이 표면화되어 모두 다 악정을 타도하고 독재를 물리치자는 공통된 목표를 갖게 되었다고 말했다.

그것은 또한 분단 문제와 연결되어 있었다. 주권투쟁을 벌인 학생들은 4월혁명 후 국권투쟁, 인권투쟁을 벌여야 한다고 생각했다. 통일문제와 자주성 문제가 제기되었다. 그와 함께 5월부터 국회와 민간에서 전쟁기의 수많은 주민집단학살 사건에 대한 진상규명 작업이 시작되었다.

1960년 봄에는 낡고 썩은 것들을 쓸어버려야 한다는 주장이 자주 나온다. 낡고 썩은 것 역시 이승만과 친일파로 상징된다. 1950년대에 한 의원은 자유당은 무법·불법·유시법밖에 없다고 했지만, 이승만은 중국 황제처럼 유시를 내렸고, 국무위원들한테는 분부를 하거나 하문下問했다. 그러면 이기붕 이하 만조백관들은 그 유시를 떠받들어 행하고 분부를 따랐다. 이승만은 1956년 5·15선거 직전 어머니날(후에 어버이날로 바뀜)에 내린 담화에서 삼강오륜을 엄정히 지키라고 훈유訓諭했고, 1957년에는 "예전부터 우리가 배워서 행해오던 삼강오륜은 고칠 수 없는 것"이라고 못을 박았다.

이승만과 친일파만 낡고 썩은 것이 아니었다. 사회 전체가 낡고 썩은 냄새를 풍풍 풍기고 있었다. 1950년대만 해도 조봉암이 강조한 바와 같이 봉건적 사상과 인습이 뿌리 깊게 남아 있었다. 상층은 봉건적 특권의식을 지니고 있었다. 혈연의식·지연의식도 강했다. 관존민비·남존여비 사상이 충일했다. 관청의 문턱은 한없이 높았다. 최석채가 쓴 글처럼 ─ 이 글은 필화를 입었다 ─ 높은 자가 행차하면 동원된 학생들이 길가에 늘어서서 박수를 쳤다. 축첩도 많아 경찰 간부나 군인, 유력가有力家 중에는 첩을 거느린 자들이 많았다.

4월혁명은 가장 썩지도 낡지도 않은, 학교에서 배운 민주주의가 지켜지기를 바라는 순수성을 지닌 중고등학생들로부터 시작되었다. 그 뒤를 얼마간 선민의식이 있었던 대학생이 뒤따랐고, 썩고 낡아 껍데기만 남은 지식인·문화인 가운데 양심과 양식을 가졌던 일부 대학교수들이 마지막에 들고일어섰다. 역시 썩고 낡았다는 말을 적지 않게 들었던 민주당 간부들은 '피의 화요일'부터 '승리의 화요일'까지 거리에 얼굴을 내밀지 않았다.

이처럼 4월혁명은 4월이 상징하듯 낡고 썩은 것이 푸르고 생동적인 것으로 바꾸는 것을 의미했다. 침체되고 암울했던 사회가 진취적인 사회로 새롭게 태어나고, 숨죽이며 억눌려 지냈던, 겁에 질린 민중이 가슴 펴고 숨 쉴 수 있고, 양심과 사상, 학문의 자유가 있는 사회, 정의와 정직, 양식과 진실이 통하는 사회가 출현해야 했다. 모든 낡고 썩은 것들을 몰아내 지친 노인왕국을 약동하는 청년왕국으로 만들어야 했다.

이승만 권력과 박정희 권력의 유사성과 상이점

이승만 정권을 이해하는 데는 박정희 권력과 비교하는 것이 적지 않은 도움을 준다. 먼저 비슷한 점을 살펴보자.

이승만과 박정희 모두 다 1인 절대권력을 추구했다는 점에서 비슷하다. 그들은 자유민주주의체제를 거추장스럽고 비효율적인 것으로 생각했다. 그렇지만 삼권분립이나 다당제, 선거 등을 없앨 수는 없었기 때문에 그것을 형해화하거나 1인 지배체제에 봉사하도록 만들고자 했다.

입법부가 거수기 역할을 하는 것은 이승만 정권에서는 빨라야 1953년 이후로 잡을 수 있고, 그 이후에도 자유당의 일부 의원은 여러 차례 '반란표'를 던졌다. 민주공화당에서도 때로는 반란표가 나왔지만, 박정희는 이승만보다 훨씬 가혹하게 반란표를 던진 의원들을 닦달했다. 사법부의 경우 김병로가 대법원장으로 있을 때에는 이승만이 통제하는 데 제약이 있었다. 군사정권 시기부터 사법부는 무력했지만, 사법부가 박정희 권력의 요구에 적극 순응한 것은 1971년 사법부파동 이후부터라고 보는 견해가 유력하다.

이승만과 박정희는 2인자를 용납하지 않았다. 이승만은 자유당 창당의 주역인 이범석을 부산정치파동에서도 최대한 활용했지만, 8·5정부통령 선거부터 견제하기 시작했다. 선거가 끝나자 이범석은 해외로 나갔고, 평당원이 되었다가 그의 동지들과 함께 '민족분열자'로 출당·제명 처분당했다. 김종필은 민주공화당 창당 주역이지만 자의반 타의반 외유를 떠나야 했고, 계속해서 자기 세력이 숙청당하는 것을 목도했다. 3선개헌을 거치면서 주류=김종필계라는 것은 소멸했고, 1971년 10월 오치성 내무장관 해임결의안 통과와 함께 비주류 보스들이 사라졌다. 이후 민주공화당은 중간 보스가 없어졌고, 이른바 박정희 친정체제로 들어갔다.

자유당과 민주공화당은 다른 점도 많지만 유사한 점도 많다. 둘 다 관제정당이었다. 창당 과정도 그렇지만, 당을 확장하고 유지하는 데 모두 다 관권에 의존했다는 점에서 그렇다. 다만 자유당은 이범석의 민족청년단을 주요 기반으로 하면서 국민회·대한노총 등 5개 단체 등이 부분적으로 가담해 창당을 했는데, 민주공화당은 중앙정보부 밀실에서 만들어졌고, 증권파동 등 4대 의혹사건에서 거둬들인 자금이 주요 창당자금이 되었다는 점에서 차이가 있다. 양당 모두 지도자를 위해서 만들어졌고, 유일 지도자가 거세되면서 소멸했다는 점에서 유사성이 있지만, 자유당이 더 이승만의 사당私黨 역할을 했다.

이승만과 박정희는 권력의 분점을 용납하지 않았거니와, 그것의 자연적인 귀결로 영구집권을 꾀했다. 이 때문에 둘 다 선거에 비상한 관심을 가졌고, 관권을 동원했다.

두 사람은 영구집권을 위해 개헌을 거쳐야 했는데, 이승만 집권 6년 만에 치러진 사사오입개헌과 박정희 집권 8년 만에 치러진 3선개헌은 개헌 전에 두 사람 다 미국에 다녀왔으며, 개헌안을 억지로 통과시켰다는 점에서도 유사한 점이 있지만, 개헌에 필요한 의석수를 확보하기 위해 심한 부정선거를 획책했다는 점에서도 비슷하다.

1954년 5·20선거가 어떻게 치러졌는지는 이미 언급한 대로이다. 1967년에 치러진 6·8국회의원 선거는 망국선거라는 비판을 받았고, 이 때문에 국회가 장기간 공전되었으며, 박정희는 민주공화당 당선자 여러 명을 잘라내야 했다. 6·8선거는 장관 등 특별공무원의 선거운동으로 처음부터 물의를 빚었고, 이와 관련해 선거법시행령이 고쳐졌는데, 특히 대통령은 노골적으로 전국 각지를 다니며 선거운동을 했다.

이승만과 박정희는 냉전체제에 철두철미 순응하고 그것을 이용해 권력을 유지했으며 극단적인 반공정책을 폈다. 두 사람 다 미국의 국가 이익을 한국의 국가 이익과 등치시켰고, 미국에 대한 비판을 국가보안법으로 엄혹하게 단죄했다.

이승만은 국제적으로는 세계에서 가장 위험한 반공 지도자로 부각되었고, 국내에서는 세계적인 위대한 반공 지도자로 선전되었다. 이승만은 인도차이나 문제가 발생하자 군대를 파견하겠다고 미국에 제의했다. 박정희는 서방 세계의 강력한 비판에 직면한 미국의 베트남전 개입·확전을 적극 지지했고, 미국에 이어 두 번째로 많은 지상군을 파견했다.

두 사람에게 북은 타도·절멸의 대상이었고, 대화·공존의 상대로 인정하려 하지 않았다. 이승만은 1950년대 내내 학생·노총조합원·공무원·시민 등을 동원해 북진통일운동을 폄으로써 평화통일 주장을 차단했고,

자신의 권력과 극우반공주의를 강화했다. 박정희는 1960년대에 선건설을 내세워 통일문제를 논의하는 것조차 금지했고, 유신체제에서는 1960년대보다 훨씬 극단적인 반공·반북 선전활동을 벌였다.

이승만의 극우반공체제는 제주4·3항쟁과 여수·순천 사건에서의 주민집단학살, 전쟁 초기 보도연맹원의 대규모 집단학살, 11사단에 의한 거창·산청·고창·함평 등지에서의 주민집단학살을 거치면서 공고해졌다. 특히 보도연맹원 학살은 남한 곳곳에서 발생해 동시대인이 목도했던바, 이승만 정권＝반공체제에 순응하지 않으면 어떻게 될지 모른다는 체념을 심화시켰다.

반공을 국시의 제1의로 삼은 쿠데타군은 통일운동, 반매판운동을 벌인 혁신계와 학생들을 대거 체포해서, 소급 입법으로 국가재건최고회의에서 만든 '특수범죄처벌특별법'을 적용해 중형을 선고했다. 쿠데타 주모자들은 또한 피학살자유족회 관계자들을 체포했고, 거창 등지의 피학살자 합동묘소를 파헤쳤다. 그리고 중앙정보부를 설치해 국민을 감시했다.

이승만은 극우반공주의자들조차 빨갱이로 몰아세웠는데, 마산에서 시위가 일어나자 전가의 보도를 빼들었다. 그는 4월 13일 담화에서 "이 난동에는 뒤에 공산당이 있다는 혐의가 있다"라고 주장하고, 마산시위는 "결국 공산당에 대해서 좋은 기회를 줄 뿐"이라고 협박했다.

4월 15일에 발표한 제2차 담화문에는 더욱 섬뜩한 내용이 들어 있다. 그는 이 담화에서 역시 공산당 혐의를 주장하고는 "과거 전남 여수에서 공산당이 사람들을 많이 죽였을 때…… 조그마한 아이들이 일어나 수

류탄을 가지고 저의 부모에게까지 던지는 불상사는 공산당이 아니고는 있을 수 없는 것"이라고 피력하고는 공산당은 "부모도 어른도 아이도 모르고 사람이 할 수 없는 짓을 자행하며 오히려 잘하는 것으로 알고 있다는 것"이라고 역설했다.

여순사건에서 아이들이 수류탄을 부모에게 던진 예나 그와 유사한 예는 지금까지 전혀 발견되지 않았다. 그런데 1970년대에 교육을 받은 사람들은 부모도 아이도 모르고 사람이 할 수 없는 짓을 '오히려' 잘하는 짓으로 알고 자행한다는 이승만의 이 담화가 결코 낯설지 않게 느껴질 것이다. 1970년대 국민학교 복도, 교실 벽에 잔뜩 붙어 있던 포스터에는 그보다 한층 더 심한 장면들이 그려져 있었던 광경을 쉽게 떠올릴 수 있을 것이다.

이런 '엽기적'인 반공이데올로기 주입은 이승만 정권의 경우 주로 이승만 담화에 의존한 반면, 유신체제에서는 교육에서부터 라디오·텔레비전 등 언론매체까지 동원되어 입체적이고 지속적으로 전개되었다는 점에서 차이가 있다.

공산당의 잔혹한 학살 만행도 그것이 저질러졌다고 주장되는 시점에서 가까웠던 1950년대 중후반에는 별반 등장하지 않는데—제주4·3에서 거창 학살까지의 실상을 보면 그럴 수밖에 없었을 것이다—20여 년의 세월이 흐른 1970년대에 쉴 새 없이 반복해서 다양한 형태로 주입된 것은 어떻게 설명할 수 있을까?

이승만과 박정희는 퍼스낼리티나 권력 행태에서 상이점이 많았다.

이승만은 군주적 권위의식이 있었고, 미국에 대해 무한히 일체감을 갖고 있었다. 그렇지만 박정희는 자랑할 만한 전통이 없었고, 미국적인 생활 태도에도 거부감 비슷한 것이 있었다. 그는 뭐니 뭐니 해도 만주 군관학교를 우수한 성적으로 졸업하고 일본 육사에서 상을 받은 것이 자랑스러웠고 일제의 황국 군인정신에 강한 일체감을 느꼈다. 그는 1936년 2월 26일 국가개조를 요구하면서 군대를 동원해 수상관저 등을 습격하고 내대신內大臣·장상藏相(재무장관)·교육총감敎育總監 등을 살해한 2·26 쿠데타를 일으킨 일본 황도파皇道派 군국주의 청년 장교들한테서 깊은 감명을 받았다.

이승만의 정책과 박정희의 정책 중 가장 큰 차이는 일본에 대한 태도였다. 이승만은 야당과 언론의 주장은 물론이고 미국의 말도 듣지 않고 막무가내로 반일운동을 폈는데, 박정희는 학생과 사회 각계각층의 비판을 받으면서 적극적으로 친일정책을 썼다. 그렇지만 둘 다 권력을 유지하고 강화하기 위해 반일정책 또는 친일정책을 썼다는 점에서 유사성이 있다.

이승만의 반일운동은 일본이 정경분리를 내세우며 중국과의 관계를 공고히 하고 북한과도 교류하려고 하자 반공운동의 일환으로 전개되었다. 그러나 반일운동이 미국과 갈등을 불러일으키고 있는데도, 또 친미 반공적인 기시 정권이 들어선 이후에도 계속된 것은, 반일운동이 친일파 정권이라는 이미지를 은폐시킬 뿐만 아니라 일반 대중들의 강렬한 반일감정을 자극해 자신의 권력을 강화시킬 수 있었기 때문이다.

박정희는 한일회담에서 저자세 밀실외교로 엄청난 저항을 불러일으켰지만, 미국의 강력한 지원을 받으며 한일협정을 체결했다. 박 정권의 성격은 '친한파'라는 말에 잘 집약되어 있다.

친한파 수령인 기시는 만주국 총무처 차장으로 만주국 실권자였고, 도조 내각에서 통산성 대신을 지낸 자로 A급 전범이었다. 친한파의 거물인 야즈기는 만주 침략 때부터 군부의 배후에서 암약한 '쇼와昭和 최대의 괴물'이었다. 또 한 명의 거물인 고다마는 특무기관에서 주로 활동했고, 기시와 마찬가지로 A급 전범이었다. 이들은 박정희의 쿠데타를 진심으로 환영했고, 유신체제를 적극 지지하고 지원했다.

박정희 정권은 부통령제를 없앴다. 부통령은 대통령이 임명하는 국무총리나 국무위원과는 달리 헌법상 독립기관이었고, 누구나 제2인자로 인정하고 있었으며, 대통령 후계자로 생각하는 경우가 많았다. 박 정권은 이승만이 1인 전제를 유지하는 데 부통령제가 얼마나 부담이 되었는가를 알고 있었다. 초대 부통령 이시영은 가끔 이승만한테 쓴소리를 했고, 급기야 국민방위군 사건, 거창 양민학살 사건을 흐리멍덩하게 처리하려 하자 사퇴했다. 제2대 부통령 김성수 또한 대통령이 부산정치파동을 야기해 국헌과 국법을 파기하는 것에 항의해 사임했다.

이승만은 부산정치파동 때 미국이 이승만 후임으로 생각해본 적이 있었던 장면이 부통령이 되자 불편한 심기를 달랠 수 없었고, 자유당은 정권을 '뺏길까봐' 긴장했다. 3·15부정선거가 치러진 이유 중의 하나는 부통령제 때문이었다.

박 정권 시기에 부통령제가 계속되었으면 어떠했을까? 아마도 1인 권력의 독주를 견제했을 터이고, 유신체제 같은 것이 출현하는 데도 어려움이 있지 않았을까?

박 정권은 권력 유지와 관련해 이승만 정권의 문제점을 면밀히 검토했다. 중앙정보부도 그렇게 해서 출현했다. 자유당 정권은 사찰경찰을 두어 국민을 감시했으나, 그것이 정부 비판세력, 언론 등을 통제하는 데는 한계가 있었다.

중앙정보부는 여야 정치인부터 학생·언론 등 '권력'을 가지고 있거나 비판하고 저항할 수 있는 모든 세력을 회유하고 분열시키고 감시했으며, 수사권까지 장악하고 있었다. 이승만 정권은 후기에 깡패를 자주 동원해 민심 이반을 가속화시켰는데, 박 정권은 그것도 제도 속으로 끌어들였다. 중앙정보부에 끌려온 사람은 얼마나 당할지 두려워했고, 밖에 나가서 그곳에서 당한 일을 감히 발설하지 못했다.

박정희는 정보정치에 의존했고, 그래서 중앙정보부장은 대개 권력에서 제2인자라는 말을 들었다. 박정희는 청와대 비서실과 경호실도 이승만 정권과는 비교가 안 되게 큰 규모로 강화해 통제정치, 밀실정치를 펴나갔다.

이승만 정권과 유신 이전의 박정희 정권은 선거 양태에서 크게 달랐다. 1960년대에는 경찰의 역할이 현저하게 줄었고, 투개표 부정도 상대적으로 줄었다. 그 대신에 금권선거와 선심공약이 기승을 부렸다.

이승만 정권은 정치자금 마련에 한계가 있었다. 기껏해야 1950년대에 중요한 대미 수출품이었던 중석을 팔아 받은 달러인 중석불重石弗 유용이나 원조와 관련된 육군에서의 자금 염출이나 산업은행 연계자금 정도였다. 3·15선거에서 자유당이 부정선거 격려금으로 경찰에게 건넨 자금도 대부분이 산업은행 연계자금이거나 관료자본과 연결되어 있는 기업 헌금이었다.

　박정희 정권도 초기에는 정치자금 염출에 어려움을 겪었으나, 일본 자금, 그중에서도 식민지 지배의 피해에 대한 대일 청구권과 관련된 자금 및 차관이 들어오면서 양상이 크게 달라졌다. 1967년 6·8부정선거가 망국선거라는 비판을 들었던 가장 큰 이유는 그 선거가 2001, 2002년경까지 계속된 금권선거의 시작을 알리는 선거로서, 돈이 흥청망청 돌았고, 금력의 유혹에 넘어간 유권자들이 민주공화당 후보에게 무더기로 표를 던졌기 때문이다.

　한국은 산이 많고 계절에 따라 강수량의 차이가 커서 유난히 교량 상태가 나쁘고 도로 사정이 나빴는데, 그것이 개선되기 시작한 것도 1960년대 후반에 들어와서였다. 6·8선거에서 박정희와 정부·여당 실세들은 전국 각지를 돌며 다리를 놔주고 아스팔트를 깔아주겠다고 약속했고, 소규모라도 공장을 지어주겠다고 공약했는데, 호소력이 있었다.

　이승만·자유당과 박정희·공화당은 대통령직을 빼앗기거나 야당한테 권력을 빼앗기는 일은 있을 수 없는 일이라고 생각했다. 그들에게 권력은 그렇게 좋은 것이었다. 문제는 어떻게 빼앗기지 않고 영속시키느냐였다. 이 때문에 이승만과 박정희, 그의 수하 사람들은 고심을 했다.

　미국에서 생활한 이승만은 선거를 없앤다는 것은 생각할 수 없었다. 선거를 통해서 권력을 영속시켜야 했다. 이 때문에 이승만과 수하 사람들은 8·5선거, 5·20선거, 5·15선거, 5·2선거의 노하우를 최대한 활용하는 쪽으로 갔다. 특히 5·2선거 이후 치러진 재선거에서 자유당 후보들은 폭력과 부정으로 압승했는데, 그것은 예행 연습장이기도 했다.

　박정희의 경우 쿠데타를 일으키면서 장기집권을 꾀했으나, 미국의 압력으로 1961년 8월 12일 정권 이양 시기를 밝혔다. 1963년 민정 이양에 임해서도 '수도방위사령부 군인들의 3·15군정연장 데모에서의 건의를 받아들여' 그다음 날 4년간 군정을 연장하겠다는 3·16번의(飜意)가 있었으나, 이것 또한 국내외 압력으로 군정 연장을 취소했다.

　1971년 대통령 선거에서 중앙정보부가 적극 개입해 지역 갈등을 부추기는 심한 흑색선전을 포함해 총력전을 폈고, 특정 지역의 몰표로 간신히 대통령에 당선된 박정희는 황국 군인답게 쿠데타를 다시 일으켜 이미 3선개헌 때부터 예상했던 총통제, 곧 유신체제를 만들어 체육관에서 대통령이 되었다.(체육관 대통령)

이승만 정권은 왜 쉽게 무너졌나

　이승만의 불굴의 권력 의지나 이승만 정권이 국민을 옴짝달싹하지 못하게 억눌렀던 것을 생각해보면 이승만의 사임, 곧 이승만 정권 붕괴는 너무 쉽게 일어나지 않았느냐는 생각이 들 수 있다. 이승만 정권이 쉽게 무너진 이유는 박정희의 유신권력과 비교해볼 때 분명해진다. 여기에서는 이승만 권력의 와해 이유를 유신권력과 비교하면서 고찰해보겠다.

　이승만 정권 말기나 박정희 정권 말기는 겉모습과는 달리 대단히 불안했고 언제 폭발할지 모르는 화산 같았다. 따라서 비록 4·19나 부마항쟁·김재규 거사가 없었다고 하더라도 얼마 후 폭발적 사태가 일어나 두 정권이 무너졌을 가능성이 높았다. 그 경우 박 정권은 대단히 강력한 탄압 수단과 의지를 가졌기 때문에 1980년 5월광주항쟁보다도 더 참혹한 사태를 야기할 수 있었다.

3·15선거 같은 심한 부정선거가 치러졌는데도 왜 마산을 제외하고는 침묵했느냐는 질문을 던질 수 있다. 분명히 대중들은 전쟁기의 학살과 경찰·관권의 횡포를 경험했기 때문에 주눅이 들고 오그라들어 있었던 것은 틀림없다. 그렇지만 폭정과 폭압, 부정과 비리, 부패에 대한 분노는 끓고 있었고, 그래서 기회가 오면 분출하게 되어 있었다. 결국 제1차, 제2차 마산항쟁에서 분출했고, 4월 19일에는 서울 등 주요 도시에서 폭발했으며, 그것은 다시 4월 25, 26일에 터져나왔다.

주목할 것은 어느 시위에서나 시위대는 파출소·경찰서나 자유당 사무실, 반공회관 같은 건물을 부수거나 불살랐고, 트럭 등 차량을 빼앗아 돌진했고 무기를 탈취하기까지 했으며, 탱크도 두려워하지 않았다는 점이다. 결코 평화로운 시위가 아니었다. 대단히 큰 불만이 가득 차 있다가 계기만 만나면 무서운 위력으로 폭발해, 폭동에서 볼 수 있는 상황으로 순식간에 치달았던 것이다.

대중들의 유신권력에 대한 불만은 1978년 12월 12일 총선에서 야당이 여당보다 1.1%를 더 획득한 것에서 뚜렷해졌다. 세계적으로 악명이 높았던 야만적인 유신독재에서 야당이 더 많은 표를 얻은 것은 세계를 놀라게 했다.

장기집권에 대한 염증, 눈에 띄게 경제 사정이 악화일로를 걷는 데다가, 긴급조치라는 말도 안 되는 폭압으로 유지되는 부도덕한 정권, 중앙정보부의 감시와 공작 등에 대한 불만이 겹치고, 그것이 지역 문제와 결합될 때, 계기만 주어지면 폭발하게 되어 있었다. 그 계기가 부마항쟁의 경우 김영삼의 야당 총재직과 의원직 박탈이었다. 그런데 부산과 마산은 심한 지역 차별로 불만이 들끓고 있던 지역은 아니었다.

노동계도 불만투성이였다. 저임금과 열악한 작업 환경에 휴폐업이 겹치거나, 어용노조가 관권과 결합해 인내하기 어려운 부당한 짓을 할 때 노동자들은 폭발적으로 나설 수 있었다. 박 정권 말기는 제2의 부마항쟁, 광주항쟁이나 YH사태, 사북사태가 언제 터질지 알 수 없는, 그래서 총칼로만 유지되는 지극히 불안정한 사회였다.

이승만 정권이나 박정희 정권은 말기에 모두 미국의 지지를 받지 못했다. 박 정권의 경우 인권 외교를 내세운 카터 행정부의 등장은 위협적이었다. 이 정권 붕괴에 대해 미국의 역할을 과대평가하는 경우가 많지만, 앞에서 언급한 대로 미국이 이 정권에 대해 대중의 불만에 귀를 기울이라고 요구한 시점은 4·19를 생생히 목도한 이후였다.

미국이 군 수뇌부에 영향을 미친 것은 정밀한 분석이 요구되지만, 대학교수 데모에 영향을 미친 것은 과대평가할 것이 못 된다. 미국은 4월 25일까지 이승만의 사임을 생각하고 있지 않았고, 26일 상황에서 분명히 미봉책으로는 안 된다고 판단하고 영향력을 '행사' 했는데, 그 수준이 어디까지인지는 애매한 점이 있다.

1960년 4·26, 1979년 10·26과 관련해 미국의 태도에서 심상치 않은 것이 있다. 김정열 국방장관의 회고에 의하면 이승만 사임 후 매카나기와 매그루더 등은 김정열에게 군사정부를 수립하겠다고 밝혔다. 허정 등에 관해서는 미국이 잘 모르기 때문이라는 것이었다. 김정열은 반발했고, 그 계획은 곧 폐기되었으나, 미국은 군사정권이 들어서야 안정된 친미 정권이 될 수 있다고 판단했던 것이다. 10·26 이후 미국은 민주화운동 세력에 대해 호의를 보이지 않았고, 광주항쟁에서 누구를 선호하는가를 분명히 보여주었다.

3~4월 항쟁에서 언론이 학생 다음으로 중요한 역할을 했다는 지적도 있지만, 이 정권과 박 정권은 언론 포섭에서 큰 차이가 있었다. 이 정권은 야당보다도 언론으로부터 더욱 시달렸다. 기실 야당이 여당을 공격하는 데는 언론의 뒷받침이 컸다. 이승만·자유당 정권이 언론에 대해 얼마나 '피해의식'이 컸는가는 자유당 선전위원회 부위원장이자 서울신문사 사장인 손도심의 다음과 같은 하소연에서 엿볼 수 있다.

> 가위 서울의 5대 신문이라고 할 만한 서울, 동아, 경향, 조선, 한국 다섯 신문이 거의 우리나라 이목을 대신한다고 할 수 있는데,…… 서울신문 하나만을 제하고는 나머지 4대 신문이 붓대를 가지런히 하여 매일과 같이 밤낮으로 자유당과 행정부를 개 때려잡듯 도적놈 잡드리듯하여 국민을 증오와 격분의 도가니로 몰아넣는 데 성공한 데 반하여, 서울신문 하나만이 외로이 서서 그것도 불확실한 논조로 노도와 같은, 폭풍우와 같은 전기 4대 신문에 대항하고자 하였으나 거의 대적이 되지 않았던 것이다.

1950년대는 신문의 시대였다. 라디오도 보급률이 낮았고, 그나마 유행가나 만담, 연속극에 귀 기울이는 정도였다. 정보와 판단의 기준은 대부분 신문에 의존했는데, 해방 직후 좌우 싸움의 선봉장으로 극렬한 논조를 폈던 신문은 불평불만이 많은 도시 중산층과 서민을 주된 구독자로 하고 있어서 야당 성향이 강했다. 무엇보다도 정부·여당이 비리·부패·부정이 많았기 때문에 정치면 위주였던 당시 신문은 주로 그런 기사를 많이 쓸 수밖에 없었다.

이승만 정권은 신문을 잡아보려고 여러 차례 노력했지만 신문의 공격에 번번이 실패했다. 1960년 정부통령 선거에 임해서는 드디어 칼을 빼들어 24파동을 일으키면서 국가보안법을 개정하고 곧이어 『경향신문』을 폐간시켰지만, 그것도 효과가 없었다. 3~4월 시위에서 신문은 불을 붙이는 역할을 했고, 고대생 습격 사건에 관한 사진과 기사는 불에 기름을 붓는 격이었다.

박정희도 1964년 6·3사태까지는 신문을 통제하는 데 한계가 있었다. 그러나 그 뒤 계속 재갈을 채웠다. 언론인·언론사가 테러를 당하거나 필화를 당했고, 기자 등이 중앙정보부에 호출되었다. 그리하여 3선개헌 시기에 이미 언론은 힘을 잃었고, 유신 전야에는 언론을 장악했다는 이야기를 들었다.

1973년 가을과 1974년 초 기자들은 다시 언론 자유의 횃불을 들었으나, 광고 탄압에 이어 대량 해고사태를 맞으면서 언론은 유신체제에 순종했고, 다수는 앞질러 유신체제를 선전했다. 1970년대에는 라디오가 대량으로 보급되었고, 유신 말기에는 매 가구당 1대의 흑백텔레비전을 가질 정도가 되었다. 대중은 문화생활의 대부분을 라디오와 TV에 의존했던바, 두 매체는 유신체제의 저질 선전기관이나 다름없었다.

이승만과 박정희는 시위 대처 능력에서 현저히 차이가 있었다. 이승만은 북진통일·반공방일 시위에 학생들을 동원해 학생들이 순종하는 줄만 알았지, 학생들이 데모하는 방법을 배워 자신한테 대드는 부메랑 효과를 만나리라고는 꿈에도 생각지 않았다. 또 당시 학생들은 소수여서 소중한 존재로 인식되고 있었다. 그래서 학생들을 구속시킨다는 것은 사회적 합의에 어긋나는 것처럼 보였다. 경찰은 시위 대처 훈련이나 경험이 부족했다.

박 정권 18년은 학생과의 기나긴 싸움의 연속이었다. 1964년 3·24시위에서 6·3시위까지는 대처 능력이 약했으나, 그 뒤로는 계엄령과 위수령으로 군대를 풀어 시위를 진압했고, 공안 사건에 얽어매거나 보안사 감시하에 제적당한 학생들을 대량 징집하는 등 탄압 방법이 다양해졌고, 휴교 등의 방법도 구사했다.

열화와 같은 반유신투쟁에 당황해하기도 했지만, 1975년 인도차이나 사태 이후에는 반공보수세력의 지원을 받으며 긴급조치로 학생·민주세력을 사회에서 격리시키고, 학교 건물마다 정보원 형사들을 배치하고, 교련 강화에 이어 학도호국단을 부활시키고, 교수들한테 학생들을 배당해 일일이 감시하는 등 물샐틈없이 학원을 병영화시키고 감시해 대처했다. 그래서 학생들은 건물 난간에 의존해서 잡혀가기 전까지 싸우는 난간투쟁이나 버스 지붕을 이용해 유인물을 살포하는 등 다양한 투쟁 방법을 개발했고, 유신 말기에는 저녁에 광화문 어디어디에 모이자는 등의 연합시위를 벌였다. 그러나 유신체제를 무너뜨리는 데는 한계가 있었다.

이승만 권력이 쉽게 내려앉은 가장 큰 이유는 나이였다. 당시는 70이 넘으면 상노인 대접을 받았고, 80세 이상은 드물었다. 늦가을 날씨와 노인네는 언제 변하고 쓰러질지 알 수 없다는데, 1956년 선거를 치렀을 때 이승만은 81세였다.(실제는 이보다 많다고 한다.) 이 선거 결과에 자유당 간부들이 이승만 못지않게 당황해한 것은 어쩌면 당연했고, 그래서 이승만 못지않게 '분발' 해서 1960년 선거에 대처하지 않을 수 없었다.

이승만은 1958년경부터 많은 권한을 이기붕한테 넘겨주었다. 절대권력에 대한 집념은 조금도 사그러들지 않았지만, 가는 세월에는 재간이 없어 낚시질을 하면서도 멍하니 앉아 있을 때가 많았다. 1960년 4월 19일, 25일, 26일에 걷잡을 수 없이 사태가 악화되었지만, 어느 한 곳 의지할 데 없었던 이 의심 많은 노인네는 순간적으로 단념하지 않을 수 없었다.

박정희는 44세에 집권했고, 10·26 때는 62세였다. 충분히 기민하게 대처할 수 있는 나이였다. 다만 유신 말기에는 정신 상태가 혼미해지는 등 비정상적이었다. 차지철한테 과도하게 권력을 행사하게 한 것, 김영삼으로부터 야당 총재직, 나아가서 의원직까지 박탈한 것은 단기短氣(조급한 성격)에서 나왔다고는 하지만 정상적인 정신 상태로는 하기 어려운 바보짓이었다. 절대권력자는 냉혈한으로 위기에 대처해야 하는데, 박정희는 62세밖에 안 되었지만 그런 유연성이 없어 결국 10·26을 자초하고 말았다.

　최고 권력자가 상노인 중에 상노인으로 권력을 유지하는 데 어려움이 있다면, 제2인자가 그를 떠받쳐주는 역할을 해야 하는데, 그 점에서 이기붕은 최악의 부적격자였다. 이 점은 박 정권 말기와 심한 대조를 보인다.

　이기붕은 국방장관 시기에 국민방위군 사건, 거창 양민학살 사건을 잘 처리해 칭송을 받았다. 그는 천성이 유약하고 공손하다는 평을 들었다. 그러나 이승만한테는 맹종할 뿐이었다. 권력에 욕심이 없었던 그는 권력욕이 강한 부인 박마리아와 이승만·프란체스카의 포로가 되어 불행한 말년을 보내게 되었다는 말을 당대에 자주 들었다.

　이기붕은 4월 19일 현장에서 내무장관 등을 지휘해 시위를 진압하는 대신 6군단으로 피신했다. 부통령 당선을 포기하라고 했을 때에도 환영했다. 25일 다시 데모가 격화되자 또 6군단으로 향했다. 그날 이후 그를 지켜줄 사람은 아무도 없었다.

　이기붕은 1957년경부터 불치의 병을 앓고 있었다. 각부 신경통에 협심증으로 미 월터리드 육군병원 등 여러 병원을 전전했으나 점점 악화될 뿐이었다. 25일 오후 6시경 자택 뒷문으로 피신할 때 이기붕은 대소변을 보기 위한 변기와 신경통을 앓는 다리를 덮을 담요, 약간의 돈과 일용품이 든 백만 챙겨 나섰다. 이때 그는 몸을 가누지 못했다.

　자유당 간부 및 국무위원들은 언제 죽을지 모르는, 멍한 상태에 빠지곤 했던 85세의 노인과 국회에도 출석을 못하고 3·15선거에서도 유세 한번 제대로 할 수 없었던 불치의 환자를 당선시키기 위해 있을 수 없는

이승만 대통령 내외와 함께한 이기붕 가족

천성이 유약하고 공손한 이기붕은 이승만에게 절대 복종하여 자유당의 2인자가 되었다. 이기붕은 아들이 없는 이승만에게 장남 이강석을 양자로 입적시켜 자신의 권력기반을 강화했으나 4월혁명 직후인 1960년 4월 28일에 일가족의 집단 자살로 비극적인 생을 마감했다. 사진 왼쪽부터 이강석, 프란체스카, 이승만, 이기붕, 박마리아, 이기붕의 둘째 아들 이강욱이다.

부정선거를 저질렀다. 세상에 어떻게 이런 기막힌 일이 일어날 수 있느냐고 반문하겠지만, 1980년대 전반까지 권력의 마력은 상상을 초월했다. 이승만과 박정희, 전두환만 제정신이 아닌 것이 아니었다. 크고 작은 권력을 쥔 모두가 그러했다.

박정희가 특별히 힘을 실어주어 중앙정보부장 김재규보다도 강력한 권력을 행사하며 중앙정보부 일까지 넘보던 박정희 말년의 제2인자 차지철은 이기붕과는 크게 달랐다. 차지철은 박정희가 쿠데타를 일으켰을 때 공수단 대위로 박정희를 지켰고, 그 뒤에는 박정희의 배려로 30대에 국회 외무위원장·국방위원장 등 파격적인 지위를 맡았다.

그는 "각하가 곧 국가다"라는 신념을 가지고 박정희의 신변을 지키는 것에 만족하지 않고 박정희의 대통령 자리를 지켜주는 것이 자신의 임무라고 생각했다. 그의 경호실장 집무실에는 "각하를 지키는 것이 곧 국가를 지키는 것이다"라는 구호가 붙어 있었다.

경무대 경호 책임자인 곽영주는 이승만 덕에 세도를 부렸지만, 그가 거느린 병력은 약간의 경찰뿐이었다. 그렇지만 차지철은 달랐다. 그는 유사시에 군에 요청해 지원을 받는 것이 정도正道인데도 불구하고, 사단 병력을 경호실에 배치시킬 것을 유엔군사령관, 육군 참모총장에게 요구했고, 30경비단 4개 대대를 배속시켰다. 이 병력은 탱크와 헬기, 중화기를 갖춘 전투부대였다.

그는 1978년 12월 수도경비사령부설치령을 바꾸어 특정 구역의 작전활동은 경호실장의 통제를 받도록 했다. 경호실 병력은 히틀러의 친위대를 본떠 만든 특별한 제복을 입었고, 먹고 자는 것도 특별했다.

차지철의 월권행위는 끝이 없는 것 같았다. 그는 군단장급 현역 중장을 경호실 차장에 앉혔고, 작전차장보 또한 현역 준장이었다. 박정희 말기에 경호실 작전차장보는 하나회의 전두환, 행정차장보는 노태우·김복동이 맡은 바 있었다.

또한 경호실장·내무장관·국방장관으로 구성된 경호·경비대책위원회를 두었고, 경호실 차장·보안사령관·수도경비사령관·육군본부 헌병감·내무부 치안본부장으로 구성된 경호·경비대책실무위원회를 두었으며, 그와 함께 경호실 차장·중앙정보부 정보차장보 등으로 구성된 경호·경비안전대책통제반이라는 것을 두었다.

박정희 말기에 경호실은 '국가 안의 국가'였다. 차지철은 국가 무장력의 핵심을 지휘하고 동원해 박정희 유신권력을 지키겠다고 나선 것이다. 차지철은 군부 외에도 요소요소에 자기 세력을 심었고, 정보원을 두어 중앙정보부 '고유 업무'인 여당·야당 사찰을 했다.

차지철이 국군 지휘체계, 행정 지휘체계를 어지럽히며 경호실장에게 특별한 권력을 집중시킬 수 있었던 것은, 박정희가 그와 같이 월권을 저지르는 차지철이 가장 믿음직하게 '체육관 대통령' 자리를 확고히 지켜줄 것으로 믿어 의심치 않았기 때문이다.

대통령 경호실 병력과 경호 지휘체계에서 이승만 권력 말기와 박정희 권력 말기는 너무 현격한 차이를 보였는데, 그 점은 군 장악에서도 비슷했다.

1960년 4월 19일 밤 출동한 계엄사 병력은 특수작전 훈련을 받은 바가 없었다. 그들은 서울 진격 명령을 받았을 때 왜 자신들이 출동했는지 사병은 물론 장교도 잘 몰랐다. 그들은 기껏해야 이동 중에 총을 쏘지 말고 어떤 자세로 총기를 지녀야 한다는 등의 명령을 받는 정도의 '훈련' 또는 '지시'를 받았다.

송요찬 육군 참모총장은 승진할 때 주한미군사령관과 함께 이 대통령이 별을 달아주는 무상의 영광을 누렸고, 다른 군 수뇌부처럼 이승만·이기붕에게 절대 복종할 자세를 보였으며, 이기붕 집을 새벽같이 자주 들락거렸지만, 계엄사령관으로 서울에 왔을 때는 사뭇 태도가 달랐다. 그는 이승만 못지않게 시위 군중과 부하의 눈치를 봤고, 주한미군사령부의 태도를 주시했다.

상당수의 계엄사 장교들은 이승만 정권의 부정부패 및 3·15부정선거에 못마땅해했다. 사병들은 대개가 시골 농촌 출신으로 온순했고, 학생들을 함부로 대하지 않았다. 이 대통령한테 직속된 훈련받은 부대가 없었고, 유사시에 충성을 바칠 부대도 없었다.

4월 20일에서 26일까지 계엄사령관에서 장교, 사병까지 대개는 상황에 따라 움직였다. 20일 아침 조재미 사단장이 4명의 대표를 데리고 중앙청에 간 것도, 26일 송 계엄사령관이 5명의 시민·학생 대표를 이 대통령한테 데리고 간 것도 어떻게 하다 보니 그렇게 된 것이었다. 조재미 사단장 등 계엄사 장교들은 한때 데모 인파에 휩싸여 어떻게 할 바를 모르기도 했다.

출동한 군대와 학생들이 공방전을 벌일 때 한 중위는 "내 동생도 학생이다"라고 외쳤고, 실탄 없는 장총을 들고 서 있던 어떤 사병은 학생들이 내민 주스 병을 손에 든 채 먹어도 괜찮은지 자꾸만 주위를 살폈다. 탱크가 진격해오자 학생이 "국군이여…… 우리를 쏘지 말라! 밟을 테면 밟아라!"라고 외치자 탱크는 코스를 돌렸고, 그러자 만세소리, 박수소리가 하늘을 뒤흔들었다. 1980년 5월 그날의 광주와는 너무 다르지 않은가.

박정희에게는 경호실 병력과 경호실 지휘체계 외에도 수도경비사령부 등 수도권 병력과 공수특전단 병력이 있었다. 이 병력들은 5·17쿠데타 때 공수특전단 병력이 서울과 광주 등에 배치된 것이 말해주듯 특수한 훈련을 받았고 특수한 임무를 띠고 있었다. 세계에서 이만큼 대통령의 안위를 지킬 강력한 병력을 가지고 있는 대통령은 희귀할 것이다.

쿠데타로 정권을 잡고 유신권력을 만든 박정희는 인적 요소와 각종 시설로 쿠데타에 철저히 대비했다. 그는 이승만 정권의 최후를 알고 있었다. 그래서 1971년 선거에서 1군사령관으로 영외 투표를 하게 했던 한신과 같이 군에서 존경받았던 유능한 군인과는 거리를 두었고, 자신의 명령에 충실히 따를 사람을 육군 참모총장 등의 요직에 앉혔다.

그는 일선 사단장들한테도 항상 관심을 기울여 차지철·전두환 등의 도움을 받으며 개인적인 관계를 맺으려 하는 등 군을 확고히 장악하고자 했다. 군에서 있을 수 없는 사설조직인 하나회 멤버들은 경호실을 중심으로 요소요소에 배치되었다. 박정희는 특별히 중요한 자리는 최고 지휘관과는 다른 계통의 인물을 그 다음 지휘관이나 예하 부대 지휘관에 임명해 상호 감시와 견제를 하게 했다.

제2의 부마항쟁 또는 광주항쟁과 같은 사태가 일어날 경우 박정희는 어떻게 대처하려 했을까? 그것은 부마항쟁 직후 있었던 차지철과 박정희의 대화에 드러나 있다. 김재규가 합석한 자리에서 차지철이 "신민당이 됐건 학생이 됐건 탱크로 밀어서 캄보디아처럼 2, 3백만 죽이면 조용해집니다"라고 장담하자 박정희는 "이제부터 사태가 더 악화되면 내가 직접 쏘라고 발포 명령을 하겠다"라고 말하고, 그러면서 "자유당 말에는 최인규라는 사람과 곽영주라는 사람이 발포 명령을 했기 때문에 총살이 됐다지. 대통령인 내가 명령을 하는데 누가 날 총살하겠느냐"라고 덧붙였다.

 이승만은 권력을 지키기 위해서는 무슨 짓이든지 서슴지 않고 할 사람임에 틀림없었지만, 그래도 과거시험에 계속 낙방했던 문인이었고, 미국 생활에 익숙해 있던 민간인이었다. 그렇지만 박정희는 일본도日本刀가 상징하는 황국 군인정신에 자부심을 갖고 있었다. 위의 대화가 시사하듯, 그와 차지철은 정권 말기에 정신이 아무래도 정상적이라고 보기 어려운 점이 있었다. 이런 위험한 상황에서 10·26이 일어났다.

주요사건 일지

1948년
4월 남북협상
4월 제주4·3항쟁 발발
5월 10일 제헌국회의원 선거
8월 15일 대한민국정부 수립 선포식
9월 반민족행위처벌법 공포
10월 여순사건 발발
12월 국가보안법 공포

1949년
6월 5일 국민보도연맹 결성
6월 6일 반민특위 습격 사건
6월 국회프락치 사건 발발
6월 21일 농지개혁법 공포
6월 26일 백범 김구 피살

1950년
5월 30일 제2대 국회의원 선거(5·30선거)
6월 25일 한국전쟁 발발
8월 18일 임시수도 부산으로 옮김
9월 부역행위특별처리법·사형금지법 통과

1951년
1월 1·4후퇴
2월 거창 양민학살 사건
3월 국민방위군 사건
5월 이시영 부통령 사임
12월 두 개(원외, 원내)의 자유당 창당

1952년
5월 26일 부산정치파동 시작
5월 27일 국제공산당 사건 발표
6월 20일 국제구락부 사건
7월 4일 발췌개헌안 기립 표결 통과
8월 5일 8·5정부통령 선거

1953년
3월 30일 이승만, 휴전반대 성명 발표
4월~5월 휴전회담반대 궐기대회 전개
6월 18일 이승만, 반공포로 석방 발표
6월 21일 국회, 북진통일 결의
7월 27일 휴전협정 조인
9월 이범석의 족청계 제거
10월 1일 한미상호방위조약 조인
10월 자유당 9인체제 출범

1954년
3월 신문 소설 『자유부인』 파동
3월 뉴델리 밀회 사건
5월 20일 제3대 국회의원 선거(5·20총선)
11월 27일 사사오입개헌

1955년

6월 박인수 여인 농락 사건
8월~12월 중립국감시위원단 철수 요구 궐기대회
9월 통합 보수야당 민주당 창당
9월 『대구매일신문』 테러 사건

1956년

5월 5일 신익희 민주당 대통령 후보 급서
5월 15일 5·15정부통령 선거
8월 지방자치(8·8시·읍·면의회의원, 8·13서울특별시·도회의원) 선거
9월 장면 부통령 저격미수 사건
11월 진보당 발기대회

1957년

4월 진보당 서울특별시·경기도당 결성대회 테러단의 침입으로 중지
5월 장충동 야당 집회 정치깡패 난동 사건
11월 박정호 간첩 사건
12월 근로인민당 재건 사건

1958년

1월 협상 선거법 통과
1월 조봉암·진보당 사건
2월 신민법 공포
5월 2일 제4대 국회의원(민의원) 선거(5·2총선)
12월 24일 신국가보안법 파동(24파동)

1959년

2~12월 재일교포 북송반대시위
4월 30일 『경향신문』 폐간 조치
7월 31일 조봉암 사형

1960년

2월 28일 부정선거 반대 대구 경북고 학생시위
3월 15일 제4대 정부통령 선거(3·15부정선거)
4월 11일 김주열의 죽음으로 제2차 마산 시위
4월 19일 4월혁명 발발
4월 25일 대학교수단 시위
4월 26일 이승만 대통령 하야

참고문헌

신문자료: 『경향신문』・『동아일보』・『서울신문』・『조선일보』・『한국일보』
잡지: 『사상계』・『인물계』

- 『국회속기록』, 국회사무처, 1948. 5.~1961. 5.(『민의원속기록』, 『참의원속기록』 포함), 공보처(공보실) 편, 『대통령 이승만 박사 담화집』, 1~3, 1953・1956・1959.
- 권대복 편, 『진보당』, 지양사, 1985.
- 김정남, 『4·19혁명』, 민주화운동기념사업회, 2003.
- 김정열, 『김정열 회고록』, 을유문화사, 1993.
- 김학준, 『이동화 평전』, 민음사, 1987.
- 동아일보사 편저, 『비화 제1공화국』 1~6, 홍자출판사, 1975.
- 문화방송·경향신문 편, 『광복 30년 시련과 영광의 민족사』, 경향문화출판사, 1975.
- 박태균, 『조봉암 연구』, 창비, 1995.
- 부산일보사 기획연구실, 『임시수도 천일』 상, 부산일보사, 1983.
- 『사진으로 보는 한국 100년』 2, 동아일보사, 1978.
- 『사진으로 본 감격과 수난의 민족사』, 월간조선, 1988.
- 서울특별시사편찬위원회 편, 『사진으로 보는 서울 3: 대한민국 수도 서울의 출발(1945~1961)』, 서울특별시, 2004.
- 서중석, 『남·북협상 김규식의 길 김구의 길』, 한울, 2000.

- 서중석, 『배반당한 한국민족주의』, 성균관대학교출판부, 2004.
- 서중석, 『비극의 현대지도자』, 성균관대학교출판부, 2002.
- 서중석, 『이승만의 정치이데올로기』, 역사비평사, 2005.
- 서중석, 『조봉암과 1950년대』 상·하, 역사비평사, 1999.
- 서중석, 『한국현대민족운동연구』 2, 역사비평사, 1996.
- 안동일·홍기범 편저, 『기적과 환상』, 영신문화사, 1960.
- 올리버 지음, 박일영 옮김, 『이승만 비록』, 한국문화출판사, 1982.
- 유민 홍진기 전기 간행위원회, 『유민(維民) 홍진기 전기』, 중앙일보사, 1993.
- 윤천주, 『한국정치체계서설』, 문운당, 1962.
- 이강현 편, 『4월혁명의 발자취』, 정음사, 1960.
- 이경모, 『격동기의 현장』, 눈빛, 1994.
- 이임하, 『여성, 전쟁을 넘어 일어서다』, 서해문집, 2004.
- 이재학 외 지음, 『사실의 전부를 기술한다』, 희망출판사, 1966(재판).
- 이종오 외 지음, 『1950년대 한국사회와 4·19혁명』, 태암, 1991.
- 이호진·강인섭, 『이것이 국회다!』, 삼성이데아, 1988.
- 『인간 만송(晩松)』, 자유춘추사, 1959.
- 장면, 『한 알의 밀이 죽지 않고는』, 가톨릭출판사, 1967(1999).
- 정태영, 『조봉암과 진보당』, 후마니타스, 2006.
- 조화영 편, 『4월혁명투쟁사』, 국제출판사, 1960.
- 진덕규 외 지음, 『1950년대의 인식』, 한길사, 1981.

- 최인규, 『최인규옥중자서전』, 중앙일보사, 1984.
- 학민사 편집부 편, 『4월혁명자료집 혁명재판』, 학민사, 1985.
- 한국언론보도인클럽 편, 『한국보도사진100년사』, 동아, 1987.
- 『한국현대사 119 대사전』, 월간조선, 1993.
- 한배호 편, 『한국현대정치론』 1, 나남, 1990.
- 한철영, 『한국의 인물 第一選 50人集』, 문화춘추사, 1952.
- 한희석 외 지음, 『명인옥중기』, 희망출판사, 1965.
- 허정, 『내일을 위한 증언』, 샘터, 1979.

이 책에 쓰인 사진의 출처

- 경향신문 31쪽, 177쪽
- 국정홍보처 100쪽, 118쪽, 127쪽, 134쪽, 144쪽, 161쪽, 166쪽, 185쪽, 195쪽, 292쪽
- 동아일보 108쪽, 220쪽, 224쪽, 232쪽, 236쪽, 253쪽, 260쪽
- 백범김구선생기념사업협회 78쪽
- 월간조선 28쪽, 35쪽
- 이경모 62쪽
- 정종화 204쪽

이 책에 쓰인 사진은 정해진 절차에 따라 저작권자의 사용 허락을 받은 것입니다. 저작권자를 찾지 못한 사진에 대해서는 저작권자가 확인되는 대로 게재 허락을 받고 통상의 기준에 따라 사용료를 지불하도록 하겠습니다.

찾아보기

|ㄱ|

갈홍기 129
강태무 48
거창 양민(주민)학살 사건 95, 97, 281
경향신문사 107
『경향신문』 폐간 196
고대생 습격 사건 288
고려대 학생 데모 234
고정훈 180
공화구락부 97, 98
공화민정회 97~99
곽상훈 150, 154
곽영주 238, 293
구보다 망언 138
국가보안법 49~52, 88
국가재건최고회의 278
국민계몽회 63
국민방위군 사건 95, 97, 281
국민보도연맹 60, 80~82
국민회 56, 96, 98, 101, 121
국정연구회 222
국제공산당 사건 109, 175
국제구락부 사건 111
국회 불온문서 투입 사건 151
국회프락치 사건 37, 63, 65, 67~70, 72
권승렬 38, 64, 75, 82, 254
그레고리 헨더슨 69
근로인민당(근민당) 82, 183
근민당 재건 사건 183
김갑수 187
김광섭 218
김구 22, 23, 25, 32, 50, 68, 71, 72, 77, 79
김구 살해 사건 63, 65, 72
김규식 23, 25, 68, 86, 90
김기림 81
김기철 181

김달호 181, 182
김대중 154
김도연 33, 90
김동리 218
김동성 129
김동원 30
김두한 126, 172
김두헌 215
김말봉 216, 218
김병로 34, 38, 64, 172, 194, 249
김붕준 88
김상덕 38
김상봉 176
김선태 172
김성수 33, 96, 97, 109, 153
김성숙 88, 180, 183
김성주 117
김성주 사건 125
김안일 74
김약수 34, 67~70, 72
김연수 38
김연준 215
김영삼 150, 154
김영선 109
김용진 187
김용환 81
김의준 107, 194
김의택 173
김익진 75
김일성 42, 61, 128, 184
김재규 293
김정열 256
김정제 간첩 사건 183
김종원 48, 126, 167, 170, 172, 173, 178
김종필 276
김주열 231
김준연 34, 129, 152, 165, 182

김지웅 73
김지회 47
김진호 151
김찬 88
김창룡 73, 74, 122
김창숙 111, 158
김철안 261
김칠성 88
김태선 50, 67, 77, 117, 120
김학규 75
김학웅 261
김활란 215, 239
김효석 87

| ㄴ · ㄷ |

남로당 70, 82
남북조선제정당사회단체대표자연석회의(연석회의) 26
남북협상 25, 26
남조선과도입법의원 26
남조선노동당(남로당) 43, 44, 61
남조선민주주의민족전선 61
내란행위특별조치법 50
노덕술 38, 64
노일환 63, 67, 68, 70~72
농민회 121
농민회의 96
농지개혁(법) 40, 41, 68
뉴델리 밀회 사건 128, 136
다울링 187
대륙공사 74
대한국민당 54, 87, 89, 98
대한기독교여자청년회(YWCA) 124
대한노동조합총연맹(대한노총) 57, 101, 121
대한농민조합총연맹(대한농총) 57, 101, 121
대한민국임시정부 24
대한민국정부혁신위원회 사건 109

대한부인회 57, 101, 124
대한청년단(한청) 54, 56, 98, 101, 105, 121
독립촉성국민회(독촉) 29, 32
동해안 군반란 사건 183
두령국가 57
땃벌떼 105

| ㅁ |

매그루더 257
매카나기 248, 256
맥아더 34
모윤숙 216, 218
무소속구락부 29, 97
문봉제 105, 122
미군 방첩대(CIC) 76
미소공동위원회 23
민보단 56
민족자주연맹 23
민족진영강화위원회(민강위) 87
민족청년단(족청) 56, 99, 102, 120, 121
민주공화당 103, 275
민주국민당(민국당) 54, 87, 89, 106, 115, 125, 126, 129, 153
민주당 153, 157, 160, 163, 190
민주대동파 152
민주정의당 103
민주혁신당 180
민중자결단 105, 114

| ㅂ |

박건웅 88
박기서 79
박기출 155, 157, 165, 181
박마리아 123, 124, 239
박병배 167, 170

박사일 176, 178
박영출 123
박용만 119, 123
박용익 218
박윤원 72
박인수 사건 203
박정호 간첩 사건 183
박정희 49, 53, 103, 275
박종화 216, 218
박진경 49
박찬일 257
박헌영 61
박흥식 38
반공법 52
반공예술인단 218
반공청년단 218, 238, 241
반공포로 석방 132
반민족행위처벌법(반민법) 36~38, 68
반민족행위특별조사위원회(반민특위) 38, 64
반민특위 습격 사건 60, 63, 67
반일운동(반공방일운동) 131, 132, 137, 138
발췌개헌안 110, 111, 112
배은희 123
배중혁 68
백골단 105
백낙준 215
백남훈 154
백두진 122
백민태 38
백성욱 87, 114, 158, 215
백철 81
변영태 250
부마항쟁 286
부산정치파동 56, 88, 107, 112, 175, 281
부역행위특별처리법 97
부인회 121
북조선노동당 61
북조선민주주의민족전선 61
북진통일운동 131~133, 135, 137

| ㅅ |

사광욱 71, 72
사법부파동 275
사북사태 286
사사오입개헌 130, 168
사형(私刑)금지법 97
사회당 86
3·15마산항쟁 227
3·15부정선거 169, 225, 227, 251, 258, 281
3·15정부통령 선거 119, 222, 223, 258
서범석 107
서북청년회(서청) 44, 73, 105
서상권 120
서상일 89, 111, 152, 154, 155, 157, 180
서용길 68, 72
서재필 32
선우종원 109, 176
성시백 88
성원경 154
소선규 150
소장파 전성시대 34
손도심 130, 287
손빈 63, 64
손원일 151, 181
송요찬 45, 243, 247, 257, 295
스티코프 61
시국대응전선 사상보국연맹 81
(신)국가보안법파동 192, 194
신도성 152, 154, 155
신도환 218, 261
신라회 106, 110
신성모 74, 85, 97
신언한 233
신익희 30, 34, 65, 107, 112, 125, 128, 152, 153, 157, 164
신정동지회 97, 98
신중목 120, 122
신형식 121, 122

신흥우 115
10·26 287

| ㅇ |

안두희 72, 75, 76, 79
안재홍 86, 90
안호상 54, 55, 123
애국단체연합회 162
양곡관리법안 38
양명산 184
양우정 101, 120, 122, 123
양유찬 248, 262
언커크(UNCURK) → 유엔한국통일부흥위원단
엄상섭 109
엄항섭 50, 90
여순사건 43, 47~50, 61
여운홍 89
염상섭 81
오동기 50
오병순 73
5·30선거(총선) 86
5·10선거 24~26, 29, 86
오위영 97, 98, 109, 125
5·20총선 125, 126, 130
5·2민의원 선거 188, 189, 191
5·15정부통령 선거 156, 169, 180, 188
5·16군부쿠데타 51
오재경 184
오제도 67, 71, 233
오충환 178
오치성 276
오하영 89, 90
올가미문서 사건 → 국회 불온문서 투입 사건
올리버 85
YH사태 286
원세훈 88, 90
원용덕 74, 79, 106, 151

유병진 186
유석현 88
유엔임시위원단 23
유엔한국통일부흥위원단(UNCURK) 109, 110
6월공세 61
유재흥 46
유지광 181, 238
유진산 111, 150
유진오 235
유충열 212
유태하 262
6·3사태 288
6·6반민특위 사건 → 반민특위 습격 사건
6·25전쟁(한국전쟁) 79
윤기섭 88, 90
윤길중 116, 154, 181
윤병호 150
윤우경 88, 120
윤치영 49, 54, 90, 123
이갑성 111, 113, 114, 122
이강석 124, 219
이강학 212, 217, 221, 228, 272
이광수 38
이기붕 98, 103, 107, 122, 123, 157, 167, 178, 179, 187, 188, 212, 215, 217, 225, 228, 241, 250, 255, 293
이덕신 176, 178
이동하 111, 155, 180
이문원 63, 68, 70~72
이범석 33, 50, 54, 56, 98, 102, 106, 113, 114, 117, 120, 123, 276
이병기 81
24(정치)파동 → (신)국가보안법파동
이삼혁 70
이상은 252
이석기 107
이선근 216
이성우 212, 218
이승만박사재선추진위원회 115

이시영 32, 98, 109, 111, 115
이여성 82
이영 82
이영근 96
이용설 107
이윤영 33, 114
2·28시위 219
이익흥 170, 172, 178
이인 34, 45
이재학 107, 126, 130, 175, 182, 194, 258
이재형 120, 122, 123
이정용 234
이존화 262
이종우 252
이종찬 106
이종태 158
이종형 38
이철승 172
이청천 89
이헌구 218
이호 254
이활 96, 102, 121
일민주의 54, 55
임갑수 88
임시수득세 43
임영신 114
임철호 113, 123, 194, 262
임화수 218, 238
임흥순 107, 178

| ㅈ |

자유당 56, 96, 99, 101, 102, 105, 106, 113, 125, 126, 129, 156, 163, 190, 275
자유당(원내) 101, 104, 106, 107, 153
자유당(원외) → 자유당
자유민주파 152
장건상 88, 154, 183

장경근 65, 126, 130, 194, 262
장기봉 121
장면 98, 101, 106, 152, 154, 157, 165, 167, 175, 213, 225, 249
장면 부통령 저격 사건 176
장수영 193
장영복 178
장은산 73, 74
장제스 61
장직상 120
장택상 106, 110, 117, 120, 150, 152, 188
재일교포(교포) 북송반대운동(시위) 136, 139
재일한국인거류민단 139
전국대학생구국총연맹 219, 222
전국사회단체중앙협의회 121
전국애국정당사회단체연합회(애련) 115
전국여성예인구락부 218
전두환 103
전봉덕 73, 74
전진한 114
정국은 120, 122
정백 82
정석해 252
정우갑 간첩 사건 183
정일형 150
정재한 67, 69
정준 72
정지용 81
정태영 184
정헌주 107
제2차 마산항쟁 227, 230
제섭 71
제주4·3사건(항쟁) 43, 48
제주4·3사건 진상규명 및 희생자명예회복위원회(4·3사건위원회) 45, 46
제헌국회 29, 37, 53
조국통일민주주의전선(조통) 61
조동식 216
조만식 32

조병옥 89, 114, 129, 150, 152, 153, 157, 182, 188, 213, 215
조봉암 33, 40, 86, 89, 90, 96, 105, 107, 115, 116, 125, 154, 157, 164, 167, 168, 180, 213
조선노동당 61
조선민주당 153
조선사상범보호관찰령 81
조소앙 33, 86, 88~90, 128
조시원 89
조영식 216
조완구 90
조인구 184, 233
조재미 243, 247, 255
중앙정보부 278, 282
지방자치법 68
지창수 47
진보당 154, 160, 163, 180
진보당 사건 168, 183, 184
진헌식 120, 122, 123

| ㅊ | · | ㅋ | · | ㅌ | · | ㅍ |

차지철 293
채병덕 67, 74
최남선 38
최능진 50
최대교 73, 74
최동오 88, 89
최린 38
최병환 225
최석채 66
최순주 129
최연 38
최운하 64, 67
최원각 194
최익한 82
최인규 126, 169, 210, 212, 215, 217, 223, 228, 259, 262, 272

최훈 176
클라크 110
토지개혁(법) 39, 40
트루먼 71
트리그브 리 110
8·5정부통령 선거 116
표무원 48
프란체스카 57, 123
피의 화요일(4·19) 244, 246

| ㅎ |

하갑청 233
하사복 70
학도호국단 57
한격만 75
한국독립당(한독당) 23, 73, 77, 86
한국민주당(한민당) 23, 33, 66, 116, 153
한미상호방위조약 133, 135
한일회담 138
한희석 126, 130, 175, 194, 218, 225, 262
함상훈 128, 129
함석헌 193
함태영 114, 117
허정 110, 123, 126, 250, 254, 256
호국군 56
호헌동지회 150
홍명희 25
홍순석 47
홍원일 109
홍종만 73
홍진기 168, 186, 228, 233, 243
화랑동지회 182, 238
황순원 81
후로이 사건 120
휴전회담반대운동 132, 133
흥사단 153